비판적 사고 교육과 평등 사회

# 왜
## 그는
### 한국으로
### 돌아왔는가?

# 왜
그는
한국으로
돌아왔는가?

초판 1쇄 발행 2019년 6월 15일
초판 2쇄 발행 2019년 12월 12일

지은이 황선준
펴낸이 김승희
펴낸곳 도서출판 살림터

기획 정광일
편집 조현주
북디자인 꼬리별

인쇄·제본 (주)현문
종이 월드페이퍼(주)

주소 서울시 양천구 목동동로 293, 22층 2215-1호
전화 02-3141-6553
팩스 02-3141-6555
출판등록 2008년 3월 18일 제313-1990-12호
이메일 gwang80@hanmail.net
블로그 http://blog.naver.com/dkffk1020

ISBN 979-11-5930-104-9 03370

이 도서의 국립중앙도서관 출판예정도서목록(CIP)은
서지정보유통지원시스템 홈페이지(http://seoji.nl.go.kr)와
국가자료공동목록시스템(http://www.nl.go.kr/kolisnet)에서 이용하실 수 있습니다.
(CIP제어번호: CIP2019021984)

비판적 사고 교육과 평등 사회

# 왜
# 그는
# 한국으로
# 돌아왔는가?

황선준 지음

살림터

1985년 스웨덴으로 유학을 가 스톡홀름대학교에서 정치학박사 학위를 마치고 정치학과에서 강의교수 및 연구교수를 거쳐 감사원에서 감사관, 국가교육청에서 교육정책평가과장을 역임하다 2011년 9월 1일 서울특별시교육연구정보원 원장으로 돌아왔다. 꼭 26년 9개월 만이다. 그 후 경기도교육연구원을 거쳐 경상남도교육연구정보원 원장으로 공직생활을 마감한다.

스웨덴에 있는 동안 강의나 연구, 업무를 넘나드는 나의 주요 관심 분야는 정치, 사회(복지, 여성) 그리고 교육이었다. 앞으로 우리나라가 크게 눈떠야 할 분야라고 생각했다. 단지 이론적인 공부만은 아니었다. 합리적이고 이성적인 스웨덴 사회를 현장에서 내부로부터 꿰뚫어 보려고 노력했다. 뿐만 아니라 세계 최고의 페미니스트 국가인 스웨덴에서 스웨덴 여성과 결혼하고, 세계에서 가장 독립적이고 자율적인 아이를 키우는 스웨덴에서 아이 셋을 교육시키고 키운 것은 그동안의 나의 이론 공부에 피와 살이 되었다. 이러한 시각으로 나는 2011년부터 한국 사회를 해부하기 시작했다.

혼자 산 한국에서의 삶은 녹록지 않았다. 어쩌면 그래서 더욱 고민하고 그 고민을 글로 풀어내려고 했는지도 모르겠다. 업무 외의 많은 시간을 강연과 저작에 할애했다. 그만큼 하고 싶은 얘기가 많았다고 할 수 있다. 주말이면 으레 노트북 앞에 앉았고 새벽 시간엔 어김없이 깨어 무슨 글을, 어떻게 쓸 것인지 메모했다. 2012년 『금발 여자 경상도 남자』, 2013년 아내와 함께 쓴 『스칸디 부모는 자녀에게 시간을 선물한다』라는 책도 바로 이런 식으로 세상에 나왔다. 한국일보, 경남신문, 교육경남에 쓴 칼럼과 권두언도 마찬가지다. 여러 방송 프로그램에 출연하고 신문에 기고하고 다양한 언론매체의 인터뷰에도 응했다. 물론 연구자로서의 정체성을 잃지 않고 소논문, 학술논문 등을 학술지에 발표했다. 끊임없이 우리 사회에 문제를 제기하고 그 문제를 어떻게 해결할 것인지 대안을 모색하며 치열하게 살았다. 이것이 내가 한국으로 돌아온 이유다.

그러나 무엇보다 중요한 이유는 본문 어디에선가 밝혔듯이 우리 교육도 스웨덴과 유럽처럼 아이들의 사고를 키우는 교육으로 발전시키려는 욕심 때문이었다. 우리 아이들도 언제 어디서나 주눅 들지 않고 당당하고, 무엇이 문제인지 탐구하며 친구들과 고민하고 그런 고민을 현실에 적용해 보는, 창의력 강한 아이들로 키우고 싶어서였다. 이러한 노력을 우리 교육현장의 헌신적인 선생님들과 함께하고 싶어서였다. 그래서 머지않은 장래에 아주 창의력 강한 아이들이 우후죽순처럼 생겨나는 나라를 만들고 싶어서였다.

글 한 편이 세상에 나오는 것은 이루 말할 수 없는 큰 보람이다. 탈고할 때마다 한 명의 아이를 낳았다는 생각이 들곤 했다. 그만큼 심혈을 기울여 글을 썼다는 얘기다. 칼럼 하나하나가 학위논문 한 편의 가치와 땀이 밴 글이어야 되는 동시에 나의 어머니도 이해할 수 있는 쉬운 글을 써야 된다고 생각했다. 앞으로 우리나라의 나아갈 방향이 '사회적 평등을 추구하는 복지국가'라면 20~30년 후에나 논의될, 앞서가는 글들이 많을 것이다. 정치, 사회, 교육 분야에서 정말 시금석이 될 글들이라 자부한다. 그동안 발표된 글들을 읽은 많은 사람들은 '군더더기 하나 없는 정곡을 찌르는 후련한 글'이라거나 '더 이상 출구가 보이지 않는 한국 사회와 교육에 한줄기 희망'이라고 했다. 과찬이다. 그러나 과찬에 부응하려고 노력했다. 이제 이런 글들을 언제 어디서든 쉽게 접하며 읽을 수 있게 한 권의 책으로 엮는다.

나는 이 책의 출간을 마지막으로 다시 한국을 떠나 아내와 아이들이 사는 스웨덴으로 돌아간다. 나이 들어 부부가 떨어져 사는 것에 한계를 느꼈다. 이로써 2011년 9월 1일 시작된 한국에서의 인생 3모작은 막을 내린다. 꿈은 원대했고 하고 싶은 일은 많았다. 우리 실정을 몰라 미숙하거나 실수한 적도 있었지만, 다른 한편으론 치열하게 살며 이룬 것도 많다. 이 책이 그중 하나로 미래 한국의 정치, 사회, 교육의 마중물이 되기를 희망한다. 특히 강의와 글을 통해 많은 분들을 만나고 얘기 나눈 것이 가장 의미 있고 기쁜 일이었다. 못다 한 일은 이제 남은 분들의 몫으로 남기고 떠난다.

　스웨덴으로 돌아가면 한국과 북유럽 사이의 가교 역할을 하며 교육 및 문화 탐방의 자그만 끈 하나는 쥐고 있을까 한다. 이 외엔 중동, 아시아, 아프리카에서 부모 없이 전쟁을 피해 온 청소년들의 멘토 역할을 하며 스웨덴어를 가르치고 싶다. 그러곤 스웨덴 숲속에서 맑은 공기 마음껏 마시며 내 인생의 버킷리스트 중 하나인 마라톤 완주를 준비하고 싶다. 그러나 무엇보다 가족과 많은 시간을 가지며 성찰하고 봉사하며 살련다. 여백이 있으면 생의 마지막 생각들을 글로 그려 볼까 하는 생각도 조심스레 해 본다.

한국에서 지내는 동안 많은 분들께 신세를 졌다. 여기에 모은 글들을 사전에 읽고 의견을 준 글벗들이 그중 한 그룹이다. 언제나 고맙다. 여기저기 발표된 내 글을 보고 책을 내겠다고 한 살림터 정광일 대표에게도 감사드린다. 삶은 언제나 부족한 부분들로 더 기억되는 모양이다. 보답하지 못하고 덩그러니 책 한 권을 남기고 떠나는 부족함을 너그러이 용서하고 이해해 주기 바란다. 이제 누구든지 스웨덴 숲 속으로 오면 밤늦게까지 세상 이야기하며 생각의 회포를 풀어야지 다짐한다.

오늘도 정병산을 뛰며
2019년 2월
황선준

차례

책을 내면서  5


1. 한국 교육을 이야기하다
　저출생 문제와 교육
　　① 저출산과 교육  15
　　② 출산율과 방과후수업의 의무화  19
　　③ 초등 저학년 3시 하교와 출생률  22
　모두를 위한 교육
　　① 확고한 공교육 철학으로  26
　　② 제4차 산업혁명과 교육  30
　　③ 공교육과 IB 교육  34
　　④ 언제까지 플라톤의 덫에 빠져 있을 것인가?  39
　　　-다문화와 교육
　　⑤ 3·1운동과 상해 임시정부  44
　　　-국가의 정체성 확립으로
　　⑥ 아시아·유럽 교육 협력이 지향해야 할 것들  48
　걸러 내는 교육 VS 길러 내는 교육
　　① 교사들의 직업만족도를 높여라  51
　　② 파시스트 처벌하고 고시제도는 폐지하라  54
　　③ 교장을 완전공모제와 보직제로  57
　　④ 교장 수업이냐 교장공모제냐  60
　　⑤ 국가교육회의  63


2. 철학과 자율성, 미래교육의 희망을 찾아서
　비판적 사고를 위한 교육
　　① 팬디Pandy와 4차 산업혁명  69
　　② 팬디Pandy와 교육  72
　　③ 수업이 미래를 좌우한다  78

④ 철학이 뚜렷한 스웨덴 교육  83

⑤ 나를 구한 세 가지 질문  88

⑥ 민주적 교육·사회 시스템이 창의력을 신장한다  91

⑦ '비판'을 금하는 우리 교육, 창의력을 죽인다  97
  －스웨덴 교육이 주는 시사점

**토론에 의한 합의**

① 민주시민교육: 개인이 먼저냐 공공이 먼저냐  102

② 토끼와 민주주의 교육  107

③ 협력하지 못한 나  110

④ 딸의 짧은 치마와 학교 규칙  114

⑤ 시한폭탄 달린 안락의자  117

⑥ 신고리 5·6호기, 스웨덴식 결정은 어떤가?  120

⑦ 금지냐 대화냐? 민주주의가 답이다  123


## 3. 한국 사회를 진단하다

**라떼아빠와 성 평등**

① 영희와 순희의 신혼 아파트  129

② 성 평등, 북유럽 사회에서 찾아야  132

③ 라떼아빠, 국가 그리고 출산율  136

④ '여성혐오'와 성 평등  139

⑤ 이성애자가 선택하지 않았듯이  142

**미래세대를 위한 복지**

① 미래를 버린 나라  146

② 미래 세대에 부끄럽지 않은 혁신을  149

③ 오래 살아도 미안하지 않은 나라  152

④ 이제는 국가가 효도해야  155

**평등 사회를 꿈꾸며**

① 나는 처벌에 징계, 너는 특권  158

② 위기를 기회로 새 나라를  161

③ 성완종 게이트와 정치생명  164

④ 보이지 않는 적폐, 이기주의를 청산하자  167

⑤ 공무원의 정치적 중립을 폐지하라  170

## 4. 황선준이 이야기하는 스웨덴과 한국_인터뷰 모음

스웨덴 아내가 다시 고국으로 돌아간 이유는?  175
_공정경 기자가 만난 사람들 (1)

한국에 과연 가정이 있는가? 스웨덴은?  183
_공정경 기자가 만난 사람들 (2)

민주주의는 시간이 든다  195
_공정경 기자가 만난 사람들 (3)

성이 억압된 사회와 성이 억압되지 않는 사회  202
_공정경 기자가 만난 사람들 (4)

한 사람 한 사람이 책임지는 철저한 민주주의자로  211
_공정경 기자가 만난 사람들 (5)

학생의 정치 참여야말로 정말 좋은 공부  222
실천과 대안 나누는 참교육 프로젝트–교육에서의 정치, 금지와 적극 권장 사이
(진행·정리/윤근혁)

한국 교사들, 과감하게 교실 문 열어야  233
(정리/이명선·성현석)


## 5. 스웨덴 교육현장 들여다보기_논문 모음

왜 스웨덴 학교에서는 따돌림과 폭력이 적은가?  257
스웨덴의 '모욕을 주는 행위'에 관한 연구(황선준·황레나)

스웨덴 국가교육청의 위상과 역할  288

학교 단위에서의 스웨덴 교육자치  302

스웨덴의 방과후활동과 시사점  315


• 스웨덴 교육과정에 나타난 민주주의 이념 분석:
  1940~60년대와 1990년대 이후  344

• '선택의 자유' 개념의 생성과 전개과정에 대한 개념사적 분석:
  스웨덴 교육을 사례로  346

한국 교육을 이야기하다

저출생 문제와 교육 ①
# 저출산과 교육

저출산 문제가 심각하다. 통계에 의하면 신생아 수는 계속 줄어들어 올해는 35만 명 정도라고 한다. 1970년대 100만 명, 2015년 44만 명에 비해 현저히 줄어든 수치다. 이는 당연히 학령인구(6~21세)의 감소를 의미한다. 1980년 전체 인구의 37.8%이던 것이 올해는 16.0%밖에 되지 않는다. 특히 초등학교 학령인구의 감소폭이 심하다고 한다. 저출산으로 야기되는 문제는 엄청나다. 미래 사회의 노동력 확보에서부터 의료, 주택, 교통 등 저출산이 영향을 미치지 않는 곳이 없다. 나라의 존망이 걸린 문제라고 해도 과언이 아니다.

유럽의 경험이나 연구를 종합하면 여성이 출산을 포기하는 이유는 크게 두 가지다. 하나는 일과 가정(육아)의 양립 문제다. 여기에 속한 제도들이 임신과 출산 그리고 출산 후 부모가 가정에서 아기를 돌볼 수 있게 하는 유급육아휴직제도, 안심하고 아이를 맡길 수 있는 (저비용의) 공립유아학교제도 그리고 초등 저학년 학생들을 위한 방과후 및 돌봄 제도 등이다. 아직 이런 제도들이 우리나라엔 정착되어 있지 않다. 직장을 다니다가도 결혼하고 출산하면 직장을 포기해야 되니 현대 여성들이 차라리 출산을 포기하는 '출산파업'이 생기는 것이다. 육아휴직제도가 있지만 직장에 따라 차이가 크고 '눈치 보지 않고' 육아휴직을 사용할 수 있는 직장도 그리 많지 않다. 유아 및 아동 돌봄을 거의 사교육에 의존하고 있는 것도 큰 문제다. 특히 주입식 경쟁 교육과 이로 인한 사교육비의 과다 지출이 출산과 다산을 꺼리는 이유다.

다른 하나는 가정에서의 성 평등 문제다. 특히 맞벌이 부부의 경우 육아 및 가사 노동을 누가 하느냐가 관건이다. 남성들이 예전에 비해 많이 도와준다고 하나 '도와준다'는 말 자체가 성 불평등을 보여 주는 단적인 예다. 이는 남성이 기분 내키지 않거나, 피곤하거나, 술이라도 한잔했거나, 사랑이 식으면 도와주지 않는다는 얘기와 같다. 따라서 많은 여성이 밖에서의 노동과 집에서의 육아 및 가사의 이중 노동에 시달린다. 여성이 출산을 꺼리는 것은 당연하다. 이 두 가지 외에도 한국은 현재 높은 청년실업과 더불어 청년들이 부모로부터 독립할 수 있는 임대주택제도가 정착되어 있지 않은 것이 결혼 및 출산에 크게 영향을 미치고 있다.

저출산을 극복하려면 육아 및 교육 분야에 일과 가정을 양립할 수 있는 제도들이 정착되어야 하고, 나아가 남성들의 성 평등 인식이 제고되어야 한다. 결코 하루아침에 해결될 일이 아니다. 그러나 학령인구는 계속해서 지금보다 더 급한 속도로 줄어들 것이고 이는 교육계에 심각한 영향을 미칠 것이다. 이미 전국적으로 도심지와 농어산촌의 많은 학교가 폐교되었고, 폐교 위기에 놓여 있다. 경남의 경우만 해도 현재 전체 500여 개 초등학교 중 161개 학교가 전교생이 60명 이하인 소규모 학교다. 무려 셋 중 한 학교가 학급당 학생 수가 10명 이하다. 이런 문제가 앞으로 더욱 심해질 것은 자명하다. 교육부는 1면

1교 정책으로 소규모 학교들의 통폐합을 유도하고 있다. 두 가지 사례를 중심으로 보자.

경남의 한 지역에 현재 전교생 수가 16명 되는 A학교가 있고, 이 학교에서 7~8킬로미터 떨어진 곳에 학생 수 100명 남짓한 B학교가 있다. A학교의 교직원 수는 19명으로 학생 수보다 많고 B학교 교직원 수도 똑같이 19명이다. 다른 한 지역에는 학생 수가 50명 되는 C학교가 있고 이 학교에서 2킬로미터 정도 떨어진 곳에 100명 남짓한 D학교가 있다. C학교의 교직원 수는 24명이고 D학교의 교직원 수는 30명이다. A, B, C, D 모두 지난 수년간 학생 수가 지속적으로 감소했다. 이런 학교군들이 경남에는 부지기수다.

이런 경우 교육부의 정책에 따르면 A학교는 B로, C학교는 D로 통폐합하는 것이 마땅하다. 통폐합으로 아이들의 등하교 거리가 멀어지는 문제는 이것으로 창출되는 경제적 여유로 통학버스를 운영하면 된다. 그러나 교육부의 이런 경제 논리에 맞서 학교가 폐교되면 마을 전체가 죽는다는 논리와 모교가 사라져서 동문들이 반대한다는 논리까지, 통폐합에 반대하는 목소리도 만만치 않다.

소규모 학교를 계속 운영하면 과연 마을을 살릴 수 있을까? 전체적으로 출산율을 높이지 않고는 시간문제일 뿐 폐교 위기의 학교로 마을을 살릴 수는 없다. 또 어느 한 학교가 탁월한 교육과 학교 운영으로 이웃 학교 학생들을 유치하는 것이 답인가? 당연히 모든 학교가 학교 운영에서부터 교육까지 잘해야 된다. 그러나 현재 상황은 제로섬 zero sum도 아닌 마이너스섬minus sum이다. 이런 상황에서 다른 학교에서 학생들을 뺏어 온다는 것은 다른 학교의 폐교를 재촉하는 것 이상이 아니다. 교육이 학생을 두고 무한경쟁의 시장논리로 작동되는 것은 바람직하지 않다. 차라리 폐교로 창출되는 경제적 여유를 통합된 학교에 지원하면 모든 아이들이 더 좋은 교육을 받을 수 있다.

경제 논리는 차치하고 더 중요한, 자주 간과되는 논리가 아이들의 교우관계와 사회성 문제다. 학교에 다니는 동안의 친구관계가 그 후의 삶에 크게 영향을 미치는데, 기껏 2~3명밖에 되지 않는 작은 학급에서 다양하게 친구를 사귀고 대화하고 서로 부대끼며 성장하는 것이 가능한가? 그리고 이런 작은 학급에서 학생들끼리 서로 가르치고 배우면서 미래 사회에 필요한 공동체 역량과 비판적 사고력을 키울 수 있으며, 동료효과는 과연 누릴 수 있겠는가?

통폐합을 통해 아이들에게 경제적으로 그리고 사회성을 높일 수 있는 더 좋은 교육환경을 제공하는 것이 바른 길 아닌가? 문제는 통폐합으로 인한 교원 수급 문제인데, 필요에 따라 소프트웨어, 메이커 교육 또는 다른 중요한 분야의 교사로 전환할 수 있다. 그뿐만 아니라 앞으로 교대와 사대를 전격적으로 통합하여 '교원대학교'를 세우고 여기서 현재의 초등 및 중등교사 외에 초등 고학년과 중학교에서 가르칠 수 있는 새로운 교사 그룹을 양성하여 학령인구 변화에 능동적으로 대처할 필요가 있다. 저출산 극복을 위하여 육아와 교육 분야에 제도를 구축하고 성 평등 인식을 제고하는 것과 동시에 아이들의 사회성을 길러 줄 수 있는 교육환경을 만드는 정책들이 심도 있게 논의되고 적극적으로 추진되어야 할 것이다.

『교육경남』, 2018년 여름, 권두언

저출생 문제와 교육 ②
# 출산율과 방과후수업의 의무화

얼마 전 저출산고령사회위원회는 대통령과의 청와대 간담회에서 저출산 대책의 한 방안으로 초등 1~4학년 학생이 오후 3시까지 방과후수업을 의무적으로 받는 것을 추진하고 있으며, 빠르면 이를 2019년부터 도입한다고 했다. 현재 요일마다 차이는 있지만 대체로 초등 1~2학년의 정규수업은 1시에, 3~4학년은 2시에, 5~6학년은 3시에 종료되니 이 제도가 도입되면 모든 초등학생은 3시에 학교 수업을 마치게 된다. 위원회 관계자는 나아가 이것이 잘 정착되면 중장기적으로 방과후수업을 정규수업으로 전환하고 오후 3시 이후는 방과후학교 또는 돌봄교실 형태로 지방자치단체가 책임지도록 할 방침이라고 했다.

이 방안이 알려지자 학교현장과 학부모 그리고 교육단체들은 이를 무지의 소산 또는 탁상공론이라며 강하게 비판했다. 교육부는 교육부대로 이와 관련한 내용은 위원회와 사전 협의된 바가 없다며 발을 뺐다. 초등 1~4학년 방과후수업의 의무화는 세 가지 점에서 중요하다.

첫째, 방과후수업의 확대가 출산율을 제고할 수 있는가? 간단한 문제는 아니지만 방향은 분명히 옳다. 여성들이 출산을 포기하는 가장 큰 이유 중 하나가 일work과 아이를 키우는 삶life의 양립 불가능이다.

결혼과 출산으로 직장을 그만두는 경우가 많으니 오늘날 여성들은 차라리 출산을 포기한다. 그래서 국가는 여성들이 출산을 하고도 직장을 계속 다닐 수 있게 하는 방안을 마련해야 한다. 유럽에서 이미 검증된 방안 중 하나가 유급육아휴직제도이고, 다른 하나는 양질의 저비용 공공유아학교이다. 그리고 지금 논의되는 방과후학교가 그 세 번째 중요한 제도다. 스웨덴, 노르웨이, 프랑스 등 출산율이 우리나라의 두 배에 가까운 유럽 국가들은 오랫동안 육아휴직, 유아학교 그리고 방과후학교 제도 등을 통해 여성의 사회 진출을 보장해 왔다. 방과후수업의 의무화는 다른 정책들과 함께 장기적으로 여성의 사회 진출을 보장하여 출산율 제고에 기여할 것이다. 여성의 사회 진출이 남성과 동일해지는 맞벌이 부부 시대에는 방과후학교를 오히려 3시 이후로 늘려야 한다. 이때 어린 자녀를 둔 부모는 파트타임으로 일할 수 있는 권리와 유연근무를 제도적으로 보장하고, 가정에서는 부부간의 공동육아와 공동가사가 병행되어야 한다. 출산율은 성 평등과 직결되어 있기 때문이다.

둘째, 초등 1~4학년 모든 학생이 의무적으로 방과후수업을 받아야 하는가? 이는 방과후수업을 의무교육으로 편입시키고 초등 1~2학년 아이들도 오후 3시까지 수업 받는 것을 의미한다. 상당히 무리가 따르는 정책이다. 정규 교육과정이 아닌 방과후학교를 아이들에게 의무적으로 받게 하는 나라는 없다. 이는 분명 부모의 선택권을 존중하는 데서 기인한다. 일부 부모는 집에서 아이를 돌보고 싶고 다른 부모는 특정 분야에 아이의 재능을 키워 주고 싶어 할 수도 있다. 따라서 의무적으로 제공은 하되 의무적으로 받게 하는 것은 옳지 않다. 대신 방과후학교 프로그램을 다양화하고 질을 높이며, 방과후 강사의 전문성을 높이는 데 주력해야 한다.

셋째, 방과후수업에 대한 책임은 누가 질 것인가? 현재 운영되고 있는 방과후학교에 대한 책임은 학교에 있다. 강사 채용, 강사료 지급 등 방과후 운영 전반의 업무와 그 외 많은 행정업무로 교사들은 본연의 업무인 수업과 학생 생활교육에 전념하지 못하고 있다. '행정업무 하다 틈내서 수업한다'는 말이 나올 지경이다. 방과후수업이 의무화되고 이것이 학교 책임으로 되면 교사의 행정업무는 더욱 가중된다. 현재 우리 교육에서 가장 선결되어야 할 문제가 교사들의 행정업무 경감을 통한 교원업무 정상화이다. 이를 위해 위원회가 말했듯이 지자체가 방과후 교육 및 돌봄 업무를 전적으로 책임져야 한다.

출산율 제고는 현 정부의 가장 중요한 과제 중 하나이며 나라의 존망이 달린 문제다. 정부 각 부처의 긴밀한 소통과 협력을 통해 실질적이고 지속적인 정책으로 출산율을 제고하기 바란다.

『경남신문』, 〈성산칼럼〉, 2018년 1월 17일

# 초등 저학년 3시 하교와 출생률

올해 우리나라의 출생률은 1을 넘지 않는다고 한다. 여성 한 명이 평생 낳는 아이가 한 명이 채 안 된다는 얘기다. 고령화로 전체 인구는 아직 줄지 않지만 생산가능(15~64세) 인구는 이미 지난해부터 줄어들기 시작했다. 저출생 문제는 나라의 존망이 걸린 심각한 문제다. 이에 대통령 직속 저출산고령사회위원회는 타개책의 하나로 초등 저학년도 고학년과 같이 오후 3시에 하교하는 '더놀이학교'라는 정책을 내놓았다. 교육과정의 변화 없이 놀이 및 쉬는 시간을 늘려 아이들을 학교에서 돌보게 하여 맞벌이 부모의 양육 부담을 줄이자는 것이다. 학부모들은 찬성하나 학교현장은 교원업무 가중과 이로 인한 교육력 약화를 이유로 반대하고 있다.

출생률 제고는 간단한 문제가 아니다. 보육과 교육, 청년실업, 주택과도 연계된 아주 복합적인 문제다. 그럼에도 유럽의 경험에 비추어 보면 이 문제는 사회 및 가정 내에서의 성 평등과 가장 관련이 깊다. 스웨덴은 1930년대에 인구절벽 문제로 난리를 치르며 그 후 '부모보험'이라는 국가 차원의 육아 부문 복지제도를 세워 이 문제를 해결했다. 현재 스웨덴의 출생률은 한국의 두 배다.

성 평등이 출생률과 어떻게 관련이 깊은지, 한국의 성 불평등이 얼마나 심각한지를 보자. 우선 결혼, 출산, 육아 등으로 인한 여성의 경력단절이 심하다. 15~54세 사이의 기혼 여성 900만 명 중 비취업 여성은 350만 명이고, 이 중 경력단절 여성이 185만 명 정도다. 전체 기혼 여성의 20%가 직장을 그만두고 가정에서 육아 등에 전념하고 있다. 11%인 OECD 평균보다 훨씬 높다. 이것은 남녀 고용률 차이에서도 현저히 드러난다. 남성 고용률이 71%일 때 여성은 51%밖에 되지 않는다. 직장 여성에 대한 차별도 심하다. 여성을 배제하는 '유리벽'에서부터 여성의 승진을 막는 '유리천장'까지 차별은 광범위하게 만연되어 있다. 북유럽국가 기업의 여성 임원 비율이 40%를 웃돌 때 한국 기업의 여성 임원 비율은 고작 2%다. 그나마 절반은 가족(아내나 딸)이라니, 한국이 여성을 어떻게 대하는지 가늠이 간다. 국회나 정부, 교수 등 공공기관이나 주요 직책에서의 여성 비율도 유럽 나라들과는 비교가 안 된다. 그뿐만 아니라 남녀 임금 격차는 충격적이다. 같은 일을 하면서도 여성의 임금은 남성의 60% 남짓밖에 안 된다. 또한 자녀다 키우고 40대 중반 이후 재취업에 뛰어들 때 단순 노무나 서비스업이 대부분이다. 이것이 한국 여성들의 성 평등 현주소다. 세계경제포럼WEF의 2017년 성격차지수에서 한국이 144개국 중 118위인 것이 전혀 이상하지 않다.

일과 가정을 병행하지 못하게 하는 열악한 정치·사회적 환경이 성차별을 야기하고, 역으로 성차별은 다시 사회적 환경의 악순환을 불러온다. 국가가 직장(일)과 가정(육아)을 병행할 수 있도록 해야 하는데 그 역할을 제대로 못하는 것이다. 스웨덴의 부모보험과 같은 복지제도가 그것을 가능하게 하고, 여기 속하는 주요 제도가 유급육아휴직제도, 양질의 공공유아학교, 방과후학교 및 돌봄 그리고 아동수당 등이다. 이런 제도가 제대로 정착되어 있지 않으니 여성이 직장을 그만두고 가사와 육아를 전적으로 책임지거나 그나마 직장 여성인 경우에도 직장 일과 가사 및 육아의 이중 노동에 시달리고 있다. 21세기의 한국을 아직도 견고한 가부장사회라고 부르는 이유가 여기에 있다. 여성에 대한 차별이 심한 가부장사회니 여성이 행복할 수 없고, 여성이 행복할 수 없으니 아이도 남성도 행복할 수 없다. 저출생은 이 불행의 파산물이다.

이러한 가부장사회의 고리를 깨고자 하는 것이 초등 저학년의 3시 하교다. 일과 육아를 병행할 수 있게 하여 조금이라도 여성의 경력단절을 막으려는 것이다. 그런 면에서 이 제도의 방향은 옳고, 계속 발전시켜 나가야 한다. 욕심을 내자면 여기에 보편적 유급육아휴직제도, 유보 통합과 공립유아학교의 대폭 확대 및 질 제고, 아동수당, 무상교육 등이 보완되어야 한다.

문제는 초등 저학년의 하교시간을 3시로 늦출 때 그것을 누가 책임질 것인가이다. 학교현장이 반대하는 이유도 바로 여기에 있다. 현재 한국의 교사들은 아이들을 가르치고 돌보는 본연의 업무 외에 많은 행정업무에 시달리고 있다. '행정업무 하다 틈날 때 아이를 가르친다'는 얘기가 나돌 정도다. 이런 상황에서 '초등 3시 하교 정책'은 당연히 업무 가중으로 인식된다. 누가 어떻게 놀이시간을 책임질지 저출산고령사회위원회도 명확하게 제시하지 않고 있다. 두 가지 방법이 있다. 첫째, 교육청이 아닌 지자체가 전적으로 놀이업무를 책임져 학교에 업무가 가중되지 않도록 하는 것이고, 둘째, 필요 인력과 예산을 교육청에 투입하여 학교가 책임지게 하는 것이다. 교육과 일반 행정이 분리

된 한국의 상황에서 첫째 대안은 많은 어려움이 있다. 협력과 책임 문제가 뒤따르고 이에 대해 많은 논란이 야기될 것이다.

그렇다면 둘째가 대안이다. 농촌지역 학교는 지금도 학생 수가 적고 돌봄 인력이 확보되어 있으며 놀이공간이 있어 문제가 없지만, 도시 학교의 경우 과밀학급 문제뿐만 아니라 돌봄 인력과 안전한 놀이 공간 확보에도 어려움이 있어 이의 해결이 필수적이다. 이참에 국가 차원의 방과후교육과정을 제정하여 '방과후학교제도'를 완전히 새로이 정립할 필요가 있다. 핵심은 아이들을 '보관'하는 것이 아니라 '흥미로운 활동으로 영감을 주고 창의력을 키우는 것'이다. 이때 방과후 교사의 전문성이 관건이다. 교대나 사대에서 체계적으로 방과후 전문교사를 양성하고 교육청이 이들을 채용하여 방과후 및 돌봄 업무를 관장하게 해야 한다. 이렇게 할 때 초등 3시 하교가 저출생 시대를 타개할 첫걸음이 될 것이다.

『한겨레』, 〈왜냐면〉, 2018년 12월 11일

# 확고한 공교육 철학으로

오랜 정치적 혼돈은 대통령 탄핵 인용으로 일단락되었다. 곧 있을 대통령 선거에서 우리는 이 뼈아픈 위기를 기회로 만들 수 있는 정권을 창출해 내야 한다. 그래서 해방 이후 아직도 청산 못한 친일 세력과 그와 함께 이 땅에 뿌리내린 독재·반통일·부패·무능 세력을 청산해야 할 뿐만 아니라 우리 사회의 가장 고질적 병폐인 양극화를 해소해야 할 것이다. 새로운 정권이 이런 문제들을 해결해 주기를 바란다.

우리 교육계도 새로운 각오를 다져야 할 때이다. 더욱이 이런 혼돈의 시대일수록 좀 더 장기적 안목에서 확고한 공교육 철학으로 우리 아이들을 길러 내야 할 것이다. 그래서 다시 한 번 공교육 철학 문제를 이 자리에서 논하고자 한다.

첫째, 공교육은 무엇보다도 모두를 위한 교육이어야 한다.

아이들 중에는 공부에 대한 동기 부여가 잘되어 있거나 그렇지 못한 아이들, 부모의 사회·경제적 배경이 좋거나 그렇지 않은 아이들, 다문화 가정 아이들, 선천적·후천적 장애가 있는 아이들 등 아이들의 배경과 여건은 천차만별이다. 그런 모든 아이들이 양질의 교육을 누릴 수 있게 하는 것이 국가의 역할이고 그것이 바로 공교육이다. 많은 연구들은 다양한 배경의 아이들이 한 학교, 한 학급에서 만나 서로 배우고 가르치고 이해할 때 학업성취도뿐만 아니라 사회성에도 긍정적 영향을 끼친다는 것을 입증했다. 나아가 배경이 다른 아이들이 한 학교에서 서로 부대끼며 공부하고 이해하며 성장하여 나중에 시민이 될 때 그 사회는 계층 간의 갈등이 적은 사회가 된다고 했다. 즉 교육은 축적된 지식을 다음 세대에 전승하는 것뿐만 아니라 미래 사회에 대한 비전을 제시하고 바람직한 미래 사회를 열어 가는 것이다. 우리는 한 명의 아이도 포기해서는 안 된다.

둘째, 공교육은 궁극적으로 민주시민을 길러 내는 일이다.

루소는 독립적이고 줏대 강한 자유인을 길러 내는 것이 바로 교육이라고 역설했다. 프랑스혁명 이후의 자유, 평등, 정의, 연대성과 같은 시민사회의 주요 이념들이 민주주의 체제 속에서 꽃피도록 해야 한다. 특히 영국의 EU 탈퇴 결정, 미국의 트럼프 대통령 등장, 유럽에서 극우 국수주의의 득세 등으로 세계가 보호무역주의, 자국중심주의 nationalism, 인종차별주의로 회귀하는 작금의 상황에서 민주주의 교육은 더욱 절실하다. 오직 민주주의만이 이런 부정적인 이념들과 세력들을 이겨 낼 수 있다.

우리 교육은 더욱 투철한 민주시민을 길러 내는 데 집중해야 한다. 교육에서 정치교육을 금지할 것이 아니라 정치의 실상을 낱낱이 밝혀 줘 아이들이 선택할 수 있게 해야 한다. 학교는 아이들에게 민주주의가 무엇인지 교육시키고, 민주주의를 체험하게 하고, 학교 관리자는 학교를 민주적으로 운영해야 한다. 이것은 너무나 당연한 민주주의의 가장 귀중한 첫걸음이다. 민주주의는 결코 민주주의자 없이 살아남을 수 없다.

셋째, 공교육은 사고하는 아이, 특히 비판적 사고를 겸비한 아이를 길러 내야 한다.

우리 교육은 사실 위주의 많은 지식을 전수하는 데 세계 최강을 자랑한다. 그러나 무엇이 문제인지 고민하고 설정된 문제를 어떻게 해결할 것인지에 대해서는 그렇게 강하지 않다. 전자에 치중하다 보니 후자에 약한 것이다. 소위 4차 산업혁명, 인공지능 시대의 교육은 단연코 전자보다는 후자에 더 초점을 둬야 한다. 아이들이 '왜'라는 질문으로 모든 것에 의문을 제기할 때 비판적 사고가 생기고 창의력이 발현된다. 비판적 사고 없이는 창의력도 없다.

창의력은 결코 일부 똑똑한 아이만 타고나는 것이 아니다. 교육의 형태나 질에 따라 창의력을 심어 주는 데 분명한 차이가 있다. 아주 어릴 때부터 의문을 제기하는 습관을 길러 주고 그런 의문을 어떻게 해결할 것인지를 다른 아이들과 토론하며 고민할 때 비로소 창의력은 생기고 길러진다. 우리의 수업 방식을 아이들이 참여하고 주인이 되는 토론·토의식, 협력 중심, 배움 중심 수업으로 전환해야 하는 이유가 여기 있다. 물론 이런 수업 방식에 적합한 학력평가 방식으로 전환해야 하는 것은 말할 것도 없다.

넷째, 국가는 가정을 보완해야 한다.

아이들은 부모를 선택할 수 없다.

교육환경 및 사회·경제적 배경이 좋은 아이들이 좋은 교육 경력의 길을 걷는 것은 너무나 당연할 것이다. 공교육은 그런 좋은 교육환경에서 자라지 못하는 아이들에게도 세심한 배려를 통해 좋은 교육 경력의 길을 걷게 해야 한다. 그래서 노동자의 아이가 판·검사가 되고 농민의 딸이 의사가 되는 교육을 해야 한다. 우리 교육자는 그런 교육을 하는 국가의 오른팔과 왼팔들이다. 우리가 어떤 교육 철학으로 어떻게 아이들을 길러 내는가에 따라 우리 사회의 미래가 달라진다. 또 공교육은 경쟁보다는 협력, 수월성 교육보다는 보편교육에 더욱 초점을 맞춰야 한다. 그래서 '걸러 내는 교육'이 아니라 '길러 내는 교육'이 되어야 한다. 이렇게 할 때 국가는 공교육을 통해 사회적 평등과 정의를 이룰 수 있다.

참으로 어렵고 힘들었던 탄핵 정국은 이제 인용으로 귀결되었다. 일시적 혼돈은 계속되겠지만 새 정권으로 새로운 나라를 건설하는 것은 이제 미룰 수 있는 문제가 아니다. 이 위대한 변신에 우리 교육도 공고한 철학으로 거듭나기를 간절히 바란다. 교육이 가진 자들의 기득권 유지 수단만으로 작동되어서는 결코 사회정의를 이룰 수 없다. 교육자 한 분 한 분의 뚜렷한 공교육 철학으로 다 함께 새 시대를 열어 가기를 희망한다.

『교육경남』, 2017년 봄, 권두언

# 제4차 산업혁명과 교육

 세계 바둑계 최강인 중국의 커제는 최근 인공지능 '알파고'에 3전 전패한 뒤 '알파고는 완벽하다, 인간이 따라잡는 건 불가능하다, 인공지능의 발전 속도가 너무 빨라 인간과의 격차는 오히려 더욱 커질 것이다'라며 눈물을 찍어 냈다. 한국의 이세돌도 같은 경험을 했다. 알파고는 제4차 산업혁명을 대표하는 인공지능AI이다. 인공지능, 사물인터넷IoT, 빅데이터, 모바일 등 첨단 정보통신기술이 사회·경제 전반에 융합되어 혁신적인 변화가 일어나는 것을 제4차 산업혁명이라고 한다. 즉 제4차 산업혁명은 온라인 정보통신 기술이 오프라인 산업 현장에 적용되는 것으로, 초지능superintelligence과 초연결hyperconnectivity이 특징이며, 기존 산업혁명에 비해 더 넓은 범위scope에 더 빠른 속도velocity로 더 큰 영향impact을 끼칠 것이다.

 『사피엔스』와 『호모데우스』의 저자 유발 하라리 등 많은 학자들은 제4차 산업혁명이 끼칠 영향에 대해 다음과 같이 언급했다. 사회 및 직업세계에 엄청난 변화를 가져올 것이다. 오늘날 학교에서 배우는 것의 80~90%는 이 아이들이 40대가 되면 필요하지 않은 지식이다. 또 현재 초등학생의 65%는 지금까지 없었던 직업에 종사하게 된다. 지금

선호도가 가장 높고 경쟁이 치열한 의사나 변호사란 직업도 인공지능이 상당 부분 대체한다. 미국에서는 이미 인공지능의 진단과 처방을 의사보다 더 신뢰한다고 한다. 많은 법조문과 판례를 기억하고 이를 활용하는 변호사 업무에 인공지능의 활용은 폭발적으로 증가하고 있다. 그뿐만 아니라 사회가 훨씬 빠른 속도로 변하는 관계로 오늘날과 같이 20년 공부해서 평생 먹고사는 직업은 종말을 고하고 여러 개의 직장에서 일하는 시대가 온다.

엄청난 혁명이 우리 앞에 도사리고 있다. 그럼 이런 시대의 교육은 어떠해야 할까? 사실 위주의 단순 지식을 암기하는 것은 의미가 없다. 그런 것은 구글이나 네이버를 활용하면 된다. 대신 '맥락적 지식'을 이해하고 배우는 데 집중해야 한다. 예를 들어 어느 수학 공식을 단순히 외우는 것보다 그 공식이 왜 특정 상황에 적용되는지, 다른 공식과 어떻게 연결되는지에 더 초점을 둬야 한다. 즉 축적된 많은 지식을 어떤 관점에서 어떻게 활용할 것인지, 어떻게 비교, 분석, 종합, 평가할 것인지를 배우는 것이 더욱 중요하다. 이는 결국 시키는 일을 잘하는 아이보다 스스로 생각하고 판단하는, 창의력 강한 아이로 키워야 한다는 의미다.

어떻게 하면 창의력 강한 아이로 키울 수 있을까? '비판적 사고력'을 키워 주는 것이 창의력 교육의 최고 관건이다. 비판적 사고는 모든 것에 의문을 제기하고 질문하는 데서 출발한다. 정답이 있는 질문은 의미가 없다. 어떤 이는 인공지능 시대엔 질문하는 사람Homo-questioner만이 살아남는다고 했다.

그럼 어떤 질문을 할 것인가? 필자의 경험에 의하면 가장 근본적이고 중요한 질문은 다음 세 가지다. 왜? 무엇이 문제인가? 나는 어떻게 생각하는가?

"왜"라는 질문은 호기심을 충족시키고 지식을 습득하게 하는 가장 근본적인 질문이다. 한 걸음 더 나아가 '무엇이 문제인가'를 파악하고 설정하는 능력을 키워 줘야 한다. 이는 비판적 사고 없이는 불가능하다. 문제가 설정되면 그 문제를 해결하는 것은 그리 어렵지 않다. 문제 중심의 사고력을 아주 어릴 때부터 우리 학교에서 키워 줘야 한다. 이것이 바로 창의력으로 연결된다. 그리고 마지막으로 '나는 어떻게 생각하는가'라는 질문을 통해 '나'라고 하는 한 명의 주체적 인간인 민주시민을 키워야 한다.

얼마 전 한국을 방문한 핀란드인 살베르그 하버드대 교육학 교수의 지적은 의미심장하다. 하버드대 유학 중인 한국 유학생들은 수업 주제와 관련된 논문을 줄줄 외울 정도로 열심히 공부하지만, 논문에 대해 어떻게 생각하느냐고 질문하면 말문이 막히거나 기껏해야 '좋아요' 또는 '별로예요' 정도의 답만 돌아온다는 것이다. 살베르그 교수는 한국 학생들이 '무슨 생각을 해야 하는지 모르는 것 같다'고 했다.

학교수업이 큰 틀에서 이런 질문들을 중심으로 이뤄지면 좋겠다. 그것이 가능하려면 교육과정과 수업 그리고 학력평가 방식이 크게 바뀌어야 한다. 이런 혁신 없이는 창의력 강한 아이를 키울 수 없다. 창의력은 똑똑한 아이들만 타고나는 것이 결코 아니다. 교육을 어떻게 하는가에 따라 아이들의 비판적 사고와 창의력은 크게 차이가 난다. 박종훈 교육감이 '수업혁신'을 부르짖는 이유도 바로 여기에 있다. 아이들이 참여하는 수업, 활동 중심의 수업, 스스로 고민하며 문제를 설정하고 해결하는 수업을 해야 한다.

커제는 알파고에 지며 슬퍼했다. 그러나 알파고와 같은 인공지능을 만들어 내는 것이 우리 인간이며, 인공지능이 결코 따라오지 못하는 것이 바로 인간의 창의력이다. 적어도 아직까지는. 제4차 산업혁명 시대에는 다른 사람과 소통하고 협력하는 능력, 융합능력, 인공지능이 결코 흉내 낼 수 없는 공감능력 그리고 비판적 사고에 의한 창의력을 키워 주는 교육을 해야 한다.

『교육경남』, 2017년 여름, 권두언

# 공교육과 IB 교육

최근 IB(International Baccalaureate)에 대한 관심이 많아졌다. 일부 외고나 국제고에서 채택하고 있는 IB 교육을 제주나 충남교육청에서는 전격적으로 초·중등학교에 도입하겠다고 했다. 나아가 다른 교육청에서도 관심을 가지고 있다. 경남교육청은 IB 교육기관 방문 및 IB 교육에 관한 토론을 거치며 관심을 가지고 있으나 아직은 연구 및 정리 단계라고 할 수 있다.

IB 교육에 대한 관심은 무엇보다도 IB 교육과정의 융합적 교수 방식과 비판적 사고를 요구하는 평가 방식 때문이다. 한국 교육은 아이들에게 정답이 있는 사실 위주의 지식을 전달하는 데는 세계적 수준이나, 비판적 사고를 키워 주고 무엇이 문제인지 고민하고 이 문제를 어떻게 해결할 것인가 하는 창의력을 키워 주는 교육에는 부족한 점이 많다. 이런 점에서 볼 때 국제적으로 공인된 IB 교육은 한국 교육, 특히 공정성과 변별력에 초점을 둔 객관식 시험의 수능과 이 시험 때문에 파행적으로 행해지는 교육에 주는 시사점이 크다. 스웨덴에서 오랫동안 교육을 책임지다 온 사람의 관점에서 볼 때도 IB 교육의 장점은 크다 할 것이다. 그럼에도 교육청 차원에서 IB 교육의 도입은 많은 여건이 해결되어야 하는 어려움이 있다.

## 1. 어느 차원에서 도입을 할 것인가?

국가(교육부) 차원에서 도입할지, 시·도 교육청 차원에서 도입할지 고민할 필요가 있다. 일본은 국가 차원에서 도입하고 2018년에는 200개 학교에서 IB 교육을 하는 것을 목표로 삼았다고 한다. 이 문제는 어떤 언어로 IB 교육을 시행할지의 문제와도 직결된다. 영미권 나라는 이런 문제를 고민할 필요가 없지만, 그 외 나라에서는 상당히 고민되는 부분이다. 일본은 일본어화한 IB 교육을 하고 있다. IB 교육을 어느 차원에서 어떤 언어로 도입하든 전면적인 도입은 불가능하고, 일부 시범학교 형태의 도입을 통해 다른 학교에 시금석이 되도록 해야할 것이다. 이 경우 IB 교육의 장점을 다른 학교로 전파하는 것이 중요하다.

## 2. 어느 학교급에서 도입할 것인가?

현재 우리나라에서는 IB 교육을 국제학교나 외고에서 도입하고 있는데, 초등학교에서 고등학교까지 연결되지 않으면 문제가 발생한다. 초등에서 IB 교육을 받았는데 중등학교에서 계속 IB 교육을 받을 수 없을 경우 IB 교육의 단절이 일어나며, 이 경우 초등에서의 IB 교육이 얼마나 의미가 있을지 고민된다. 역으로 고등학교에만 있을 경우 초·중학교에서 일반 교육을 받다가 고등학교에서 IB 교육으로 전환하는 것도 많은 고통이 따른다. 부득이 한 학교급에만 도입해야 한다면 고등학교에 도입하는 것이 공교육과의 접목 면에서 더 효율적일 수 있다. 이 경우 아래에서 얘기하지만 대입 제도와 연계되어야 학생들이

IB 교육과정과 한국 교육과정을 이중으로 이수해야 하는 부담을 면할
수 있다.

### 3. 한국 대학에서 IB 교육을 인정하고 받아 줄 것인가?

경기외고에서 IB 교육을 받은 학생은 대부분 외국 대학으로 진학
하는 줄로 알고 있다. 한국과 외국 대학 사이의 선택 문제에서도 외국
대학을 선호한다고 하지만, 한국 대학에서 IB 교육을 인정하고 받아
주지 않으면 IB 교육을 받는 것이 위험 요소가 될 소지가 크다. 한국
대학에서 IB 교육을 인정하고 받아 주면 물론 IB 교육이 확산될 가능
성은 크지만, 이에 따른 문제도 발생한다.

### 4. 한국 교육과정과 어떻게 연계할 것인가?

현재 경기외고 학생들은 한국 교육과정과 IB 교육과정을 모두 이수
한다. 수업시수가 많아 많은 부담이 된다. 물론 두 교육과정을 접목하
여 공통되는 과목을 만들어 내어 운영하고 있지만 여전히 부담은 크
다. 한국 대학에서 IB 교육을 인정하고 받아들이면 문제가 해결되지
만, 이 경우 국가교육과정 외의 또 다른 교육과정으로 인해 교육에서
투트랙이 형성된다. IB 교육이 엘리트 교육이라는 비판을 면하기 어
렵다.

### 5. 교사의 역량을 어떻게 확보할 것인가?

아무리 IB 교육이 좋다 해도 교사들의 역량이 미치지 못하면 빛
좋은 개살구다. IB 교사가 되려면 IBO에서 제공하는 연수를 이수해
야 한다. 그러나 이 연수가 그렇게 길거나 집중적이라는intensive 느낌

을 받지 못했는데, 이 연수 하나로 IB 교육을 잘할 수 있을지 의문이다. 또 공교육의 경우에는 교사들의 정기적인 인사이동이 불가피한데, 이 경우 IB 역량을 갖춘 교사를 계속 확보하는 것도 결코 작은 문제가 아니다. 그래서 연수나 연구를 통해 일반 교사들에게 IB 교육의 교수학습 방법과 평가 방식을  전파하여 IB 교육을 일반 학교에 간접 적용하는 것도 좋은 방법이 되리라 본다.

### 6. 공립학교에서의 도입은 또 하나의 수월성 교육이 아닌가?

경기외고같이 사립학교에서의 도입은 비록 수월성 교육이라 해도 일부 학부모/학생들에게 선택의 폭을 넓혀 주는 의미가 있지만, 공립고등학교에서의 도입은 그리 간단한 문제가 아니다. 학생 1인당 2,000만 원 이상의 비용과 IB 평가에 드는 비용이 결코 적지 않은데, 이 비용을 학부모에게 모두 부담하게 할지 아니면 교육청이 비용의 일부를 부담할지 하는 문제가 야기된다. 공립학교에서 학생들에게 엄청난 학비를 부과한다는 것도 문제지만, 교육청이 일부 비용을 부담한다면 일부 학생들에게 특혜를 준다는 비판을 면하기도 어려울 것이다.

끝으로 IB 교육이 많은 장점이 있지만, 현재 공립학교에 도입하는 것은 위에서 언급했듯이 결코 간단한 문제가 아니다. 그렇지만 지금과 같은 한국의 교수학습 방법과 평가 방식은 많은 문제가 있으므로 교육 혁신이 불가피하다. 현재 많은 교육청에서 실시하는 혁신학교의 내실화와 배움중심수업의 확산 등으로 역량 중심의 2015 교육과정의 취지를 살리는 것도 IB 교육의 한 대안으로 볼 수 있다. IB 교육이나 혁신학교 또는 배움중심수업이 추구하는 것은 질과 범위에서 다소 차이가 있지만 취지와 방향은 같다고 할 수 있다. 지고한 노력에도 불구하고 혁신학교나 배움중심수업이 학생들의 비판적 사고와 창의력을 제대로 길러 주지 못한다는 점에서 소규모로 IB 교육을 도입하여 공교육의 잣대나 시금석이 되는 것도 충분히 고려해 볼 가치가 있다.

# 언제까지 플라톤의 덫에 빠져 있을 것인가?

-다문화와 교육

 

나는 스웨덴 여성과 결혼하여 스웨덴에서 27년 가까이 살다 2011년 귀국하여 7년째 다시 한국에서 살고 있다. 우리 가족은 어디서 살든 다문화가족이다. 스웨덴에서는 내가 이주민이고 여기서는 아내가 이주민이다. 둘 다 이주민으로서의 설움을 받지만, 정도 차이는 크다. 나는 그곳에서 학위를 마치고 대학에서 강의교수와 연구원, 감사원에서 공무원, 마지막으로 국가교육청에서 스웨덴 유초중등교육의 평가를 총책임진 과장으로 일하다 귀국했다. 그것도 스웨덴 시민이 아닌 한국 시민으로. 언젠가 스웨덴 교육부가 나를 유네스코 스웨덴 대표로 보내려 했으나 내 국적이 한국이라 성사되지 않은 적도 있다. 아내는 스웨덴 중학교에서 20년을 전문상담사로 일하며 필요한 연수를 줄곧 대학에서 받아 온 경력자다. 물론 나와 아내의 현지 언어 구사력에는 차이가 있다. 아내의 한국어 능력이 나의 스웨덴어 능력에 미치지 못한다. 반면 아내의 영어 구사 능력은 나의 그것을 넘어선다. 그뿐만 아니라 따돌림과 학교폭력을 해결한 스웨덴 학교에서의 지식과 경험이 그것으로 시달리는 한국 학교에 큰 도움이 될 수 있었을 텐데, 아내는 여기서 일자리를 구하지 못하고 남편과 함께 살고 싶은 바람을 뒤로한 채 스웨덴으로 돌아가야 했다.

이는 아직도 우리 사회가 이주민에 대해 크게 배타적인 데 기인한다. 외국인이 한국에서 공무원이 되고 교육부 과장이 될 수 있는가? 상상하기 어렵다. 공무원과 간부는 차치하더라도 멸시와 차별은 어떠한가? 한국에서 박사학위를 받고 직장을 다니며 '한국꿈'을 실현하고 싶었던 어느 파키스탄 젊은이는 직장에서의 멸시와 따돌림, 부당한 업무 지시를 견디지 못하고 최근 가족과 함께 스페인으로 이주하여 행복하게 살고 있다. 남편의 폭력, 시어머니의 감시와 잔소리에 희망을 포기한 결혼이주여성은 얼마나 많은가? 그리고 중도입국아를 비롯하여 이주민의 자녀들은 한국어가 어눌하다고, 혹은 피부색이 다르다고 학교에서 얼마나 놀림의 대상이 되고 따돌림을 받는가? 이 모든 것이 언어장애 때문이라고 할 수 있다. 그러나 성인이 되어 이민자가 됐을 때 어느 누구도 현지 언어를 완벽하게 구사할 수는 없다. 나도 스웨덴어를 완벽하게 구사하지 못한다. 그럼에도 나는 스웨덴에서 대학교수, 공무원, 국가교육청 간부로 일했다. 현지 언어는 직장을 다니며 배울 때 가장 빨리 터득할 수 있다. 해당 분야의 전문성과 역량을 높이 평가하여 과감하게 기용하지 않으면 '이민자의 통합'은 빈말이 된다.

따져 보면 이주민에 대한 멸시와 차별은 오랜 역사가 있다. 서구 철학의 시조인 플라톤은 『국가론』에서 사냥할 때 사냥개를 암캐와 수캐로 구분할 필요가 없다는 비유로 남녀 성 평등을 주창한다. 대단한 선각이다. 이런 선각자가 같은 책에서 외지에서 그리스로 들어오는 이주민을 '야만인'이라 칭하며 어떠한 정치적 권리도 인정하지 않는다. 시대 상황의 반영이며 선각과는 거리가 멀다. 플라톤의 반이주민 관점과는 반대로 당시 도시국가polis에 소속되는 것을 부정하고 '세계시민 kosmopolites'이라 선언한 철학도 그리스에서 유래했다. 정반대의 두 철학 사조에도 불구하고 이주민에 대한 편견과 멸시, 차별은 세계 도처에서 2000년이 지난 오늘까지 여전히 자행되고 있다.

우리나라에도 최근 이주민이 많이 증가했다. 2017년 장기체류 외국인은 150만 명을 넘었고, 결혼이민자는 15만 명을 넘어섰다. 올바른 이주민 철학과 정책으로 세계시민시대를 능동적으로 대처해야 할 때다.

첫째, 2000년 전과 달리 오늘은 국가의 의미가 줄어들고 오히려 각 나라의 도시와 세계가 연결되는 세계시민시대cosmopolitanism다. 세계 각처와의 교류는 필수적이다. 교류하지 않고는 살아남을 수 없다. 학업, 결혼, 취업, 무역, 국제기구, 전쟁 등에 의한 인구이동과 이민은 이 시대의 필연적 산물이다. 우리 것만, 우리끼리만 고집하는 민족주의는 도태의 위험에 빠지게 하고, 남의 것을 무조건 추종하는 사대주의는 더 큰 위험에 직면하게 한다. 이 둘 사이 어느 지점에서 문화 간 상호 존중과 호혜 평등의 원칙으로 세계와 호흡해야 한다. 이것이 바로 다문화정신multiculturalism이다. 그렇다고 타 문화의 조혼, 가부장주의, 명예살인, 인권침해까지 존중하라는 것은 아니다.

둘째, 이주민을 어떤 시각으로 보는지가 관건이다. 자국민과의 갈등 또는 교육과 사회적 비용만을 생각하여 이주민을 문제로 보는 것과 세계시민시대의 자산으로 보는 것은 하늘과 땅 차이다. 미국 중간선거 결과는 많은 시사점을 준다. 한국인 1, 2세들이 미국 상, 하원에 당선되어 한·미 및 북·미관계 그리고 통일문제에 일역을 담당할 것이라고 한다. 이것이 가능하면 왜 베트남 1, 2세가 한국 국회에 진출하여

한·베 가교 역할을 못할 것인가? 경제 분야에서 이주민 역할은 더욱 확실하다. 경제 활성화 및 성장에 긍정적으로 영향을 미친다는 것이 많은 연구를 통해 입증되었다. 이중 언어를 구사하는 이주민들을 미래의 자산으로 여겨 좋은 교육을 통해 긍지를 가질 수 있게 키워 내는 것이 큰 과제다.

셋째, 이주민 정착 성공의 핵심 요소는 직업이다. 최대한 빨리 취업을 가능하게 하여 이주민 개개인이 자립하고 긍지를 가질 수 있도록 해야 한다. 편견과 멸시로 그리고 언어 문제를 빌미로 채용에 차별을 주면 이주민은 결코 한국 사회에 통합되지 못한다. 창업을 도와 모국과의 경제 교류의 길을 열어 주는 것도 좋은 정책이 될 수 있다.

넷째, 이주민 자녀들이 최대한 빨리 우리말을 배우고 우리 교육 시스템에 적응할 수 있도록 지원해야 한다. 그렇다고 모국의 문화를 버리고 한국 사회에 동화시키라는 말은 아니다. 우리말을 먼저 배우고 학교에 편입시키는 것보다 학교에 편입시켜 우리말을 동시에 배우게 하는 것이 더 효과적이다. 유럽의 많은 나라에서 활용하는 '모국어 교사제' 도입을 고려할 필요가 있다. 이주민 학생의 모국어와 우리말이 다 능통한 교사를 채용하여 수업 시간엔 보조교사로, 방과후 시간엔 모국어로 정규수업에 따라가지 못하는 것을 지원할 수 있다. 임용고시에 합격해야 하는 정규 교사가 아니라 이주민으로 우리말에 능통한 사람을 채용하는 일종의 기간제교사로 이주민의 취업 가능성도 동시에 열린다.

이민자와 같은 소수자나 사회적 약자의 경우, 문제는 이들 자체에 있는 것이 아니라 이들을 비정상으로 보는 '정상인'들의 편견과 차별에 있다. 무지가 편견과 혐오를 낳고 편견과 혐오가 차별과 폭력으로 이어지는 것이다. 오늘 같은 세계시민시대에 언제까지 플라톤의 반이주민 덫에 빠져 있을 것인가? 우리는 이제 지구촌 모두와의 상호 존중과 배려로 세계시민이 되어야 한다.

『교육경남』, 2018년 겨울, 권두언

# 3·1운동과 상해 임시정부

### -국가의 정체성 확립으로

일제강점기와 3·1운동, 그리고 상해 임시정부 수립이 우리에게 주는 교훈은 크게 두 가지다. 첫째, 개인은 바른 선택을 해야 한다. 고등학교 때 우리는 박목월의 시 〈나그네〉를 배웠다. "…술 익는 마을마다 타는 저녁놀, 구름에 달 가듯이 가는 나그네…" 유유자적과 자연을 노래한 아름다운 서정시라며 이런 시를 순수문학에 속한다고 했다. 윤동주의 〈서시〉와 〈별 헤는 밤〉도 배웠다. "죽는 날까지 하늘을 우러러 한 점 부끄럼 없기를…", "…나는 별 하나에 아름다운 말 한마디씩 불러 봅니다 … 소학교 때 책상을 같이 했던 아이들의 이름과 패, 경, 옥 이런 이국소녀들의 이름(을)… 불러 봅니다…" 일제하 타향에서 유랑하듯 떠도는 한 젊은이의 고독과 자기모멸을 처절하고 애틋하게 표현하며 독립과 해방이라는 새날을 기약한 서정시라고 배웠다. 그리고 대학을 다니며 박목월의 시가 시대성을 상실했다는 것을 알게 되었다. 먹을 것이 없어 목숨을 부지하기도 어려운 그 암울한 일제강점기의 시골에서 어떻게 마을마다 쌀로 술을 빚어 먹을 수 있었던가? 그런 시골 마을을 어떻게 타는 저녁놀처럼 아름답다고 노래할 수 있었던가? 같은 시대에 나라 잃은 슬픔으로 만주, 간도, 일본을 방황하며 조국의 독립과 해방을 극한 고독으로 표현한 젊은이와 얼마나 대조적인가?

이와는 차원을 달리하여 정말 부끄러울 정도로 많은 문인들이 창씨개명, 학병 지원, 내선일체를 선동하며 친일행각을 하지 않았던가? 반면 친일을 하느니 차라리 절필을 선언하거나 독립운동에 몸 바친 문인도 많지 않은가? 이뿐이랴? 이완용을 위시한 나라를 팔아먹은 을사5적이 있는 반면 국내에서 그리고 상해, 만주, 시베리아를 넘나들며 목숨을 건 독립운동가는 또 얼마나 많은가?

이 모든 것이 일제강점기라는 동시대의 역사적 현실 속에서 일어난 일이다. 전자에 속하는 많은 사람들은 '강요에 의한 어쩔 수 없는 일'로 변명하거나, '내가 아니었으면 더 많은 사람이 희생됐을 것'이라며 자신의 친일을 정당화한다. 일제에 협력하며 부귀영화를 누린 반민족적 이기주의도 분명 있을 것이다. 어쩌면 우리나라의 소멸과 일본의 창궐을 예상하며 더 적극적으로 행동했을 수도 있다. 그렇다면 우리는 이와는 정반대인 극도의 어려움 속에서도 목숨을 건 반일투쟁의 기치를 든 문인이나 독립운동가를 어떻게 조명할 것인가?

유발 하라리는 "역사가 걸어온 길은 하나다. 우리는 매 순간 선택할 수 있다. 물론 그 선택은 정치적, 경제적 또는 다른 이유로 인해 제약을 받는다"라고 했다. 일제강점기라는 암울한 시대 상황에서 많은 사람들은, 특히 사회적 영향력이 있는 지식인이나 정치·경제인들은 더욱 심각하게, '어떻게 살 것인가? 어떻게 살아야 하는가?'라는 실존적 문제에 봉착했을 것이다. 그리고 여러 형태로 그 실존의 길을 선택했고 그에 따른 역사적 평가를 받고 있는 것이다.

둘째, 국가는 정체성을 세워야 한다. 올해는 3·1운동과 대한민국 임시정부 수립 100주년을 맞는 뜻깊은 해다. 1919년 3·1운동은 사그라져 가는 국가의 생명을 다시 살린 부활의 불씨였다. 일제 식민지 9년이라는 가장 암울한 시기에 불가능을 가능과 희망으로 바꾼 해방과 자유 그리고 민주주의 혁명이라고 할 수 있다. 전국 방방곡곡에서 일어난 이 민초들의 저항은 민족자결주의의 구현으로 당시 많은 식민지 국가들에게 희망을 주기도 했다.

3·1운동을 기화로 같은 해 3~4월 상해에서 이동녕, 신규식, 조소앙, 여운형 등 독립운동가들은 임시정부 수립 방안을 논의하고, 4월 11일 이동녕과 손정도를 각각 의장과 부의장으로 하는 임시정부를 수립하고 조소앙이 기초한 대한민국 임시헌법을 채택했다. 이때 처음 국호를 대한민국으로 정하고 임시헌법 제1조에서 '대한민국은 민주공화제로 함'이라고 명시했다. 즉 3·1운동과 임시정부 수립은 우리나라를 찬탈한 일본에 대한 부정으로 타국에서나마 나라를 세운 건국임이 뚜렷하다. 올해를 건국 100주년이라 칭하는 이유가 바로 여기에 있다.

그러나 이 주장과 달리 대한민국의 건국은 1948년 정부 수립이라는 견해가 있다. 이 주장의 요지는 1910년 을사늑약에 의해 우리나라가 일본의 식민지가 된 것이 합법이다. 그래서 3·1운동과 임시정부는 불법 운동이며 불법 단체다. 해방이 되어 김구 주석이 임시정부의 주석 자격이 아닌 개인 자격으로 귀국한 것도 바로 이런 연유에서다. 1945~1948년 미군정 3년을 거치며 맥아더 사령부 훈령으로 남한에서 선거가 치러져 1948년 합법정부가 탄생되었고, 끝으로 1951년 샌프란시스코 강화조약에 의해 공식적으로 일본으로부터 독립되었다는 것이다. 국내적으로야 1919년을 건국이라 주장할 수 있지만 국제법적 근거가 없다는 것이다.

건국 문제는 대한민국의 정체성과 직결된다. 1948년을 건국으로 보는 시각엔 승전국인 미국이 한국을 일본의 식민지로서 일본과 함께 싸운 패전국으로 간주하며 (그래서 우리는 전후 일본으로부터 전쟁 피해 배상도 받지 못했다) 우리의 독립운동과 임시정부를 인정하지 않았다는 국제적 시각과 협약에 기초하고 있다. 외세에 의해 부정당한 우리가 외세를 부정하는 것은 당연하지 않은가? 오히려 이것을 인정하지 않은 미국과 국제법이 잘못된 것 아닌가? 또 1948년을 건국으로 보는 시각엔 미군정을 거쳐 다시 득세한 친일세력의 정당화와도 관련이 있다. 독일은 지금도 나치 전범들을 색출하여 처벌하고, 프랑스는 나치에 동조하고 부역한 자국민들을 용서하지 않았다. 국가의 정체성을 바로 세우기 위해서다. 학자들부터 이 문제를 논의하여 사회적 타협을 이끌어 내는 정치력을 보여야 한다.

앞서 말한 교훈 두 가지를 어떻게 교육과 연결하고 구현시킬 것인가? 아이들이 실존적 문제에 봉착했을 때 바른 선택을 할 수 있게 하려면 어떻게 교육해야 하는가? 여기에 지름길은 없다. 다양한 주제에 대한 철학적 탐구와 토론을 통해 스스로 판단하게 하고 그 판단에 책임지게 하는 자세를 기르도록 해야 한다. 나아가 논란이 있다고 피할 것이 아니라 이제라도 대한민국의 정체성을 바로 세우는 일을 해야 한다. 학교에서의 바른 교육이 궁극적으론 정체성 문제도 해결할 것이다.

『교육경남』, 2019년 봄, 권두언

# 아시아·유럽 교육 협력이 지향해야 할 것들

아시아·유럽의 교육 현안 및 글로벌 교육 협력을 위한 세계 최대 규모의 장관급 지역 간 협의체 '제6차 아셈ASEM 교육장관회의'가 오는 21~22일 서울에서 열린다. 이번 회의에서는 아셈 교육 협력 10년을 맞아 향후 10년간 아시아와 유럽 교육 협력의 비전을 제시하고 교육을 통해 미래를 대비할 수 있도록 청년 고용 촉진과 아시아와 유럽 간 인적 교류 강화를 위한 협력 방안도 논의할 예정이다.

아셈 협력의 원동력이자 궁극적인 목표는 교육을 통한 활발한 인적 교류다. 이를 활성화하기 위해서는 유럽과 아시아 교육의 차이와 장단점을 살펴볼 필요가 있다.

스웨덴이나 일부 다른 유럽 국가 교육은 무엇보다 문제 중심 교육을 실천한다. 무엇이 문제인지 고민하고 해결하게 하는 교육이 정답이 있는 사실 위주의 지식교육에 치중하는 한국이나 아시아 교육과 다르다고 할 수 있다. 중학교 수준에서 공부하는 프랑스 혁명을 예로 들어보자. 유럽 교사들은 프랑스 혁명이 왜 일어났는지를 2~4명 단위의 모둠 형태로 학생들이 직접 탐구하게 하고 그것을 발표하고 토론하는 형태를 취하며, 교사는 학생들이 스스로 탐구하고 발표한 것에 대해 지도하거나 필요한 보충 설명을 한다. 이런 모습은 한국을 비롯한 아시아의 수업 형태와 사뭇 다르다는 것을 알 수 있다.

반면 유럽과 아시아의 공부 방식은 서로 다른 단점도 있다. 유럽 학생들은 주제 중심으로 공부하고 비판적 사고나 창의력에 강한 반면 사실 위주의 지식 습득에 약한 면이 있다. 아시아 학생들은 많은 사실을 숙지하고 있지만 비판적 사고나 창의력 증진에 대한 공부가 제대로 안 되는 경우가 많다. 이 외에 유럽은 한 명의 아이도 포기하지 않고 공부가 느린 아이들도 교육 목표를 달성하게 하는 데 최선을 다하는 평등교육, 아이들 사이의 협력교육, 평생교육과 직업교육, 실생활 중심의 살아 있는 교육에 강하다. 반면 아시아는 높은 교육열, 체계적인 학교 교육과정, 뛰어난 아이들을 위한 수월성 교육에 강하다고 할 수 있다.

이렇게 서로 다른 교육적 특징을 고려할 때 아셈 교육장관회의는 세계의 다양한 교육을 한 번에 아우를 수 있는 좋은 기회다. 창의력은 많은 지식과 비판적 사고를 기초로 새로운 것을 생각해 내는 능력이다. 축적된 지식 없이 문제 중심으로 생각한다고 하루아침에 창의력이 생기는 것은 아니다. 또 아무리 축적된 지식이 많아도 비판적 사고 없이는 새로운 것을 생각해 내지 못한다. 따라서 지식 전달·습득의 공부와 비판적 사고 및 창의력 증진을 위한 문제 중심 교육의 균형이 양 대륙 미래교육의 지향점일 것이다. 이것이 아셈 같은 교류나 국제학업성취도평가PISA 같은 국제학력테스트의 결과로 나타나는 글로벌 교육 혁신과 교류의 의의라 하겠다.

이제는 양 대륙이 어떤 방식으로 교류를 확대하고 교류를 통해 어떤 좋은 효과를 얻을 것인지 고민해야 할 때다. 현재 국가 및 교육청 차원에서 유럽에 많은 교육 탐방을 실시하고 있으나, 학교나 수업을 수박 겉핥기식으로 관람하는 정도다. 좀 더 체계적이고 장기적으로 교육행정가, 교직원, 학생들 사이에서의 양 대륙 간 교류가 요구된다. 특히 홈스테이, 교환학생 및 교환교사 형태로 교사와 학생 간 교류를 제도화하는 것이 중요하다. 이런 점들을 유의하며 양 대륙 간 교육 교류가 활발하게 이뤄져 4차 산업혁명 시대를 슬기롭고 능동적으로 대처해 나가기를 기대한다.

『한국경제』, 2017년 11월 6일

### 걸러 내는 교육 VS 길러 내는 교육 ①
# 교사들의 직업만족도를 높여라

경제협력개발기구OECD의 2013년 조사에 의하면 '교사라는 직업을 선택한 것을 후회한다'고 생각하는 한국 교사의 비율이 20%가 넘는 것으로 나와 OECD 회원국 중 가장 높았다. '다시 직업을 선택한다면 교사가 되고 싶지 않다'는 응답자 비율도 한국 교사는 40%에 육박해, 우리나라 교사들의 직업만족도는 OECD 회원국 중 최하위를 기록했다. 그러나 초·중·고 학생들의 희망 직업 1위는 교사인 것으로 나타났다. 즉 교사라는 직업은 가장 선호하는 직업 중 하나이고 똑똑한 사람이 교사가 되는데, 교사가 되고 나서의 직업만족도는 아주 낮다는 얘기다. 여기서 또 하나 주목할 점은, 교사의 직업만족도는 아주 낮은데 반해 교장의 직업만족도는 아주 높다는 것이다.

교사의 직업만족도가 낮은 것은 큰 문제다. 교육의 질은 교사의 질을 넘지 못한다는 말이 있다. 교사가 자신의 직업에 대한 만족도와 긍지가 낮은 것은 바로 교육의 질에 직접적 영향을 미칠 수 있다. 교사의 직업만족도가 낮은 원인은 어디에 있을까? 여러 조사들과 필자의 관찰을 종합하면 다음과 같은 세 가지로 요약할 수 있다.

첫째로 소통 부재와 비민주적 학교운영이다. 교육은 궁극적으로 민주시민을 양성하는 것이다. 아이들에게 민주주의가 무엇인지 가르치고 직접 체험하고 실천할 수 있도록 해야 하는 것 외에 학교 관리자는 학교를 민주적으로 운영해야 한다. 최근 혁신학교의 도입으로 학교문화가 많이 바뀌고 있고 관리자들의 민주적 리더십에 대한 고민도 많아졌다. 고무적이다. 그러나 아직도 '제왕적 교장'이란 말이 나온다. 교사의 직업만족도는 낮은데 교장의 직업만족도가 높은 것도 이런 경향의 방증이라 할 수 있다. 제4차 산업혁명과 홀라크라시를 얘기하는 시대에 아직도 수직적 학교문화 속에서 아이들에게 소통과 협력이 중심 되는 미래 핵심역량을 길러 준다는 것은 모순이다. 민주적 학교문화가 모든 교육활동의 근본이 돼야 한다.

둘째는 업무 과중이다. 수업과 생활지도라는 본연의 업무 외에 우리나라 교사들은 많은 다른 업무에 시달린다. 주로 교육부의 특별교부금이나 교육청의 정책에 의한 사업들이다. 교육부는 교육기본법 및 교육과정을 통해 교육의 목표를 세우고 방향을 제시하는 것으로 만족하고 특별교부금에 의한 사업을 최대한 자제해야 한다. 교육청도 현존의 많은 정책 사업들을 폐지하고 교육자치를 학교 단위에서 하도록 해야 한다. 이렇게 할 때 교사들을 아이들에게 돌려줘 본연의 업무에 더욱 충실하게 할 수 있다.

셋째로 교권 변화가 교사들로 하여금 자긍심을 잃게 한다. 오늘날의 학생들은 어제의 학생들과 다르다. 기존 질서에 순응하기보다는 저항하고 끊임없이 한계를 시험한다. 특히 인터넷과 SNS의 발달로 일찍 어른 세계에 접하기도 한다. 이런 아이들의 생활지도는 쉽지 않다. 학부모도 옛날과는 다르다. 학력이 높을 뿐만 아니라 교육을 좋은 대학과 직장을 위한 수단으로 보고 자신의 아이만 생각하는 이기주의적 경향이 강하다. 학부모의 이런 관점은 교사의 교수 방법 및 학력평가, 심지어 교실에서 자리 배치나 학예회 때 자녀들의 역할 등에 대해서도 민원을 제기해 교사들을 힘들게 한다. 교사를 존중하지 않는 학부모의 시각은 학생들에게 그대로 전달돼 '존중 상실의 교육'이 되고 있다. 학교와 가정의 원활한 소통과 상호 존중이 강하게 요구된다 할 것이다.

랄프 에머슨은 '교사가 지닌 비밀의 능력은 인간을 변화시킬 수 있다는 확신'이라고 했다. 교사가 이런 확신을 가지고 아이들을 만날 수 있도록 우리 사회는 다각도로 노력해야 한다. 특히 인공지능 시대에 맞는 창의력 높고 줏대 강한 아이들을 길러 내기 위해 새 정부는 교사들의 직업만족도와 자긍심을 높이는 데 최선을 다해야 할 것이다.

『경남신문』, 〈성산칼럼〉, 2017년 1월 12일

걸러 내는 교육 VS 길러 내는 교육 ②
# 파시스트 처벌하고 고시제도는 폐지하라

교육부의 나향욱 정책기획관이 7월 7일 저녁 경향신문 기자들과 만난 자리에서 "민중은 개·돼지와 같다", "먹고살게만 해 주면 된다", 나아가 "신분제를 공고화시켜야 한다"라는 발언을 했다. 교육정책을 총괄하는 고위 간부의 입에서 나온 너무나 충격적인 발언이라 기자들이 수차례에 걸쳐 해명할 기회를 주었으나 나 기획관은 문제의 발언을 철회하지 않았다.

교육부 정책기획관은 역사 교과서 국정화, 누리과정, 대학구조개혁 같은 교육부의 주요 정책을 기획하고 타 부처와 정책을 조율하는 핵심 보직이다. 공교육 정책의 가장 핵심적 위치에 있는 교육공무원의 철학으로서 99%의 국민이 교육을 통해서도 계층이동이 불가능한 신분제를 공고히 해야 한다는 것은 교육 자체를 완전히 부정하는 처사다. "우리가 개·돼지면 우리 세금을 먹고사는 그는 기생충"이라는 분노에 찬 말이 전혀 지나쳐 보이지 않는다.

나는 이 사태를 보며 크게 두 가지를 고민했다.

첫째, 민주사회에서 이와 같은 극우 파시스트적 사고를 가진 사람을 처벌할 수 있는 법은 없는가? 헌법 제11조 1항에 의하면 '모든 국민은 법 앞에 평등하다. 누구든지 성별·종교 또는 사회적 신분에 의하여 … 차별을 받지 아니한다.' 제2항에 의하면 '사회적 특수계급의 제도는 인정되지 아니하며, 어떠한 형태로도 이를 창설할 수 없다.' 나 기획관의 신분제 공고화는 제2항에 따라 있어서는 안 되는 제도이며 제1항의 신분으로 인해서 차별받아서는 안 된다는 헌법정신을 정면으로 부정하는 것이다.

그러나 이러한 헌법정신은 이를 지키기 위해 만들어진 하위 법률이 없으면 처벌할 수 없다. 예를 들어 소위 극좌 또는 종북세력의 유사한 행위나 발언은 국가보안법이 있어 이를 남용하면서까지 처벌하지만, 극우 파시스트적 언행은 처벌할 법이 없다. 형평성에도 맞지 않다. 우리도 스웨덴처럼 개인이 아닌 그룹에 대한 혐오나 위협을 가하는 행위를 처벌할 수 있는 혐오범죄방지법Hets mot folkgrupp을 제정해야 한다. 이주노동자나 이민자에 대한 인종차별적 언행, 일부 기독교인들의 동성애 및 성소수자들에 대한 혐오성 발언이나 위협은 도를 넘고 있다. 나 기획관이 공무원이기 때문에 국가공무원법의 품위유지 의무조항에 따라 중징계인 파면까지 가능하지만 공무원이 아닌 경우에는 속수무책이다.

둘째, 나 기획관은 행정고시 출신으로 교육부의 요직과 청와대 행정관을 거쳐 올해 3월 정책기획관으로 승진했다고 한다. 행정고시가 과연 간부 수급의 효율적 제도인지 심히 의심스럽다.

나 기획관 정도는 아니라 할지라도 행정고시를 통해 승진한 관료들 중 얼마나 많은 공무원이 섬겨야 할 국민 위에 군림하고 자신과 다른 출신 공무원을 업신여기는지 궁금하다. 고시제도가 우리 사회의 위계질서를 뚜렷이 하고 그러한 위계질서로 인해 구성원들 사이에 위화감을 조성하며 아랫사람들의 의사가 반영되지 않는 비민주적 권위주의 사회를 고착화하는 것이 아닌지 크게 우려스럽다. 나 기획관의 '출발점부터 다른데 어떻게 평등할 수 있나, 차라리 신분제가 더 좋다'는 발언은 이러한 우려를 한층 더 강화한다. 왜 일부 선진국에서는 바로 간부가 될 수 있는 사관학교, 경찰대학 및 고시제도 없이 모두가 같은 선상에서 출발해 뚜렷한 공동체철학, 능력 그리고 민주적 지도력에 따라 간부로 승진하게 할까? 과연 우리나라 고시제도나 간부 선발기관이 진정 우리 사회가 필요로 하는 간부를 발굴하고 양성하는 데 효율적인가? 그렇게 보기 어렵다.

나향욱 정책기획관의 국민혐오적 발언은 결코 한 개인의 일탈적 행위가 아니라는 것이 최근 있었던 수많은 '갑질' 또는 '금수저·흙수저' 논란에서 여실히 증명되고 있다. 성숙한 민주사회로 성장하기 위해서는 극좌뿐만 아니라 극우도 처벌해야 하고, 강한 위화감을 조성하고 권위주의를 공고히 하는 간부 선발제도를 폐지해야 한다.

『경남신문』, 〈성산칼럼〉, 2016년 7월 21일

걸러 내는 교육 VS 길러 내는 교육 ③
# 교장을 완전공모제와 보직제로

현재 우리 교육계는 약 600만 명의 초·중·고 학생들과 43만여 명의 교원들이 1만 1,000여 개 학교에 속해 있는 거대한 공룡 조직이다. 이런 거대 조직을 시대의 요구나 자라나는 아이들의 필요에 맞게 혁신하는 것은 쉽지 않다. '19세기 학교에서 20세기 교사가 21세기 아이들을 가르친다'는 말이 나올 정도다. 교육도 부단히 혁신해야 한다. 주입식·암기식 교육에서 탈피해 비판적 사고를 지닌 창의력 있는 주체적 아이로 길러 내야 한다. 그러나 이런 거대 조직을 위에서 아래로의 지시나 지침으로 혁신하는 것은 불가능하다. 오히려 '학교 단위에서의 교육자치'를 통해 혁신하는 것이 옳다. 학교 단위에서의 교육자치가 기대효과를 내기 위해서는 무엇보다도 '좋은 교장'을 선발하지 않으면 안 된다. 교장이 학교문화, 학교 민주주의, 교육 목표 달성 등에 가장 큰 영향력을 미치기 때문이다.

교사 시절부터 오랫동안 관리해 온 승진점수를 기반으로 유지되는 현재의 교장승진제도는 좋은 교장을 선발하는 데 문제가 많다. 경력, 근무성적, 연수성적, 그 외 가산점 제도에 의해 부여된 점수는 실제 교장으로서의 지도력, 역량 및 자질과 큰 관계가 없다. 좋은 승진점수를 받기 위해 동료 교사들과 치열하게 경쟁하고, 관리자의 눈치를 살펴야 하는 현재의 제도는 교육이 보수화되는 가장 큰 원인 중 하나다. 그뿐만 아니라 교직 경력 말년에 교장이 됨으로써 혁신에 대한 열망이 떨어지고 무사안일과 보신주의에 빠지기 쉬운 것도 사실이다.

이런 문제를 극복하기 위해 2007년부터 승진제도와 병행해 교육계 외부 인사에게 개방하는 개방형, 교장자격증 소지자를 대상으로 하는 초빙형 그리고 15년 이상의 교직 경력만 있으면 지원할 수 있는 내부형 교장공모제를 도입했다. 도입 당시 전체 공모제 교장 중 내부형 공모교장이 69%, 초빙형이 22%였는 데 반해 4년 후엔 내부형이 11%, 초빙형이 82%로 교장자격증 소지자가 대부분 공모제 교장이 되어 껍데기만 남은 교장공모제가 됐고, 평교사가 교장이 되기는 그야말로 하늘의 별따기가 됐다. 교장공모제에 대한 대부분의 연구는 공모제 교장이 임명제 교장보다 직무수행력이 높고, 공모제 교장 중 평교사 출신의 내부형 공모교장의 직무수행 만족도가 개방형이나 초빙형보다 높다는 것을 보여 준다.

교육혁신의 필요성과 중요성이 더욱 절실한 오늘, 낡은 승진 및 임명제도가 아닌 '보직제도'로 전환하고 '완전공모제'를 통해 교장을 선발해야 한다. '보직제도'란 일정 기간 교장직을 수행하고 그 기간이 끝나면 평교사로 돌아가거나 다른 학교 교장으로 갈 수 있는 것을 말하고, '완전공모제'는 모든 교장은 공모를 통해 선발하고 누구든 전국 어디에서든 구비조건만 갖추면 응모할 수 있는 것을 의미한다. 물론 임기와 연임 규정을 둘 수 있다.

좋은 교장이 겸비해야 할 가장 근본적이고 중요한 조건과 역량은 다음 세 가지로 압축할 수 있다.

첫째는 최소 10년 이상의 교직 경력이다. 어렵고 복잡한 교육과 학교문화를 교직 경력 없는 사람에게 맡기는 것은 문제가 있다. 10년 동안의 교직 경력은 그동안 많은 시련과 좌절을 겪으며 교육혁신에 대한 통찰력과 의지가 솟을 기간이다.

둘째, 투철한 공교육 철학을 지녀야 한다. 공교육은 사교육과 달리 모든 학생을 위한 교육이다. 또 아이들은 부모를 선택할 수 없기 때문에 공교육은 아이들의 부모 배경과 관계없이 계층이동social mobility을 가능하게 해야 한다.

셋째, 민주주의적 리더십과 동시에 추진력을 겸비해야 한다. 학교에서의 권위주의를 극복하고 아이들에게 민주주의에 대한 지식뿐만 아니라 실질적 체험을 제공해 민주시민으로 길러 내야 한다. 당연히 교사들의 자발성을 이끌어 내는 민주적 학교운영과 혁신을 위한 추진력도 갖춰야 한다. 교장을 완전공모제에 의한 보직제도로 전환할 때 뜻있는 젊은 교육자가 교장이 돼 우리 교육을 현장에서부터 혁신하고 아이들이 행복한 학교를 만들 수 있다.

『경남신문』, 〈성산칼럼〉, 2016년 9월 1일

걸러 내는 교육 VS 길러 내는 교육 ④
# 교장 수업이냐 교장공모제냐

　교육계가 교장의 수업 여부에 대한 논쟁으로 들끓고 있다. 9시 등교에 이어 또다시 이재정 경기도교육감으로부터 나온 제안이다.

　이 교육감은 4·16 세월호 참사는 한국 사회에 '교육이 바뀌어야 된다'는 뚜렷한 신호를 줬다며 그 변화의 일환으로 교실에 한발 더 가까이 갈 수 있는 교장 수업을 천명했다. 올 3월부터 교장은 교과, 비교과, 인성 및 인문학 분야에서 수업을 할 수 있다는 것이다. 비록 자율에 맡긴다고 하지만 '9시 등교' 정책에서처럼 교육감의 의지가 강하다. 이재정 교육감의 제안에 대해 교총은 많은 이유를 들어 반대하며 취소를 촉구하고, '연구하는 교장'을 대안으로 제시했다. 전교조는 교과수업은 무리가 있으나 비교과 영역에서 오랜 경륜과 경험을 학생에게 전해 주는 것은 가능하다는 중간 입장을 취하고 있다. 교육부는 교장의 수업에 대한 실태 조사에 들어갔다. 이로써 교장의 수업에 대한 논쟁은 갈등 상황까지 초래하고 있다.

　교장 수업 여부의 화두를 떠나 북유럽의 현실을 참조하며 몇 가지 다른 시각에서 우리나라의 교장직에 대해 논하고자 한다. 첫째로 교장은 뭐니 해도 관리자로서의 전문성과 직업정신이 투철해야 한다. 북유럽의 40, 50대 젊은 교장들이 자신보다 나이 많은 교사들을 거느리면서도 민주주의, 평등, 공동체 정신의 뚜렷한 교육철학으로 교사로부터 정당성을 얻어 낸다. 직업정신이란 바로 책임을 의미하며, 각 분야에서의 이런 직업정신으로 북유럽 사회의 신뢰가 형성된 것은 말할 것도 없다. 반면 세월호 참사는 우리 사회에서 직업정신이나 책임이 존재하지 않는, 그래서 사회적 신뢰가 밑바닥인 것을 보여 준 전형이라 할 수 있다. 교육계에 책임과 신뢰를 구축할 학교 지도자가 절실하다.

둘째로 북유럽 교장의 언어나 몸짓 어디에도 권위주의를 찾아볼 수 없다. 그곳 학교를 방문하다 보면 시골 아주머니, 아저씨 같은 사람들이 교장으로 나타나 우리를 당황하게 한다. 교장실의 크기나 가구는 초라하기 짝이 없다. 복도에서 교장을 만나는 꼬맹이들은 교장을 꼭 친구 대하듯 한다. 그러나 그런 교장들이 입만 열면 확고한 교육철학과 학생과 교사에 대한 존중이 묻어 나온다. 강한 추진력과 깊은 민주주의 정신 사이의 이루기 힘든 균형을 잘 터득한 지도자라는 느낌이 든다. 다른 이는 우리 교육은 19세기 관료체제가 20세기 교육과정으로 21세기 아이들을 가르친다고 했다. 일리가 있다. 특히 미래 사회의 민주시민을 길러 내는 학교에 권위주의가 팽배해 있어서는 안 된다. 가장 똑똑한 사람들을 교사로 뽑아 놓고 아주 구체적이고 상세한 교육과정으로 교사들의 창의력을 활용하지 못하는 것도 문제다. 그러나 더 큰 문제는 많은 교사들이 교장의 비민주적 학교 경영과 권위주의적 행태 때문에 크게 좌절감을 느끼는 데 있다. 하루빨리 권위주의를 씻어 내고 학교 민주주의를 정착시켜야 한다.

셋째로 교육자치는 학교 단위 차원에서 해야 한다. 이는 교사들의 교육과정 재구성에서부터 학교 단위에서의 예산총액제를 의미하는 것으로, 학교현장을 가장 잘 아는 학교에 결정권이 주어지는 것을 의미한다. 다른 말로 하면 교육부는 교육 목표와 방향을 제시하고 교육청은 일선 학교를 지원해야 된다. 즉 교육부의 많은 특별교부금 사업과 교육청의 정책 사업을 폐지해 교사는 학생을 가르치고 돌보는 일에, 교장은 민주적 학교 경영에 전념할 수 있도록 해야 한다. 학교 단위 차원에서의 교육자치는 앞으로 꼭 이뤄 내야 한다.

철저한 직업주의 정신에 의한 신뢰 구축, 참여에 의한 학교 민주주의 달성, 그리고 학교 단위에서의 교육자치를 달성하기 위한 가장 좋은 방법 중 하나는 좋은 교장을 채용하는 것이다. 이는 교육부의 결단이 필요한 점진적 완전 개방형 교장채용으로 용이해진다. '수업하는 교장'이라는 이재정 교육감의 제안은 '민주적 리더'인 교장 발탁의 어려움에 대한 표현일 수도 있다. 교사가 살아나고 아이들이 행복한 학교를 만들기 위해서는 미래 사회에 대한 뚜렷한 교육철학을 겸비한 추진력 있는 민주주의적 교장 발탁의 제도적 장치를 고안하는 것이 무엇보다 시급하고 중요하다.

『한국일보』, 〈아침을 열며〉, 2015년 1월 27일

걸러 내는 교육 VS 길러 내는 교육 ⑤
# 국가교육회의

8월 3일의 공론화위원회 결과는 1년의 시간과 20억 원의 비용을 들이고도 2022년 대입문제가 다시 원점으로 돌아온 것을 의미한다. 이 시점에서 국가교육회의는 교육부와 달리 철학을 가지고 미래를 내다보는 결론으로 교육에 대해 책임지는 모습을 보여 주길 기대한다. 공론화위원회가 공론 의제로 삼은 세 가지 의제에 대한 내 의견은 다음과 같다.

### 1. 수시와 정시 비율

이것은 대학 자율에 맡겨야 한다. 현재 우리나라 대학은 큰 대학 작은 대학, 수도 대학 지방 대학, 일반 대학 전문대학, 유명 대학 그렇지 않은 대학 등 편차가 너무 커 수시와 정시 비율을 국가 차원에서 일률적으로 정하기 어렵다. 또 정시 비율을 높이면 특목고와 강남 3구 학생들에게 유리하며 각 시도 교육감은 이를 반대하고 있다. 수시로 입학한 학생의 입학 후 학업성적이 정시로 입학한 학생의 성적보다 좋은 것도 정시 비율을 높여서는 안 되는 이유다.

## 2. 상대평가와 절대평가

애초 나는 공론화위원회가 이 문제만을 공론 의제로 삼기를 역설했다. 이 문제는 중요한 교육적·정치사회적 의미를 내재하고 있다. 수능 전 과목을 절대평가하고 고교 내신도 절대평가를 해야 한다. 선진국에서 상대평가를 하는 나라는 없고 객관식 시험을 치는 나라도 없다. 이 두 가지 평가 사이의 가장 큰 교육적 의미는, 상대평가는 학생들을 경쟁으로 밀어 넣지만 절대평가는 학생들 사이에 협력을 가능하게 한다는 점이다. 모둠수업, 프로젝트 수업 등이 바로 학생들의 협력을 통해 학업성취도를 높이고자 하는 수업 방식들이다. 학생들 사이에서 서로 가르치고 배우는 것을 동료효과peer effect라고 하며, 이 동료효과는 교육적 의미뿐만 아니라 정치·사회적 의미로도 중요하다. 우리가 경쟁에 의한 이기주의적 사회를 계속 원하면 상대평가와 줄 세우기를 하고, 협력과 배려가 사회적 규범이 되기를 원하면 아이들을 어릴 때부터 협력을 통해 서로 윈윈하는 것을 배우게 해야 한다. 전 과목 절대평가로 동점자가 나왔을 때는 원점수를 제공하면 된다.

## 3. 수능 최저기준 요구

이것은 폐지해야 한다. 가장 큰 이유는 학생들에게 수능과 학생부종합전형(학종) 사이에 선택할 수 있게 하여 학업 부담을 줄여 주는 데 있다. 이 요구는 학종에 전념하는 학생도 수능을 소홀히 하지 못하게 한다. 그 공부가 그 공부이면 둘 중 하나에 전념하게 하여 부담을 줄여 줄 필요가 있다. 우리나라 교육의 큰 문제는 학생들에게 지식 위주의 암기식 공부에 매진하게 하여 비판적 사고를 키워 주지 못하는 데 있고, 이는 창의력 부족으로 귀결된다. 이 기준 폐지의 또 다른 이유는 객관식 시험에 전적으로 의존하는 수능의 중요성과 역할을 약화시키는 데 있다. 외우기와 문제풀이에 전념하게 하는 객관식 시험의 폐해는 이미 잘 알려져 있다. 궁극적으로 고교 내신(학종)이 중요시되어야 하고, 그렇게 될 때 고교 교육을 정상화할 수 있다. 고교 시험도 앞으로 논/서술, 논/작문 형태로 전환하여 4차 산업혁명시대에 필요한 비판적 사고와 창의력을 키우는 데 우리 교육이 매진해야 한다.

결론적으로 국가교육회의는 위 문제들을 심도 있게 토론하여 좀 더 미래를 내다보는 철학 있는 결론을 내려 2022학년도 대입 문제를 교육부에 넘겨주기를 기대한다. 국가교육회의가 지지와 성원을 받고 교육에서 신뢰를 쌓을 수 있는 유일한 길은 바른 (교육)철학과 미래를 내다보는 교육정책으로 책임지는 모습을 보여 주는 데 있다.

2018년 8월 6일

# 2.

## 철학과 자율성,
## 미래교육의 희망을 찾아서

비판적 사고를 위한 교육 ①

# 팬디Pandy와 4차 산업혁명

'팬디Pandy'는 프로틴protein과 캔디candy의 합성어인 '단백질사탕'이란 의미로, 스웨덴에 있는 둘째아들이 대학을 중퇴하고 친구 한 명과 함께 만들어 낸 상품 이름이다. 아들이 대학에 입학하자마자 이 사탕에 대해 얘기한 적이 있는데, 나는 '사탕 먹는 사람들이 단맛으로 먹지 단백질을 먹기 위해 먹을까'라며 시큰둥해했다. 그로부터 2년이 채 지나지 않은 지난해 봄, 둘째아들은 완제품을 만들어 '스웨덴 피트니스 박람회fitness gala'에 출품하여 대성공을 이뤘다. 이후 유럽의 다른 나라들뿐만 아니라 미국까지 수출하며 몇 명의 젊은이들을 고용하기까지 했다. 대학도 졸업하지 않은 스웨덴 젊은이에게 어떻게 이런 일이 가능했을까?

스웨덴에서 오랫동안 교육계에서 활동하고 아이들을 키운 경험을 바탕으로 이 질문에 답하면, 그것은 교육과 정부의 역할이 아닌가 싶다. 스웨덴을 비롯한 북유럽 교육의 최대 강점은 뭐니 뭐니 해도 아이들에게 무엇이 문제인지 고민하게 하고 그 문제에 대해 자신의 생각을 정립하게 하는 데 있다. 다른 말로 표현하면 지식 습득 및 암기 위주의 교육보다는 비판적 사고에 기초한 창의력 교육에 강한 것이라 할 수 있다.

앞서 언급한 하버드대에 유학 중인 한국 학생들의 예는, 한국 학생들이 이론의 타당성이나 신뢰성에 대한 평가evaluation를 제대로 하지 못한다는 것을 말해 준다. 어떤 이론을 이해하고 외우는 능력과 그것을 평가하는 능력은 아주 다르다. 후자의 능력이 단연 상위 수준의 능력이고 이는 축적된 지식과 비판적 사고 없이는 불가능하다. 새로운 것을 생각해 내는 창의력은 바로 비판적 사고에 의한 평가능력이 수반될 때 발현된다.

'팬디'를 만들어 낸 과정을 보면 이러한 비판적 사고의 과정이 여실히 드러난다. 왜 사람들은 성인병의 주범인 비만을 유발하는 설탕 사탕을 먹는가? 설탕 대신 소량의 단백질로 건강에 좋은 사탕을 만들 수는 없는가? 그러면서도 달콤한 맛을 내는 방법은 없는가? 이런 물음들과 끊임없이 싸우며 만들어 낸 것이 바로 팬디라고 한다. 알고 보면 누구나 생각할 수 있는 간단한 것이다.

젊은이가 창업하기까지 아이디어만으로는 안 된다. 특히 대학생일 경우 여러 형태의 도움을 받지 않으면 창업이 불가능하다. 팬디를 만든 학생들은 스톡홀름의 왕립공대KTH에서 실험뿐만 아니라 창업 컨설팅과 창업 자금까지 지원받았다고 한다. 직접 창업하지 않는 학생들을 위해서는 대학이 관련 업체를 소개해 주기도 한단다. 젊은 학생들의 도전정신을 높이 평가하며 대학이 지원을 아끼지 않는다는 것이다. 스웨덴이 스위스와 함께 국제경쟁력이나 혁신력에서 세계 최상위 그룹을 형성하는 것은 위와 같이 문제의식과 비판적 사고를 길러 주는 교육의 힘과 젊은이들의 도전정신을 지원하는 정부(대학)의 역할 덕분이 아닌가 싶다.

세계는 지금 4차 산업혁명에 대한 논의로 들끓고 있다. 현재 가장 인기 있는 의사와 변호사 같은 직종의 상당 부분이 미래에는 인공지능으로 대체된다고 한다. 현재 학생들이 배우는 많은 지식이 머지않은 미래에 필요 없는 지식이라고 한다. 인간이 인공지능 로봇의 하수인이 될 날도 온다고 한다. 이런 시대에 대처하는 유일한 길은 비판적 사고에 기초한 창의력 신장 교육이다. 팬디를 생각해 내게 하는 교육이다. 여기에 젊은이들의 좋은 아이디어가 사장되지 않도록 지원체제를 구축하면 금상첨화다. 문재인 정부에 기대해 본다.

『경남신문』 2017년 12월 14일

# 팬디pandy와 교육

　'팬디pandy'의 주인공인 둘째아들은 스톡홀름에 있는 왕립공대KTH 3학년에 재학 중이다. 완제품을 만들어 '스웨덴 피트니스 박람회fitness gala'에 출품했을 당시, 자기들 부스에 사람들이 가장 많이 붐볐고 준비해 간 사탕이 일찍 동이 날 정도로 불티나게 팔렸다고 한다. 부모가 한국에 있는 상황에서 형제끼리 서로 도와 부스도 운영했다고 한다. 경제학을 전공한 큰아들은 마케팅 전략과 박람회 기획을 책임졌고, 당사자인 둘째는 제품 설명, 막내인 딸은 판매와 홍보를 책임졌다고 한다.

　나는 이 사실을 내 페이스북에 올렸다. 아이들을 자랑하려고가 아니라 스웨덴 사회가 아이 키우는 데 우리와는 사뭇 다르다 싶어서였다. 페이스북 친구들의 반응은 '대단하고 놀랍다', '얼마나 자랑스러울까?', '어버이날 최고의 선물이다' 등의 댓글과 같이 젊은이들이 자신의 아이디어를 하나의 제품으로 만들어 낸 것에 경탄하고 그런 아들을 둔 우리 부부를 축하해 주는 것으로 뜨거웠다. 청년 실업률이 높은 오늘의 우리 현실에 비추어 신선한 충격이 된 것이 아닌가 하는 생각도 들었다.

그런데 몇 개의 댓글은 나를 몹시 당황하고 고민하게 했다. '어떻게 아이들을 그렇게 잘 키웠나?', '부전자전', '부모의 힘인가, 스웨덴 교육의 힘인가?' 등의 댓글이 바로 그렇다. 언젠가 스웨덴에서 온 우리 아이들과 함께 서울에서 경남으로 내려가며 한국의 교육계 인사들을 만났을 때도 유사한 소리를 들었다. '아이들을 어떻게 잘 키웠기에 저런가?'라는 칭찬들이 나왔다. 생각지도 않은 칭찬을 들으며 나는 우리 아이들의 행동을 자세히 살펴보았다. 교육감이나 지위가 높은 사람을 만났을 때 어쩔 줄 모르며 주눅 드는 한국 아이들과 달리 상대방의 눈을 응시하고 악수를 청하며 어설프지 않은 영어로 인사를 하는 게 아닌가? 입가에 미소를 띤 밝은 모습도 빠지지 않았다. 외교적이란 소리와 함께 높은 사람들을 만나도 기죽지 않고 당당하다는 소리를 들을 만도 하구나 싶었다.

그때도 그랬지만 이번에도 우리 부부가 아이들을 잘 키웠다는 칭찬에 나는 손사래를 쳤다. 아무리 생각해도 우리가 아이들에게 '지위가 높은 사람들을 만날 때 주눅 들지 마라', '상대방의 눈을 쳐다보고 미소 지으며 인사하라'는 등의 잔소리를 한 적이 없다. 내가 알기로는 스웨덴 학교도 그런 것을 가르치지는 않는다. 비록 직접 가르치지는 않지만 그것이 스웨덴 사회와 교육의 산물임에는 틀림없다. 그래서 나는 우리는 어떤 미래 사회를 원하는가, 우리는 교육을 통해 어떤 아이를 길러 내기를 원하는가에 초점을 두고 이 사례를 우리 사회와 교육에 비추어 해석하고 시사점을 찾아보고자 한다.

첫째, 스웨덴 사회의 평등 철학이 아이들을 주눅 들지 않게 한다. 스웨덴은 그야말로 모든 사람은 법 앞에 평등하고 수상도 이름을 부르는, 권위주의라곤 찾아보기 힘든 평등 사회를 구현한 나라다. 이런 사회에서는 상대방이 지위가 높거나 나이가 많다고 해서 아이들이 주눅 들며 자라지 않는다. 그렇다고 되바라지거나 예의 없는 것은 결코 아니다. 인간으로서 차려야 할 예의를 갖추고 인간으로서 대접받아야 할 대접을 받는다. 상대방이 지위가 높다고 굽실거리고 해야 할 말을 제대로 못하는 사회, 지위가 낮다고 또 남들이 선호하지 않는 직종에 종사한다고 멸시하는 사회가 아니라는 말이다.

형제 관계도 우리와는 사뭇 다르다. 형과 동생의 관계가 수직적이 아니라 수평적이다. 형제간에 무슨 문제가 있으면 형이라서 옳고 동생이라서 잘못된 것이 아니다. 꼭 둘이서 해결하지 못하는 갈등이 있으면 부모에게 와서 해결한다. 부모도 마찬가지다. '네가 형이니까 양보해야지', '네가 동생이니까 형 말 잘 들어야지'라는 식의 훈계는 없다. 사안의 정당성과 타당성을 철저히 따져 누가 잘했는지 잘못했는지 판단한다. 이런 환경에서 사고의 과학성과 합리성이 나오는 것이다. 팬디를 박람회에서 소개하고 판매할 때 제일 큰애가 둘째를 '치프chief(상사, 대장)'라고 부르며 서로 협력한 것이 결코 우연이 아니다.

우리 사회도 앞으로 이런 평등 사회로 나아가야 할 것 아닌가? 사회적 평등은 민주주의의 성숙도를 가늠하는 중요한 척도다. 계층적 사회hierarchial society는 민주주의와 거리가 멀고 민주주의에 의한 집단지성을 결코 활용하지 못한다. 몇몇 훌륭한 지도자가 하향식top to down으로 한 사회를 어느 정도 잘 이끌어 갈 수 있을지 모르나 그런 사회는 결코 살아 있는 역동적 사회가 못 된다. 위에서 시키는 일만 해내는 사회가 될 뿐이다.

둘째, 스웨덴 교육은 스웨덴 아이들을 창의력 강한 아이들로 키운다. 스웨덴 교육의 가장 큰 강점은 뭐니 뭐니 해도 '왜? 무엇이 문제인가?'와 '너는 어떻게 생각하는가?'라는 질문에서 시작하고 귀결된다. 무엇이 문제인지 설정해 내는 능력은 대단한 능력이다.

예를 들어 고등학교의 역사나 사회과목에서 '역사의 사실에 기초하여 국가주의nationalism가 어떻게 표출되는가'를 연구하라는 논문 숙제가 주어졌을 때 '어떤 구체적 사실을 소재로 국가주의를 연구할 것인가'를 생각해 내는 것이 가장 어렵고 중요하다. 이러한 능력은 많은 독서와 비판적 사고 없이는 불가능하며, 스웨덴에서는 이러한 비판적 사고를 초등학교에서부터 길러 주려 노력한다. 교육은 궁극적으로 아이들에게 비판적 사고를 길러 주어 창의력을 발휘하는 주체적 인간이 되게 하는 것이다. 그뿐만 아니라 누구의 이론을 기억한다든지 정답이 있는 많은 사실을 기억하는 것을 스웨덴 교육에선 그리 높이 평가하지 않는다. 그보다는 그런 이론이 다른 이론이나 현실에 비추어 어떤 문제나 결함이 있는지, 보는 시각에 따라 그 이론의 진실성이나 타당성이 어떻게 약화되고 강화되는지를 날카롭게 분석해 내는 비판적 사고를 높이 평가한다. 결국 이러한 분석능력의 집대성이 바로 그 사람의 철학이 되고 모든 사람은 그 철학에 의해 세상을 보게 되는 것이다. 따라서 스웨덴을 비롯한 유럽에서는 아는 것과 사고능력 그리고 실기능력을 총체적으로 학력knowledge 또는 역량competence이라 부르고, 학생들이 교육을 통해 이런 능력을 갖추도록 한다. 이는 지금껏 아는 것에만 방점을 둔 우리나라의 학력관과는 크게 다른 것이다.

인공지능 알파고와 이세돌의 대결도 우리 교육계에 많은 시사점을 준다. 머지않은 장래에 현재의 직업군에 엄청난 변화가 있을 것이며, 새 직업군에서는 기존 정보를 비판적이고 창의적으로 볼 수 있는 능력이 가장 중요하게 될 것이다. 이는 앞으로 우리 교육이 정답이 있는 사실 위주의 주입식·암기식 교육을 극복하는, 교육 시스템의 근본적 변화가 불가피하다는 것을 의미한다. 무엇이 문제인지 스스로 찾아내고 그 문제를 어떻게 해결할지를 교육의 본질로 삼아 혁신하지 않으면 안 된다는 뜻이다.

팬디를 만들어 낸 과정을 보면, 사탕은 비만을 초래한다는 문제점에서 출발하여 사탕에 의한 비만 문제를 '설탕을 첨가하지 않고 소량의 단백질을 첨가함으로써' 해결하려 한 것이다. 이는 운동을 많이 하는 젊은이가 고민하며 생각해 냈고 대학이 여러 형태로 지원하여 이룬 성과다. 문제의식에서 출발한 창의력의 발휘라 할 수 있다. 스웨덴이 스위스와 함께 국제경쟁력에서 최상위 그룹을 형성하는 것은 바로 이러한 문제의식에서 출발한 창의력을 가능하게 하는 비판적 사고를 길러 주는 교육의 힘 때문이라 할 수 있다.

한국전쟁 이후 우리나라 고도성장의 원동력이 교육인 것은 누구도 부정하지 않는다. 그러나 그 교육은 사실 위주의 주입식·암기식 교육이다. 주입식 교육이 남이 이미 성취해 놓은 지식을 추중하는 데는 매우 효과적이다. 그러나 남과 어깨를 겨룰 때 이 주입식 교육은 그리 효과적이지 못하다. 이때 필요한 교육은 비판적 사고에 의한 창의력을 길러 주는 교육이다. 이런 창의력 교육은 아이들이 어려서부터 무엇이 문제인지 고민하고 그런 고민을 다양한 시각에서 학급 동료들과 토론하며 현실과 부딪칠 때 이루어진다. 이렇게 생긴 지식, 학력은 지식을 위한 지식이 아닌 살아 있는 지식이 된다.

우리는 비판적 사고에 기초한 창의력 교육을 해야 한다. 그렇지 않으면 우리에겐 미래가 없다. 창의력 교육을 구현하기 위해서는 현재 우리나라의 구체적인 교육과정을 목표 중심의 교육과정으로 바꾸어 교사들의 창의력 발휘를 가능하게 해야 한다. 또 교육의 가장 본질인 교수학습 방법과 이와 맞물려 있는 학력평가 방식의 혁신도 필연적으로 수반되어야 한다. 현재 박종훈 교육감에 의한 토론, 토의식 참여수업(배움중심수업)으로의 전환, 서술형·논술형 시험의 확대 그리고 행복(혁신)학교의 확대와 내실화 등은 경남 교육의 방향을 바로잡고 나아가는 것이다. 그뿐만 아니라 현 정부의 자유학기제 도입, 학생부종합전형에 의한 대입, 중등학교에서의 수행평가의 전면적 도입도 우리 교육이 나아갈 길을 바로잡은 것이다.

내가 몇 년 전 스웨덴 생활을 청산하고 귀국한 가장 큰 이유는 우리 교육도 스웨덴과 유럽처럼 아이들의 사고를 키우는 교육으로 발전시키려는 의욕 때문이었다. 우리 아이들도 언제 어디서나 주눅 들지 않고 당당하고, 무엇이 문제인지 탐구하며 친구들과 고민하고 그런 고민을 현실에 적용해 보는, 창의력 강한 아이들로 키우고 싶어서였다. 이러한 노력을 우리 교육현장의 헌신적인 선생님들과 함께하고 싶어서였다. 그래서 머지않은 장래에 여러 형태의 팬디가 우후죽순처럼 생겨나는 우리나라를 꿈꿔 본다.

『교육경남』, 2016년 여름, 권두언

## 비판적 사고를 위한 교육 ③
# 수업이 미래를 좌우한다

스웨덴의 고등학교에서는 논문 또는 보고서로 학력을 평가하는 경우가 많다. 언젠가 한 고등학교 2학년 학생들에게 주어진 논문 과제는 다음과 같다. '역사적 사실에 기초하여 국가주의nationalism가 어떻게 표출되는가를 연구하라.' 사회, 역사, 국어 과목의 세 교사가 공동으로 낸 과제로 4주 동안 연구하여 10~15매 분량의 논문을 작성하는 것이다. 나아가 학생들은 자신의 논문을 발표하고 다른 학생의 논문을 비판하는 것까지 과제로 부여되었다. 수업에서 참여와 활동, 논문의 질, 논문 발표 및 비판, 이 모든 것을 종합적으로 평가하여 세 과목 성적을 산출한다고 했다.

이 과제가 나간 학기 사회와 역사 과목에서 학생들이 공부한 부분은 제1, 2차 세계대전과 스웨덴 강대국 시대였다. 교사들이 국가주의가 전쟁의 가장 주요 원인 중 하나로 간주한 것을 추측하는 것은 그리 어렵지 않다. 그래서 국가주의가 무엇인지, 어떤 형태로 표출되는지, 왜 무서운 이념인지를 학생들에게 논문 작성을 통해 공부하게 한 것이다.

학생들은 주제 선택에서부터 논문 작성, 각주 및 참고 문헌 작성까지 교사들과 상의하며 논문을 썼다. 결코 쉬운 과제가 아니다. 두 논문을 예로 들어 설명하겠다.

학생 A는 '9·11테러 사건 이후 미국의 국가주의가 얼마나 증가했는가?'라는 주제로 미국 주요 공항에서 검문·검색의 형태와 정도의 변화에 따른 미국 국가주의의 변화를 연구했다. 검문·검색의 변화를 분석하기 위해 미국의 주요 공항이 있는 주state의 신문을 9·11테러 사건 전후로 비교했다. 학생 B는 타이완 동북부의 열도인 센카쿠(다오위다오)에서 중국 어선과 일본 순찰함이 충돌하는 사건을 논문 주제로 다루었다. 충돌이 일어나자 일본은 자신의 영해를 침범했다며 중국 어선을 나포하고 선원들을 억류했다. 이에 중국은 일본 대사관 앞에서 시위하며 규탄했다. 세계 여론도 일본에게 우호적이지 않았다. 이에 일본은 어선과 선원을 풀어 주고 선장만 계속 억류했다. 그러자 이제는 일본 우익세력들이 이러한 처사를 못마땅히 여겨 욱일기를 앞세워 도쿄 시내에서 시위를 했다. 이런 와중에 열린 ASEAN회의에서 양국 외교부 장관이 이 회의에 참석하여 만났으나 악수도 하지 않고 지나치는 것이 외신을 통해 스웨덴 일간지에 보도됐다. 학생 B는 이것을 놓치지 않고 '중국 어선과 일본 순찰함이 충돌하는 작은 사건이 왜 이 두 나라 사이에서는 외교적으로 크게 비화하는가?'라는 주제를 선택했다.

논문을 잘 쓰는 것은 쉽지 않다. 가장 어려운 부분은 무엇을 쓸지 결정하는 것이다. 여기서는 무엇을 기초로 국가주의를 연구할 것인가이다. 학생 A는 테러 이후 공항에서 검문·검색의 변화에 따른 미국 국가주의를 연구했고, 학생 B는 선박 충돌 사고로 표출된 중국과 일본의 국가주의를 연구했다. 막연하고 개방된 연구주제를 이렇게 구체적 사건을 중심으로 문제를 설정하는 것이 가장 어려운 부분이자 중요한 부분이다. 이것은 바로 '창의력'과 관련되어 있기 때문이다. 창의력은 그저 주어지는 것이 아니고 어떻게 교육하는가에 따라 크게 달라진다. 아주 어릴 때부터 당연하다고 생각하는 것에 의문을 제기하고 무엇이 문제인지 끊임없이 고민하게 하는 교육을 할 때 창의력은 신장된다. 일방적 지식 전달 형식의 수업이 아니라 주제를 중심으로 교사와 학생, 학생과 학생들의 진지하고 날카로운 토론이 학생들의 비판적 사고를 키우고 이것이 바로 창의력으로 연결된다. 스웨덴에서 위와 같은 수업과 평가를 가능하게 하는 것은 국가 차원의 교육과정이 포괄적이고 목표 위주로 되어 있어 교사들의 자율성과 창의성을 보장하기 때문이다. 교육과정-수업-평가가 일체화된 전형적인 예라 할 수 있다.

우리 교육은 어떤가? 지난 수년 동안 교육의 가장 핵심 부분인 교육과정-수업-평가의 패러다임 개선을 위한 많은 논의와 노력이 있었으나 아직 과도기적 상황에 있다.

우리나라 교육과정은 아이들이 매 학기 매 학년 배워야 할 내용이 너무 많고 어려울 뿐만 아니라 내용이 너무 구체적이라 학교현장에서 자율성과 창의력을 발휘하기 쉽지 않게 구성되어 있다. 수업은 교육과정의 목표나 취지에 기초하는 것이 아니라 교과서에 크게 의존한 교사의 일방적 지식 전달 형태를 띠는 경우가 많고, 평가는 공정성과 변별력의 요구로 중간고사, 기말고사, 수능 등의 주요 시험은 표준화된 객관식 평가 문항이 주를 이룬다. 이런 식의 수업과 평가 방식은 아이들의 사고력과 창의력 신장에 그리 기여하지 못했다.

이러한 수업 및 평가 방식에 반대하여 몇 년 전부터 일어난 혁신학교 운동은 교사의 자율성과 전문성에 기초하여 교과 지식과 아이들의 삶이 유기적으로 결합되도록 교육과정을 재구성하여 아이들의 호기심과 탐구정신을 끌어내고자 하였다. 참여와 협력이 있는 수업을 지향하고 무관심과 소외로 잠자는 교실을 극복하려 하며 평가 또한 석차로 줄 세우는 결과 중심 평가가 아닌 개개인의 성장과 발달에 기여하는 과정 중심 평가 및 수행평가로 전환되고 있다. 즉 평가관이 바뀌어 평가 결과의 점수화, 서열화에서 수업 과정 중에 학생들의 전인적인 성장과 발달을 돕는 것으로 변화되고 있다.

두 패러다임이 공존하는 이런 과도기적 상황에서 전통적인 지식 전달 교육에서 혁신학교가 추구하는 교육으로 전환되어야 함은 말할 나위가 없다. 교육이 궁극적으로 아이들의 사고, 특히 비판적 사고와 창의력에 초점을 둬야 함은 시대적 요구다. 4차 산업혁명은 교육에서의 이러한 전환을 더욱 당연시하고 가속화한다. 아이들이 꼭 배워야 할 지식은 학교에서 배워야 한다. 그러나 지식 습득과 암기에 너무 치중하여 더욱 중요한 지식의 원리나 탐구 방법을 제대로 익히지 못하거나 기존 지식에 의문을 제기하는 역량을 키우지 못할 때 비판적 사고와 창의력은 결코 신장될 수 없다.

앞에서 제시한 스웨덴의 사례처럼 우리나라에서도 교육과정에 기반을 두고 실세계에 가깝고 교과 통합적이며, 여러 차원의 지식과 높은 수준의 사고력을 측정할 수 있는 내실 있는 수행과제가 제시되어야 한다.

이러한 평가혁신은 수업을 바꾸고 다시 수업혁신이 평가의 변화를 끌어와 상호 보완적으로 학생들의 사고와 창의력 신장에 기여해야 한다. 교육부와 교육청은 물론 학교 단위에서 교육과정-수업-평가의 일체화를 위한 선생님들의 노력과 실천이 우리 교육의 미래를 좌우할 것이다.

『교육경남』, 2017년 가을, 권두언

# 철학이 뚜렷한 스웨덴 교육

스웨덴 교육의 특징과 한국 교육에 주는 시사점에 대해 얘기하라면 필자는 스웨덴 교육의 뚜렷한 철학과 자율성을 얘기하고 싶다. 뚜렷한 사회 및 교육 철학과 자율과 책임에 기초한 스웨덴 교육이 특히 이기적이고 수단화되어 있는 한국 교육과는 크게 대비되기 때문이다. 스웨덴 교육의 특징을 여기서는 네 가지로 정리해 본다.

첫째, 스웨덴을 위시한 북유럽 국가들의 보편적 복지가 잘되어 있다는 점은 세계적으로 잘 알려진 사실이다. 특히 교육복지는 다른 어떤 복지보다 중요한 복지의 근간이다. 유아교육부터 박사과정까지 개인이 학비를 부담하지 않고 국민이 낸 세금으로 국가가 교육을 책임지는 무상교육을 실현하고 있다. '아이는 부모를 선택할 수 없다'는 전제에서 출발한 평등사상이 바로 이러한 교육복지의 철학적 배경이다. 부모를 잘못 만났다는 이유 하나만으로 아이가 교육을 제대로 받지 못하게 해서는 안 되므로, 국가는 사회·경제적 배경이나 선·후천적 장애에 관계없이 모든 아이들이 양질의 교육을 누릴 수 있도록 가정을 보완해 주는 역할을 한다. 한 명의 아이도 포기하지 않는다는 철학이 담겨 있고 현실적으로 걸러 내는 교육이 아닌 길러 내는 교육을 구현하고 있다.

둘째, 지식 습득 및 암기 위주의 교육보다는 비판적 사고에 기초한 창의력 교육이 스웨덴 및 북유럽 교육의 강점이다. 앞서 이미 이야기한 한국 유학생의 사례는 학문과 공부에 대한 철학의 차이에서 비롯된 것이다.

한국에서 공부 잘하는 학생은 교재에 있는 것을 이해·암기하여 시험을 잘 보는 학생이다. 그러나 스웨덴 및 북유럽에서 요구하는 공부는 이와 다르다. 학문에는 정답이 없으며, 정답이 있는 질문은 흥미가 없고 좋은 질문이 아니다. 다양한 이론들을 이해하고 비판적으로 분석·종합하고 평가하여 자신의 생각을 정립하는 것이 중요하다. '무엇이 문제인가?', '그 문제를 어떻게 해결할 것인가?', '당신은 그 문제에 대해 어떻게 생각하는가?'라는 질문에 답하는 공부를 요구한다. 이런 식의 수업 방식과 교육은 유아학교, 초등학교에서부터 시작된다. 수업에서 교사는 끊임없이 질문을 이어 가고, 아이들은 이에 답하고 서로 토론을 진행한다. 평가에 객관식 시험은 전혀 존재하지 않으며, 중·고등학교로 올라가면 서술이나 논술, 작문 또는 논문을 통해 학력을 평가한다. 이러한 유형의 토론·토의식 수업과 평가 방식은 아이들의 비판적 사고력을 키워 주고 궁극적으로는 창의력을 발현시키는 역할을 한다.

셋째, 스웨덴 교육은 학교 단위에서 교육자치를 구현하고 있다. 스웨덴의 교육자치는 크게 두 가지 형태로 구현된다. 하나는 '정부-지방자치단체(지자체)kommun-학교'의 역할 분담 형태로, 다른 하나는 이들 사이의 예산 배분과 사용의 형태로 이뤄지고 있다. 각 기관의 역할 분담은 다음과 같이 뚜렷하다. 중앙기관(의회, 정부, 국가교육청 등 중앙행정기관)은 교육 목표를 정하고 방향을 제시한다. 목표와 방향은 교육기본법, 시행령법 및 교육과정에 오롯이 녹아 있다. 그리고 290개의 지자체와 학교는 중앙에서 세운 교육 목표와 방향에 따라 교육을 집행하는implimentation 역할을 한다. 정부 차원에서 우리나라와 같은 특별교부금에 의한 사업은 거의 없다. 교육 목표를 어떻게 달성할 것인가 하는 문제는 전적으로 지자체와 학교에 달려 있다. 즉 교사가 교육과정을 어떻게 재구성하고 어떤 교수·학습 방법을 사용하며 어떤 교재를 선택하는지는 학교와 교사의 자율과 재량권에 맡겨져 있다.

예산 분배 및 사용도 이러한 역할 분담 구조와 조화를 이룬다. 유, 초, 중, 고등학교 및 성인교육의 예산은 전적으로 지자체 책임하에 있으며, 지자체의 정치적 성향과 정책에 따라 각 분야의 예산 분배가 조금씩 다르다. 한 학교의 예산은 학교의 여건과 학생들의 필요에 따라 지자체가 학교에 분배한다. 대체로 전체 학생 수와 각 학교 학생들의 사회·경제적 배경(부모의 교육, 직업, 소득 수준 등), 이민 배경, 장애 및 특별 지원을 받아야 하는 학생들의 수에 따라 예산의 규모가 달라지고 기본 예산에 보충 예산을 주는 형태로 이뤄진다.

비록 이렇게 예산이 산정되고 배분되었다 할지라도 그 배분된 예산을 어떻게 사용하는지는 학교장 재량에 달려 있다. 즉 예산 항목이 세부적으로 나눠져 있지 않고 총액으로 내려오기 때문에 이를 학교 단위에서의 '예산 총액제'라 부른다. 한 걸음 더 나아가 학교 내에서도 예산이 각 교사에게 배분되어 집행되므로 예산 사용에서 교사들의 자율성이 높다. 이렇게 학교 단위에서 예산 사용에 학교장 및 교사의 재량권을 확대한 이유는 학교의 실정을 가장 잘 아는 학교장과 교사에게 예산 사용의 자율성을 주어 필요에 따라 예산을 사용하게 하기 위함이다. 예산을 얼마나 받느냐보다는 예산을 어떻게 사용하느냐가 더 중요하기 때문이다.

넷째, 스웨덴 교육은 부모가 육아와 일을 병행하는 데 기여한다. 대부분 가정이 맞벌이 부부이며, 가정에서는 부부간 공동육아 및 공동가사를 실현하고 있다. 유치원 및 초등학생을 둔 부모들은 국가의 제도적 뒷받침이 없으면 일과 육아를 병행하기가 쉽지 않다. 일과 육아를 병행하게 하는 제도적 장치는 '유아학교'와 '방과후활동'이다. 거의 모든 유아(만 1~5세)들이 유아학교에 다니고 있다. 유아학교는 세금으로 운영되며 일부 비용은 유아학교에 아이를 맡기는 부모가 부담한다. 부모의 부담금은 전체 유아교육 비용의 8%에 불과하니, 보육도 교육과 마찬가지로 무상이라 해도 과언이 아니다.

스웨덴 유아교육은 저렴할 뿐만 아니라 양질이다. 사범대에서 유아교육을 전공한 교사들이 교사의 주를 이루며, 교사 한 명당 유아 수도 5.3명 정도로 아주 적다. 부모가 자녀를 유아학교에 보내기 위해 신청하면 지자체는 3개월 이내에 자리를 만들어 줘야 한다. 유아학교의 교육과정은 놀이에 초점을 두며, 따돌림 등을 아주 어릴 때부터 근절하고 자신의 행동에 책임지게 하여 미래의 민주시민을 양성하는 사회화에 초점을 두고 있다.

이런 양질의 저렴한 유아학교가 있으니 부모들이 큰 걱정 없이 아이를 맡기고 직장 일에 전념할 수 있다. 초등학교의 방과후활동도 부모가 일과 육아를 병행할 수 있도록 마련된 제도다. 초등 4학년까지는 부모가 원하면 지자체는 의무적으로 방과후활동을 제공해야 한다. 방과후활동은 예·체능, 견학, 체험 등으로 구성돼 있어 아이들의 취미 활동 및 사회생활에 초점을 두고 있다. 아이를 방과후활동에 참여시키는 부모는 유아학교와 마찬가지로 적은 비용을 부담한다.

　이 네 가지 외에도 스웨덴 교육은 경쟁보다는 협력으로 계층 간 사회적 갈등을 완화하고, 수월성 교육보다는 모든 아이들이 국가가 세운 교육 목표를 달성하는 보편적 교육에 초점을 두고 있다. 스웨덴 및 북유럽 교육이 우리나라에 주는 시사점은 많다. 교육계는 공교육에 대한 뚜렷한 철학으로 교육에서의 이기주의와 교육의 수단화를 경계해야 한다. 또한, 인공지능 시대의 교육은 지식 위주의 수업보다는 비판적 사고에 기초한 창의력을 발현시키는 데 더 초점을 둬야 한다. 나아가 학교 단위에서의 교육자치로 학교 관리자와 교사의 자율성과 재량권을 보장하여 교육의 질을 높여야 한다. 끝으로 교육은 가정을 보완하고 양성 평등에 기여하며, 나아가 주체적 민주시민 양성, 경쟁이 아닌 협력, 모두를 위한 교육이라는 미래 사회에 대한 사회적 비전을 제시하고 이의 실현에 기여해야 한다.

2017년 5월 5일 교육과 세계/교육현장 노트

(『교육신문』 2017 5월 5일)

# 나를 구한 세 가지 질문

스톡홀름대 대학원 정치이론 과목 수강 시 겪었던 일화는 우리 교육에 큰 시사점을 준다. 국가론, 정의론, 자유론, 민주주의론, 여성주의론 등 정치이론에서 가장 중요한 주제들을 총망라하고 읽어야 하는 교재도 많은, 매우 힘든 15학점짜리 과목이다. 나는 한국에서 공부했던 식으로 교재를 읽고 이해하고 노트에 정리하고 일부 중요하다고 생각되는 것은 외워서 강의실에 들어갔는데 도저히 수업을 따라갈 수 없었다. 교수는 판서하거나 설명하지 않았고, 우리 6명의 대학원생에게 질문을 던지고 그 질문이 어느 정도 소화됐다고 생각하면 다른 질문을 던지며 3시간짜리 수업을 이끌고 나갔다. 친구들 5명은 열심히 토론했지만 나는 그 학기가 끝날 때까지 토론에 참여하지 못했다.

언어적 제약도 있었지만 토론·토의식 수업 방식에 전혀 익숙하지 않은 것이 문제였다. 학점이 나오지 않을 거라는 위기감에 한번은 우리가 토론하는 주제에 대해 교재의 페이지를 언급하며 "거기 정답이 있는데 너희는 교재도 읽지 않았느냐, 왜 쓸데없이 토론하느냐?"고 했다. 친구들은 아무 말이 없었다. 그런데 교수가 정색하며 "그럼 너는 그 문제에 대해 어떻게 생각하느냐?"고 물었다. 나는 얼굴이 빨개지며 고개를 숙였다. 이 질문은 나에게 큰 충격이었다. 한국에서의 공부가 정답이 있는 사실 위주의 공부고 얼마나 잘 기억하느냐에 초점이 맞춰져 있었다면, 스웨덴 교육은 사실 위주의 공부라기보다는 무엇이 문제이고 그 문제에 대해 학습자들의 생각이 어떤지에 더 초점이 맞춰져 있었다.

그 수업 이후 나는 학자로서, 직업인으로서, 시민으로서 꼭 견지해야 할, 내 인생의 핵심 지렛대가 된 질문 세 가지를 터득했다.

첫째, '왜?'라는 질문이다. 교수로부터 너는 어떻게 생각하느냐란 질문을 받은 후 나는 내가 읽는 모든 책과 만나는 모든 사람들에게 그리고 일상 속에서도 끊임없이 왜라는 질문을 던졌다. 어떤 문제도 당연하게 받아들이지 않았다. 진리는 없었다. 이 저자는 왜 이런 주제로 책을 썼는가? 이 교수는 왜 이런 주장을 펴는가? '왜?'라는 질문은 모든 앎의 시작이고 근본이며 이것 없이는 어떤 호기심도 충족되지 않는다.

둘째, '무엇이 문제인가?'라는 질문이다. 이 질문의 답은 비판적 사고 없이 불가능하며 창의력의 지렛대가 된다. 우리가 하는 많은 일은 무엇이 문제인가에 대한 체계적이고 과학적 분석 없이 행해지는 경우가 많다. 학업성취도가 낮은 학생들을 위한 자료 개발은 해당 학생들이 어느 학교급에 많은지, 어느 지역에 많은지, 부모 배경이 어떠한지 등 참고해야 할 것들과 학급 편성 및 기존 자료에 대한 분석 없이 새로운 자료를 만들어 낸다. 가정이나 학교에서 아이들이 아주 어릴 때부터 무엇이 문제인지, 그것을 어떻게 해결할지에 대한 비판적 사고를 끊임없이 하게 해야 한다.

셋째, '나는 어떻게 생각하는가?'라는 질문이다. 21세기는 영웅이 필요한 시대가 아니다. 한 명의 뛰어난 인물이 나라를 먹여 살리는 시대도 아니다. 투철한 민주주의 이념으로 무장된 보통 시민이 다른 시민을 배려하고 다른 시민과 협력하며 공동체를 이뤄 서로 도우며 살아가는 시대다. 이 셋째 질문이 이런 시대에 가장 중요한, 자신과 사회의 관계를 규정하는, 그리고 한 명의 주체적 인간이 되는 데 필수 불가결한 질문이다.

나는 이 세 가지 질문이 우리 교육에서도 가장 핵심적 질문이 되어, 아이들이 비판적 사고를 견지한 호기심과 창의력 강한 주체적인 민주시민이 되기를 희망한다.

『경남신문』, 〈성산칼럼〉, 2016년 10월 20일

# 민주적 교육·사회 시스템이 창의력을 신장한다

우리나라 학생들의 창의력 부족은 어제오늘의 문제가 아니다. 얼마 전 서울대 입학사정관제 총책임 교수가 어느 진학워크숍에서 "3,000명 남짓한 서울대 입학생 중 창의력을 갖춘 학생이 단 1%만 입학해도 대성공"이라며 개탄한 적이 있다. 오랫동안 미국에서 교수로 지낸 KAIST 전 총장은 수차례에 걸쳐 한국 대학생들의 고질적 문제로 창의력 부족을 꼽았다. 우리나라 대학생들의 창의력 문제는 어디서 비롯된 것일까? 이는 대학으로 가는 모든 길목에서 학생들에게 창의력을 길러 주지 못한 데서 비롯된 것이다. 즉 유치원에서부터 고등학교까지 전반적인 모든 교육 과정을 되짚어 볼 필요가 있다.

즉 창의력 문제는 대학생들만의 문제가 아니다. 우리 사회 전반에 걸친 문제이고, 이는 특히 위계질서hierarchy가 뚜렷한 관료주의적 사회 구조와 밀접한 연관이 있다. 우리 주위에 정말 창의력을 발휘할 수 있는 환경이 얼마나 만들어져 있는지 궁금하다. 나는 이 글에서 북유럽의 학교와 사회에 비추어 우리 학교와 사회가 어떻게 창의력을 키워 주지 못하고, 심지어 방해하기까지 하는지에 대해 교육계에 초점을 두어 성찰하고자 한다.

## 토론·토의식 및 논문 수업을 통한 창의력

앞서 언급한 딸아이의 논문 숙제 이야기는 교육에서 창의력이 무엇인지를 극명하게 보여 주는 좋은 예다. 내셔널리즘을 연구하라고 할 때 한 학생이 중국과 일본 사이에 일어난 사건으로 연결시키는 이 능력이 바로 문제설정problematization 능력이고 다른 말로 하면 창의력이다. 우리나라에서 창의력을 텃밭 가꾸기나 일시적인 창의적 체험활동 프로그램으로 키울 수 있다고 믿는 경우가 있는데 절대 그렇지 않다. 창의력은 국어, 영어, 수학, 사회, 과학, 예체능 등 모든 과목 수업에서 학생들의 비판적 사고를 키워 주지 않으면 결코 신장될 수 없다. 정답이 있는 사실 위주의 주입식·암기식 교육으로는 창의력을 키우기 어렵다는 말이다.

위에서 예로 든 북유럽 교육의 논문수업 외에도 비판적 사고와 창의력을 키워 주는 수업 방식으로 APA Alone Pair All(스웨덴어로는 EPA) 모델이라는 토론·토의식 수업을 들 수 있다. 교사는 학생들에게 혼자 사고할 수 있는 시간을 주고, 짝을 지어 토론하며 문제를 해결하게 하고, 전체가 토론하게 하여 학생들의 사고력을 키워 주는 수업 방식이다. 북유럽의 수업을 참관하면 모든 교사들이 이 모델을 자신에 맞게 적용하여 활용하는 것을 볼 수 있다. 학생들에게 계속 질문하고 두세 명에게 해결할 수 있는 과제를 주고 그 결과를 전체 학생들에게 발표하고 토론하게 한다.

창의력을 길러 주지 못하는 한국 교육의 문제점은 교육의 가장 본질적인 교수학습 방법과 평가 방식에 크게 기인한다. 즉 정답이 있는 사실 위주의 지식교육, 학생을 교육의 객체로 삼아 지식을 전달·주입하는 전근대적 교수 방법, 공정성과 변별력에 초점을 둔 표준화된 선택형 시험이 주원인이다. 이런 수업 및 평가 방식은 대체로 아이들의 사고력보다는 암기력에 의존한다. 그래서 이제 우리 학교에서도 이러한 전근대적인 주입식·암기식 교육을 벗어나 토론·토의식 수업과 작문·논문을 통해 비판적 사고를 심어 주고 창의력을 발휘할 수 있는 교육을 해야 한다. 그래야 우리에게 미래가 있다.

## 학교 민주화를 통한 창의력

창의력을 키워 주지 못하는 구조는 교사-학생들의 수업에서만 일어나는 게 아니다. 학교 경영과 학교체제 내에서도 일어난다. 즉 교장과 교사의 관계가 북유럽의 나라들과는 비교할 수 없을 정도로 권위주의적이고 비민주적인 요소가 강하다. 이런 관계에서 교사들의 창의력은 발휘되지 않는다. 북유럽의 학교를 방문하다 보면 교장으로 인해 자못 놀란다. 그들의 언어나 몸짓 어디에도 권위주의를 찾아볼 수 없다.

그러나 이들은 학교의 공공성을 정확히 인식하고 민주시민교육과 평등교육이라는 교육의 지향점을 교육과정을 통한 학교운영 전반에 실현하며 한 명의 학생도 포기하지 않는 보편교육체계를 책임지는 것을 볼 수 있다. 즉 확고한 교육철학에 입각하여 강한 추진력과 깊은 민주주의 정신 사이의 이루기 힘든 균형을 잘 터득하여 학교를 경영한다는 느낌을 준다.

한국 교육은 케케묵은 승진구조로 인한 줄서기의 폐해로 교육의 본질에서 멀어지고 있다. 아주 똑똑한 사람들을 교사로 뽑아 놓고 너무 구체적이고 상세한 교육과정으로 교사들의 창의력을 활용하지 못하는 것도 문제지만, 더 큰 문제는 많은 교사들이 교장의 권위주의적 행태와 원만한 소통의 부재로 좌절감을 느끼는 데 있다. 임용 후 몇 년이 지나지 않아 좌절감으로 수동적이 되고 학교 경영에 참여하기를 포기하는 교사들이 부지기수다. 승진구조에 대한 문제 해결과 학교 민주주의 달성 없이는 교사들의 창의력도 결코 기대할 수 없다. 점진적으로 완전 개방된 교장공모제로 학교 민주주의를 이룩하고, 이를 통해 교사들의 중지와 창의력이 학교 경영과 수업에 녹아들도록 해야 한다.

### 교육자치를 통한 창의력

교육청과 학교의 관계에도 창의력을 발휘하지 못하게 하는 구조가 내재되어 있음은 마찬가지다. 현재 교육부와 교육청은 엄청나게 많은 특교사업과 정책사업으로 학교를 소진시키고 있다. 학교는 학생들을 가르치고 돌보는 교육 본질적인 일 외에 많은 사업들을 하고 있다. 이런 사업들을 보고서나 공문을 통해 잘 수행하는 교사들과 교장들이 승진구조에서 유리한 위치를 점하고 있는 것은 두말할 필요도 없다.

북유럽 교사들도 잡무(수업 외 업무)가 많다고 불평한다. 그런데 그들의 잡무가 무엇인지 분석해 보면 크게 두 가지다. 하나는 교육과정 재구성에 드는 노력이다. 북유럽의 교육과정은 우리나라처럼 구체적이지 않고 간략한 목표와 주요 내용으로 구성돼 있다. 교재도 완전히 자율화되어 있어 학교와 교사가 임의로 선택할 수 있다. 교사들은 교육과정의 목표를 어떤 교재와 교수 방법으로 어떻게 달성할지를 연구하고 준비해야 한다. 이에 드는 노력과 시간이 대단하다. 이것을 잡무라고 한다. 다른 하나는 시험문항 개발과 채점에 드는 노력이다. 북유럽은 선택형 시험이 없다. 위에서 본 것같이 작문·논문 그리고 서술형·논술형 수행평가가 주를 이룬다. 이런 평가는 교사들의 공정한 채점이 아주 중요하다. 이를 위해서는 많은 시간을 투자해 답안지·논문을 읽고 학생들과 학부모들이 납득할 만한 서술형 평가를 해 줘야 한다. 이 두 가지를 북유럽 교사들은 잡무로 간주한다. 우리나라 교육부나 교육청에서 공문을 통해 내려오는 많은 전시성·행사성 사업의 잡무와는 판이하다. 실질적으로 한국의 많은 교사들은 이러한 잡무 때문에 교사 본연의 임무인 학생들을 가르치고 돌보는 일에 전념할 수 없다고 아우성치고 있다.

교사들을 학생들에게 돌려주고 교장은 민주주의적 학교 경영에 전념하게 해야 한다. 이는 학교 단위에서의 교육자치를 통해 가능해진다. 교육부와 교육청의 많은 사업을 폐지하고 그 예산을 학교로 내려줘 학교 단위에서의 예산총액제를 실현해야 한다. 그뿐만 아니라 교사들의 교육과정 재구성 및 학력평가에 대한 자율권을 부여해야 한다. 다른 말로 하면 교육부는 교육 목표와 방향을 제시하고 교육청은 고용주로서의 역할, 시설관리, 예산분배 및 관리, 학교평가 및 연구, 연수 및 컨설팅 지원 등에 집중해야 한다. 이러한 집중을 통해 지금과 같은 교육청의 방대한 조직을 축소하고 지원청의 폐지도 고려해야 한다. 학교현장을 가장 잘 아는 학교에 교육 목표달성과 학교운영에 대한 자율성과 책임성을 부여하고 그 책임에 대해 평가하거나, 필요할 때 지원하는 체제로 가지 않으면 안 된다. 이러한 학교 단위에서의 교육자치 없이는 '아래에서 위만 바라보는' 위계질서가 뚜렷한 구조가 고착되고, 이런 구조에서는 아래 기관 구성원들의 창의력은 발휘되지 않는다. 집단지성의 활용은 그야말로 빈말이 된다.

위에서 언급한 형태의 교사-학생, 교장-교사, 교육부-교육청-학교현장의 관계가 교육계에만 있는가? 어떻게 된 것인지 우리 사회는 위계 질서에 의한 권위주의와 비민주적 관계가 갈수록 심해지고 있다. 유럽에서 고등학교까지 졸업했으나 한국에서 대학 공부를 마치고 직장을 다니는 젊은이에게 한국 사회의 문제점에 대해 질문을 했다. 그랬더니 한마디로 '위계질서hierarchy'라며 아래 사람들의 창의력을 활용하지 못하는 사회는 망한다고 했다. 너무 심한 악담인가? 이런 관점에서 현재 창조경제를 표방하면서도 사회를 더 억압적 구조로 몰아가는 것은 창의력의 숨통을 옥죄는 것이다. 자치를 통한 가치 다양화, 탈권위주의와 민주주의의 심화 그리고 각 분야 구성원들 사이의 수평적 관계의 확립과 평등 사회 실현이 창의력 신장의 지름길이다. 이는 교육에서부터 시작해야 한다.

『서울교육』 2015년 봄호, 권두칼럼

# '비판'을 금하는 우리 교육, 창의력을 죽인다

## -스웨덴 교육이 주는 시사점

교육의 궁극적 목표는 독립적이고 비판적 시각을 가진, 그리고 이를 토대로 한 창의적 인간을 길러 내는 일일 것이다. 그러나 우리나라의 교육은 이 부분에서 아직 부족한 점이 많다. 초등학교를 넘어서면 정답이 있는 사실 위주의 지식교육이 주를 이룬다. 교수학습 방법 또한 학생을 교육의 객체로 삼아 지식을 전달하는 전근대적 교수 방법에서 탈피하지 못하고 있다. 학력평가 방식도 마찬가지다. 공정성과 변별력에 초점을 둔 표준화된 선택형 시험이 주요한 시험의 주를 이루며 이러한 시험 방식은 아이들의 사고력보다는 암기력을 훨씬 중요시한다. 시장경제 논리에 의한 경쟁을 통한 걸러내기식 교육이며 주입식·암기식 교육의 전형이라 할 수 있다.

이러한 교육 방식은 속히 극복해야 하고 학생들의 사고력 신장과 창의력에 초점을 두는 교육으로 전환돼야 한다. 교육에서 이러한 혁신 없이는 정치와 경제에서도 제2의 도약을 꿈꾸기는 어렵다. 교육혁신의 관점에서, 특히 교수학습 방법과 평가 방식에서 스웨덴 교육은 우리 교육에 주는 시사점이 크다.

## 현실과 연계된 수업과 논문 위주의 평가

앞서, 고등학교 2학년 딸의 논문 숙제에 관한 이야기를 했다. 국어, 사회, 역사 교사가 공통으로 낸 '역사적 사실을 들어서 내셔널리즘이 어떻게 표출되는가를 연구하라'는 주제도 쉽지 않았거니와 양도 결코 적지 않았다. 세 교사가 공통으로 숙제를 낸 것도 흥미로웠고, 고등학교 2학년 학생이 이렇게 어려운 주제를 소화해 내는지가 가장 궁금했다. 딸을 통해 역사와 사회 시간에 공통수업을 하고 프로젝트 형태로 분야별로 연구하여 발표도 했다는 걸 알아냈다. 두 과목이 다른 주제가 주로 1, 2차 세계대전을 위시한 전쟁이었다는 것도 알게 되었다.

'내셔널리즘'이 그러한 전쟁의 가장 큰 원인 중 하나로 간주한 것을 짐작하는 것은 결코 어려운 일이 아니었다. 즉 주제 중심의 수업 형태였고, 마지막 부분으로 학생들이 제출하고 발표하는 이 논문이 3과목의 성적을 좌우하는 평가 방식이었다. 사회, 역사 교사가 공통으로 수업도 하고 논문 숙제를 낸 것은 이해가 가나 국어 교사가 거기에 포함된 것은 쉽사리 이해되지 않았다. 그래서 국어 교사에게 전화를 걸어 물어봤더니, A4 용지로 된 논문 10~15페이지를 보면 학생들의 국어 실력이 어느 정도인지 알 수 있다고 했다. 어휘력, 문장 구사력, 문장 완성도, 문체 그리고 문법 실력까지 볼 수 있고, 특히 간결체와 만연체, 과학적 표현과 시적 표현을 섞어 멋진 스웨덴어를 구사하는 능력을 알 수 있다는 것이다. 일리가 있다 싶었다.

학기가 끝날 무렵 학생들의 논문을 복사하여 읽어 보았다. 기억에 남아 있는 논문 두 편에 대해서는 앞서 이야기했는데, 무척 흥미로운 것은, 한 학생의 경우 테러사건과 연계하여 공항의 검문검색으로 구체화한 '문제설정 능력'이다. 영어 실력 또한 대단했다.

센가쿠, 중국말로 댜오위다오라는 군도에서 중국 어선과 일본 순찰함이 충돌한 사건을 논문의 주제로 삼았던 다른 한 학생은 사건 추이를 통해 '중국 어선과 일본 순찰함이 충돌하는 작은 사건이 왜 이 두 나라 사이에는 외교적으로 크게 비화하는가?'라는 주제를 선정했다. 이 학생은 두 나라 사이에 내셔널리즘이 작용했다고 짐작한 것이다. 이 논문의 주제에 답하기 위하여 그는 1937년 난징대학살 사건으로 거슬러 올라갔고, 역사적 배경을 통해 이 두 나라 사이에는 배가 충돌하는 작은 사건도 외교적으로 크게 비화한다고 결론 내렸다. 나아가 이 학생은 내셔널리즘을 공격적 및 방어적 내셔널리즘으로 분류하고, 공격적 내셔널리즘이 위험하고 전쟁의 원인이 되며 독일 나치와 일본 국군주의가 전형적인 예라고 했다. 자료 비판에서 '중국과 일본에서 나온 자료는 객관성을 잃었다'며 논문에서 제외하고 미국, 러시아, 스웨덴에서 나온 자료만 사용한다고 밝혔다.

이 세 과목의 수업은 이렇게 논문 쓰는 것으로 그치지 않고, 모든 학생은 자신의 논문을 발표하고 다른 학생의 논문을 비판하도록 했다. '건설적 비판'을 이때 사용하며 어떻게 하면 논문을 좀 더 좋은 논문으로 만들 수 있는지에 대한 비판적 의견을 제시하게 했다. 이 모든 과정을 종합하여 그 학기의 사회, 역사, 국어 과목의 성적이 결정됐다.

## 비판적 사고에 기초한 창의력

위 예는 교육에서 아주 중요한 두 가지 사실을 보여 준다. 첫째, 문제설정 능력, 즉 창의력이 무엇인지 하는 문제에 강한 시사점을 준다. 내셔널리즘이라 했을 때 첫 번째 학생은 미국에서의 테러사건과 연결시키고, 두 번째 학생은 중국과 일본의 사건으로 연결시켰다. 이것이 바로 문제설정problematization 능력이고 다른 말로 하면 창의력이다. 우리나라에서 창의력을 창체 활동이나 텃밭 가꾸기 등에서 키울 수 있다고 믿는 모양인데, 절대 그렇지 않다. 창의력은 모든 과목 수업에서 학생들이 비판적 시각으로 책을 읽고, 사물과 현상을 대하며, 자신의 생각을 다른 학생들과 토론하고 끊임없이 사고함으로써 키울 수 있는 것이다. 즉 정답이 있는 사실 위주의 주입식·암기식 교육으로는 창의력을 키우는 데 문제가 많다.

둘째, 우리가 사는 사회와 동떨어진 교육은 살아 있는, 깊이 있는 교육이 못 된다는 것을 보여 준다. 위 예에서 보듯이 스웨덴 학생들은 내셔널리즘이라는 어려운 개념을 자신이 살고 있는 주위나 다른 나라에서 일어나고 있는 사례에서 이해하려고 노력했다. 그런 연결 없이 습득하는 지식들은 형이상학적이고, 우리 삶과 동떨어진 지식일 가능성이 매우 크다. IEA가 주관하는 3년마다 이루어지는 국제 민주주의 소양 테스트ICCS, International Civic and Citizenship Education Study에서 한국 학생들이 민주주의가 무엇인가 하는 지식적 측면에서는 아주 좋은 성적을 얻지만, 민주주의 가치나 행태 또는 참여에서는 꼴찌를 면치 못하고 있다. 즉 민주주의가 무엇인지는 알고 있지만 그렇게 행동하지 않는다는 얘기다. 우리나라의 지식 위주의 학교 교육이 지닌 큰 문제라 할 것이다.

한 가지 더 예를 들면, 얼마 전 교육부가 각 시도 교육청에 세월호 참사와 관련하여 '학교 앞 1인 시위', '세월호 관련 공동수업', '중식 단식', '리본 달기'를 실질적으로 금지하는 공문을 보냈다. 이는 학생들의 사회적 참여를 금지하는 것이고, 특히 세월호 참사와 관련하여 수업을 못하게 하는 반교육적 처사다. 세월호 참사와 관련하여 '책임', '신뢰', '정부의 역할', '민주주의' 등에 대해 살아 있는 공부를 할 수 있는 좋은 기회를 교육부는 정치적 중립이란 미명하에 금지한 것이다. 좀 더 긴 안목에서 학생들을 참여하는 민주시민으로 길러 내야 하는데 그렇게 하지 못한 강한 아쉬움이 남는 교육현장이다. 위의 예에서도 봤듯이 스웨덴 학생들이 국내외 문제들을 소재로 내셔널리즘, 민주주의, 평등, 자유 등의 어려운 문제를 공부하는 것과는 상당히 대비된다.

교육의 가장 궁극적 목표인 독립적이고 비판적 시각을 가진, 그리고 이것을 토대로 한 창의적 인간을 길러 내기 위해서는 교수학습 방법과 평가 방식에서 근본적 혁신이 일어나야 하는데, 스웨덴 교육은 이런 점에서 시사하는 바가 크다.

『click 경제교육』 12월호에 실린 글을 첨가, 보완

# 민주시민교육: 개인이 먼저냐 공공이 먼저냐?

교육은 크게 두 가지 본연의 임무가 있다. 하나는 아이들에게 미래 사회를 살아갈 지식과 역량을 제공하는 것이다. 이 부분은 지난 20여 년간 유럽을 비롯하여 크게 변해 왔다. 전통적인 지식 위주의 교육에서 지식knowing뿐만 아니라 사고하는thinking 힘과 체험하고 실천하는 doing 능력까지를 제공하는 역량competence 중심의 교육으로 탈바꿈하고 있다. 4차 산업혁명 시대를 살아가는 데 필요한 비판적 사고와 창의력을 지닌 학생들을 길러 내는 것이 바로 이 첫째 임무다.

다른 하나는 이 글의 주제인 민주시민을 양성하는 것이다. 이 부분에 대해선 ICCS(international civic and citizenship education study) 연구가 많은 것을 말해 준다. 이 연구에 의하면 만 14세 한국 청소년들의 민주주의(시민의식) 지식은 세계 최고의 수준이지만 민주주의와 관련된 태도나 활동은 최하위 수준이다. 학교에서의 민주적 참여 활동과 영향력, 학급에서의 토론 문화, 교사와 학생의 관계, 미래의 정치적 참여나 시민사회에서의 활동 등의 분야에서 한국 청소년의 인식과 태도는 그야말로 밑바닥 수준이다. 국가나 기관에 대한 신뢰도 마찬가지다. 이민자나 다른 인종의 권리 또는 성 평등에 대한 태도는 최하위 수준은 면했으나 참여 국가들의 평균 수준에 미치지 못하고 있다. 즉 민주주의가 무엇인지 지식적으로는 알지만 그렇게 행동하지 않아도 된다는 생각이다. 이는 위계질서가 뚜렷한 유교적 문화 및 가부장적 사회 전통과 개인과 평등사상이 녹아 있는 민주주의 간의 불협화음에 기인한다고 볼 수 있다. 또한 지식 측면에서는 알고 있으나 그렇게 행동하지 않는 태도는 입시 위주의 교육과 깊은 상관관계가 있다. 심한 경쟁에 의한 입시 교육의 틀 속에서 민주시민을 길러 내는 것이 결코 쉽지 않은 것이다. 그러나 분명한 것은 민주주의는 민주주의자 없이 존재할 수 없다. 민주주의를 공고히 하려면 교육을 통해 민주시민을 길러 내지 않으면 안 된다.

학교에 주어진 민주시민교육은 크게 세 가지로 나누어 논할 수 있다. 첫째는 학생들에게 민주주의가 무엇인지를 가르치는 것이다. 이 부분은 위 ICCS 연구에서 언급했듯이 우리 교육이 잘하고 있다. 둘째는 학생들이 학급회, 학생회, 동아리 활동, 교사와의 관계 등을 통해 민주주의를 체험하고 실천하는 것이다. 이 부분은 우리 교육이 제대로 못하고 있다. 민주주의는 특히 사람들과의 관계 속에서 배워야 하고 삶의 한 형태가 되어야 하는데, 지금과 같이 학교 구성원들 사이의 관계가 수직적이고 권위주의적인 문화 속에서는 민주주의를 삶의 형태로 배우는 것이 쉽지 않다. 지금보다는 훨씬 더 수평적이고 상호 존중의 문화를 정착시켜야 한다. 셋째는 학교를 민주적으로 운영하는 것이다. 위 ICCS 연구는 학교운영 관련 의사결정에 대한 영향력 분석에서 교사의 영향력에 대한 학교장과 교사 간의 인식 차이가 한국이 참가국들 사이에서 가장 컸다. 즉 교장과 교사 사이에 불신이 가장 큰 나라라고 할 수 있다. 학교의 의사결정 과정에서 학생들과 교직원들의 참여는 필수적이고 교장은 이들의 의사를 기반으로 결정을 내리고 학생들과 교직원들은 교장의 민주적 결정을 존중함으로써 상호 존중의 학교문화를 만들어 나가야 한다.

한편 이러한 학교의 민주시민 양성 교육에 큰 걸림돌이 되는 것이 (교육)공무원의 정치적 중립 의무이다. 헌법 제7조 2항과 제31조 4항은 각각 "공무원의… 중립성은 법률이 정하는 바에 의하여 보장된다." "교육의… 정치적 중립성(은)… 법률이 정하는 바에 의하여 보장된다"라고 규정하고 있다. 이것은 하위 법률인 국가공무원법 제65조 및 66조에서 공무원의 정당가입, 선거운동 및 집단 행위의 금지로 나타나고 있다. 이로 인해 교육공무원의 정치적 기본권은 박탈되었고 이는 교사들을 정치로부터 멀어지게 했다. 일부 교사들은 이 조항 뒤에 숨어 스스로 민주시민이 되는 것을 포기하거나 박탈된 기본권을 당연시 여겼다. 나아가 이 정치적 중립 의무는 교사들이 정치나 정치체제에 대해 수업하는 것을 두려워하게 했고, 이로 인해 민주시민교육이 제대로 되고 있지 않는 것이다.

이제라도 정치적 중립 의무를 폐지하고 보이텔스바흐 정신에 입각하여 학생들에게 정치적 주입 교육을 금지하고(헌법의 정치적 중립 대신 교육기본법에 정치적 주입 교육 금지를 명시할 수 있다), 사회에서 논쟁이 되는 것을 학교에서도 논의, 토론하게 하고 이 과정에서 형성되는 자신의 철학에 따라 삶을 영위하는 민주시민으로 키워야 한다. 인간은 결코 정치를 떠나서 살 수 없다. 정치와 관련된 것을 금기시할 것이 아니라 오히려 일찍 학생들에게 정치에 대해 고민하며 정치의 중요성을 알게 해야 한다.

끝으로 중요한 것은 어떤 민주시민으로 키울 것인가 하는 문제다.

민주시민을 양성해야 되는 것에는 모두가 동의할 것이다. 그러나 어떤 민주시민을 키워 낼 것인가 하는 문제는 전혀 논의되고 있지 않다. 민주주의는 크게 개인 중심 민주주의와 사회 중심 민주주의로 나눌 수 있다. 전자는 주체적인 개인The sovereign individual 철학에서 출발하여 개인이 집단이나 사회에 종속되어서는 안 된다고 믿는다. 또 개인은 무엇이 옳고 그른지에 대해 독립적으로 판단하고 이 판단에 근거해서 자신의 행동을 결정하는 자유를 아주 중요한 가치로 보고 있다. 국가는 한 개인이 다른 개인을 해치지 않는 한 그 개인의 자유와 선택을 제한해서는 안 된다고 본다. 따라서 개인 중심 민주주의는 사적 영역이 공적 영역보다 우선시된다고 믿고 있다. 반면 사회 중심 민주주의는 개인의 삶이 사회구조나 문화에 크게 영향을 받고, 사회에서 한 개인은 다른 개인과 분리되어 존재할 수 없다고 믿는다. 그래서 사회는 개인에게 가능성을 제공함과 동시에 한계도 제공한다. 한 개인이 다른 개인과 협력할 때 사회구성원 모두의 최선을 이룰 수 있기 때문에 연대성Solidarity과 공공성The public이 아주 중요한 가치가 된다. 따라서 사회 중심 민주주의는 공공의 최선이 개인의 최선보다 우선한다고 본다.

민주주의의 이런 두 천칭에서 볼 때 한국 사회는 개인 중심 민주주의에 상당히 치우쳐 있다. 개인주의를 넘어 이기주의의 만연이 그 방증이다. 바람직한 사회는 이 두 민주주의 사이의 균형이라고 할 수 있다. 우리 사회는 좀 더 사회 중심 민주주의에 방점을 두어 '개인의 자유로운 선택'과 '공공성과 연대성에 기초한 공동체'를 조화롭게 양립시켜야 할 것이다. 따라서 민주시민교육은 한 명의 개인이 공동체 속에서 타인과 협력하고 타인을 배려하며 타인과 더불어 사는 그리하여 사회적 약자와 강한 연대성을 느끼는 주체적 인격체로 키워 내는 데 주력해야 될 것이다.

『교육경남』, 2018년 봄, 권두언

# 토끼와 민주주의 교육

딸이 초등학교 4~5학년 때 강아지를 사 달라고 무척 조른 적이 있다. 아내는 이 문제를 가족회의에 상정했다. 오빠 둘을 포함해 다섯 명이 일요일 오후 3시, 막 구워 낸 빵과 주스, 커피를 앞에 두고 식탁에 둘러앉았다.

아내는 의장, 나는 총무 역할을 했다. 의장인 아내가 오늘 안건에 대해 얘기하며 딸에게 왜 강아지를 갖고 싶은지 묻는 것으로 회의가 시작됐다. 딸은 준비라도 한 듯 '강아지를 엄청 좋아한다', '친구들 모두 강아지를 갖고 있다' 그리고 '친구의 개가 최근 강아지 네 마리를 낳았는데 그중 한 마리를 꼭 분양받고 싶다'고 했다.

그러자 오빠 중 하나가 '에바는 강아지 없잖아'라고 반박하며 토론이 이어졌다. 토론이 어느 정도 무르익었을 때 아내가 자신도 강아지를 갖고 싶은데 키우지 못하는 이유가 두 가지 있다고 했다.

그중 하나는 제일 큰애가 동물 알레르기가 심한데 이를 어떻게 할지 딸에게 물었다. 그러자 딸은 '큰오빠는 아빠가 집 뒤 나무 위에 지어 놓은 원두막에서 살면 되잖아'라고 응수했다. 두 번째 이유로 아내는 동물보호법에 의하면 강아지에게 점심을 주고 점심시간에 적어도

30분 이상 산책을 시켜 줘야 하는데 어떻게 할지 물었다.

딸은 순발력을 발휘해 점심시간에 자전거로 집에 와 점심을 주고 산책을 시키고 다시 학교로 돌아가면 된다고 했다. 오빠가 봄, 여름, 가을에는 문제없는데 눈이 많이 오는 겨울에는 불가능하다고 지적했다. 아내가 결론적으로 우리가 개를 키우는 것은 무리라며 그 대안으로 실외에서 키울 수 있는 토끼 두 마리를 사자고 제안했다. 딸애는 꼭 강아지를 키우고 싶다고 고집했다. 그러자 아내는 오늘 이 문제를 결정하긴 어렵다며 일주일 후 다시 회의를 열기로 하고 폐회를 선언했다.

그러나 월요일 저녁 아내와 딸은 토끼 두 마리를 안고 집으로 들어왔다.

이 일화는 민주주의 원칙의 핵심적인 요소를 담고 있다. 아이를 민주시민으로 키우는 데 꼭 필요한 실천 강령이라 해도 과언이 아니다.

첫째, 자신의 의사를 정확하게 표현하는 것을 배운다. 왜 강아지를 갖고 싶은지 뻔히 알면서도 물어봄으로써 아이가 자기주장을 설득력 있게 펴도록 한다.

둘째, 남의 이야기를 경청하게 한다. 오빠의 주장과 어머니의 논리를 경청하고 이들은 또 딸의 이야기를 경청하는 민주주의의 근본을 배우게 한다. 서로의 주장과 논리를 경청하고 이것을 자기 것과 비교하며 아이들이 합리적 판단을 내리게 하는 것이 중요하다.

셋째, 자기주장이 관철되지 않아도 민주주의라는 것을 배운다. 딸의 입장에서 보면 강아지 대신 토끼를 키우게 돼 자신의 요구가 관철되지 않았다. 그래도 부모가 그냥 '안 돼'라고 일축하는 것과는 큰 차이가 있다.

어린아이들도 이런 회의나 토론을 통해 내려진 결정은 수긍하고 잘 지킨다는 것을 어른은 알아야 한다. 아이들은 민주적인 결정 방식이 언제나 최선이 아니라 가끔은 차선에 머물 수도 있다는 것을 배워야 한다.

넷째, 합의에 도달하는 것을 배운다. 예부터 '대쪽 같은 선비', '절대 타협하지 않는' 등에 부합되는 미덕도 있지만, 가정이나 사회 구성원들의 이익이나 의견이 첨예하게 대립되거나 상충하는 문제에서 서로 조금씩 물러서서 타협하고 합의에 도달하지 않으면 그 가정과 사회는 제 기능을 못한다. 정치의 꽃은 합의에 도달하는 것임을 어릴 때부터 배우게 된다.

교육의 가장 큰 임무 중 하나가 민주시민 양성이다. 가정에서 제대로 교육되지 않은 아이를 학교가 전적으로 책임지는 것은 한계가 있다.

부모가 가정에서 최대한 아이들과 많은 시간을 가지며 솔선수범해 아이들이 참여와 토론을 통해 인간존중과 연대성, 자유, 평등, 정의 등의 민주주의의 기본철학을 체득하며 실천하게 해야 한다. 가정과 학교가 협력해 민주시민을 키워 내야 한다.

『경남신문』, 〈성산칼럼〉, 2017년 11월 2일

# 협력하지 못한 나

    돌이켜 보면 나는 협력을 잘하지 못했다. 협력해야 되는 것, 협력하는 방법을 제대로 배우지 못했다고 하는 것이 더 적절할 것이다. 어릴 때의 학교생활은 오늘날처럼 모둠 수업이나 프로젝트 수업을 통해 친구들과 협력하여 공부하거나 문제를 풀지 않았다. 오히려 전교 석차를 교정에 붙이거나 반 석차대로 자리를 앉게 하여 누가 몇 등이고 그 순위가 어떻게 바뀌는지를 알며 자라도록 했다. 집에서도 크게 다르지 않았다. 공부 잘하는 것이 최고였고 다른 아이들한테 힘으로도 이겨야지 얻어맞고 다녀서는 안 되는 분위기였다.

    스톡홀름대 정치학과 박사과정에서 나는 평생 부끄러워할 일을 했다. 요즘도 강의할 때 이 일화를 소개하며 수강생들에게 협력의 중요성을 호소하곤 한다. 당시 정치학과 박사과정에 입학하면 두 개의 어려운 관문을 통과해야 했다. 하나는 '정치이론'이고 다른 하나는 '양적 방법론' 코스였다. 전자는 질적 방법론, 후자는 양적 방법론으로 학위논문을 쓸 대학원생들에게 맞춰진 과목이었다. 양적 방법론은 설문조사를 통계학적으로 분석하는 수업으로 우리 학생들은 세 명씩 두 그룹을 지어 교수가 자신의 연구를 위해 수집한 데이터베이스를 활용하여 격주마다 작은 리포트를, 학기말에는 큰 리포트를 완성해야 했다.

　나와 같은 그룹에 속한 두 명의 친구들은 처음부터 이 방법론에 큰 흥미가 없었다. 질적 방법론으로 학위 논문을 쓰기로 결정했기 때문이다. 학점 따기에 급급하여 열심히 한 내가 리포트 작성을 주도했다. 한번은 문제를 풀 수 있었으면서도 리포트에 쓰지 않고 제출했다. 다음 주 발표할 때 내가 아는 것을 얘기했다. 옆의 동료들도 놀랐지만 교수 한 분이 '너는 알면서 왜 답을 쓰지 않았느냐'고 정색을 하며 물었다. 나는 아무 말도 못했고 동양 학생의 성향을 잘 알던 그 교수는 "매사가 그렇지만 학문도 결코 혼자 하는 것이 아니다"라며 "그렇게 협력을 못해 앞으로 뭘 하겠느냐"고 따끔하게 질책했다. 나는 부끄러워 고개를 들지 못했다. 그룹으로 공부하고 리포트를 제출하면 세 사람의 성적이 같아질 것이라고 생각해 나는 리포트에는 답을 쓰지 않고 구두로 발표할 때 얘기했던 것이다. 나 혼자만 안다는 것을 보여 주어 내가 우리 그룹의 친구들보다 좋은 성적을 받고자 한 속셈이었다.

　우리 그룹과는 달리 다른 그룹의 세 명은 자기들이 아는 것 모르는 것 다 얘기하며 공부하고 그래도 답이 나오지 않자 한 해 전에 다녔던 선배들에게 자문을 구하고 심지어 교수들한테 밤늦게 전화까지 하며 리포트를 작성했다. 우리 리포트와 수준이 얼마나 달랐을지 짐작이 가는 부분이다. 이 그룹의 공부 방식이 바로 협력수업이라 할 수 있다. 협력수업의 목적은 아이들이 서로 가르치고 배우는 동료효과 peer effect를 누리는 데 있다. 학생 시절 옆 친구가 설명해 줄 때 귀에 쏙 들어온 경험이 있을 것이다. 즉 공부도 혼자 하는 게 아니라 여럿이 같이 할 때 효율싱이 높아진다는 얘기다. 모둠 수업이나 프로젝트 수업이 바로 동료효과를 염두에 둔 전형적 수업 방식이다.

협력수업은 학업성취도 향상 이상의 의미를 가지고 있다. 2차 세계대전 이후의 스웨덴 교육을 한마디로 표현하면 '모두를 위한 교육 Education for all'이라고 할 수 있다. 1990년대 초 우파정권에 의한 학교선택제의 도입으로 이 교육철학이 많이 퇴색됐지만 핵심은 협력(수업)에 있다. 즉 배경이 다른 모든 학생이 한 학교, 한 학급에서 만나 서로 가르치고 배우고, 나아가 서로 이해하며 친구가 될 때, 그리고 이 학생들이 사회에 진출하여 사회 구성원이 될 때 그 사회는 계층과 계층 사이에 갈등이 적은 사회가 된다고 했다. 교육의 이러한 역할은 상당한 효과를 입증했다. 스웨덴을 비롯한 북유럽 사회가 굉장한 논란과 갈등을 불러일으킬 수 있는, 그것도 지구상의 어느 곳과도 비교되지 않는 광범위한 보편복지를 달성했으면서도 갈등이 적은 것은 바로 이러한 교육의 효과임에 틀림없다.

우리도 교육은 백년지대계百年支大計라고 했다. 장기적 안목으로 교육을 설계하여 교육이 나라의 밑거름이 되게 하자는 뜻이다. 그러나 보수화된 교육, 거대한 조직 그리고 정치력의 부재로 우리 교육은 장기적 안목의 교육 실행에 실패했고 미봉책으로 문제 해결에 급급했다. 5~6년 전 혁신학교의 도입으로 이제 우리 학교현장도 권위주의적 학교문화를 개선하고자 많은 노력을 기울이고 있다.

교육에 부여된 민주주의 시민 양성의 임무는 크게 세 가지다. 첫째, 아이들에게 민주주의가 무엇인지를 가르치는 것이다. 둘째, 아이들이 학급회나 학생회, 동아리활동, 교사와의 관계 등을 통해 민주주의를 직접 체험하는 것이다. ICCS International Civic and Citizenship Education Studies의 연구 결과는 우리나라 아이들이 민주주의가 무엇인지 지식적 측면에서는 잘 알고 있지만 민주주의적 행태나 참여 부분에서는 아주 부족하다는 걸 보여 준다. 학교나 가정에서 민주주의를 직접 체험하거나 민주주의적 생활방식에 익숙해 있지 않다는 것을 방증하는 것이다. 셋째, 학교를 민주적으로 운영하는 것이다. 혁신학교가 개선하고자 하는 부분이 바로 이 부분이다. 많이 개선되고 있지만 아직도 갈 길이 멀다. 학교장은 학교 구성원들의 의사를 기반으로 의사결정을 하고 민주적으로 학교를 운영해야 하며 교사들 또한 교장의 의사결정을 존중함으로써 상호 존중의 학교문화를 만들어 나가야 한다.

중요한 것은 이 민주적 학교문화의 귀결점이 바로 협력collaboration이라는 점이다. 민주적 학교문화가 단지 민주주의적 의사결정에만 머무를 것이 아니라 한 걸음 더 나아가 학생과 학생 간의 협력, 교사와 교사 간의 협력으로 이어져야 한다. 민주주의와 협력은 서로의 전제조건이다. 협력 없는 민주주의 없고 민주주의 없는 협력은 협력이 아니다. 이제 경쟁이 아닌, 민주주의를 통한 협력을 우리 학교문화의 완성으로 삼아야 한다. '한 명의 아이도 포기하지 않는 모두를 위한 교육'으로 우리 사회의 백년 앞을 내다보는 교육이 되어야 할 것이다. 더이상 '나'와 같은 아이가 양산되지 않길 기대한다.

『교육경남』, 2017년 겨울, 권두언

# 딸의 짧은 치마와 학교 규칙

딸이 중학교 2학년 때, 외모가 아주 눈에 띄었다. 몸에 짝 달라붙는 짧은 치마는 앉으면 속옷이 보일 정도였고, 흰 파운데이션에 짙은 눈화장과 입술 화장을 했다.

지켜보다 하루는 아내에게 "애 치마가 너무 짧지 않나? 민망하다. 엄마가 얘기 좀 하면 어떠냐?"고 했다. 아내는 "내가 봐도 짧다. 그러나 당신이나 내가 잔소리하면 저 아이는 그런 짧은 치마를 적어도 2년은 더 입을 것이고, 잔소리하지 않으면 1년 내에 벗어던질 것이다"라고 했다.

아니나 다를까, 중학교를 졸업하기 전에 아이는 다양하게 옷을 입었고 화장도 자연스럽게 했다. 당시 딸이 다니던 학교는 외모에 대한 아무런 규칙이 없었다.

일부 학생들은 이미 초등학교 5~6학년 때 화장을 시작했다. 우리 아이가 중학 시절에 화장을 시작한 것은 순전히 우리 집에서 아이와의 논의를 거쳐 내린 규칙 때문이다.

대부분의 스웨덴 학교에는 외모에 대한 규칙이 없다. 규칙이 있으면 외모가 아닌 학습과 다른 사람과의 관계에 관한 것이다. 떠들거나 장난을 쳐서 학습을 방해하는 것과 왕따 및 폭력으로 다른 아이들에게 피해를 주는 것을 엄금한다. 그 외 수업 시간에 모자(캡) 착용이나 핸드폰 사용 등에 관한 규칙들은 학교마다 다르다. 일부 교사와 학생들은 수업 시간에 모자를 쓰는 것이 수업에 방해되거나 남에게 피해를 주지 않고 또 핸드폰은 수업에 활용해야 된다고 믿기 때문이다.

우리나라에서 특히 많이 논란이 되고 있는 두발이나 치마 길이 또는 화장 등은 아예 규칙의 대상이 아니다. 학습에 방해가 되거나 남에게 피해를 주는 것이 아니기 때문이다. 이런 문제에 규칙을 만들면 스웨덴 아이들은 틀림없이 인권침해라며 반발할 것이다. 집에서든 학교에서든 아이들과 관련된 규칙은 아이들의 참여와 동의 없이는 실효성이 없는 것을 알기 때문에 만들지 않는다.

스웨덴에서는 이와 같이 '아이들의 안전', '좋은 학습 분위기', '왕따와 폭력 없는 학교'라는, 아이들이 공감하는 뚜렷한 교육적 목적을 가지고 아이들의 참여와 동의를 얻어 규칙을 만든다. 이런 바탕에는 우리와는 사뭇 다른 인식이 있다.

첫째, 아이들이 되도록이면 하고 싶은 것을 하면서 성장하게 한다. 금지, 억제, 통제보다는 허용과 장려에 초점을 둔다.

둘째, 아이들이 스스로 문제를 인식하고 규칙을 만들어 지키게 한다. 어른들이 옳다고 생각하는 것을 규칙이나 금지를 통해 아이들에게 강요하기보다는 아이들의 자발적 인식과 행동을 유도해 낸다. 즉 옳지 않은 것을 토론과 논의를 통해 깨닫게 하는 합리적 사고방식을 머릿속에 심어 주는 것이다.

셋째, 부모나 교사는 이와 같이 아이들이 문제를 인식하게 하는 것과 농시에 아이들이 필요할 때 언제나 가까이 있으면서 지원하고 이끄는 역할을 한다. 통제 아니면 방임이니라 아이들의 의사와 결정을 존중하고 대화하며 올바른 길로 이끄는 역할을 부모와 교사가 한다.

이러한 스웨덴 교육 방식은 신학기의 우리 교육현장에 많은 질문을 던진다. 우리 교칙은 뚜렷한 교육적 목표가 있는가? 아니면 벌점이나 처벌을 통해 아이들을 통제하려 하는가? 우리 교칙은 아이들의 참여와 동의를 얻어 만들어졌는가? 그래서 살아 있고 실효성이 있는가? 무엇보다도 얼마나 많은 규칙들이 진정으로 아이들을 잘 가르치고 돌보려는 어른들의 관심과 사랑에서 만들어졌는가?

특히 아이들의 참여는 민주의식과 남을 생각하고 배려하는 시민의식의 성장에 필수적이다. 교육은 결국 이런 참여를 통해 아이들이 능동적이고 주체적인 자유인(개인)이 되어 공동체(사회)와 더불어 살게 하는 것이 아닌가!

『경남신문』, 〈성산칼럼〉, 2016년 3월 10일

**토론에 의한 합의 ⑤**

# 시한폭탄 달린 안락의자

　지난달 27일 원자력안전위원회(원안위)는 1983년 건설해 30년이란 설계 수명을 다한 월성 1호기를 2022년까지 연장해 가동하기로 했다.

　월성보다 더 오래됐고 한 차례 수명 연장한 고리 1호기도 다시 수명 연장할 것이라고 한다.

　우리나라는 스리마일, 체르노빌 그리고 최근의 후쿠시마와 같은 대형 핵발전소 사고에도 아랑곳없이 전력 생산력의 큰 부분을 핵발전에 의존하고 있다. 현재 24기의 핵발전소가 가동 중이며 정부는 2035년까지 40기 이상으로 늘릴 계획이다. 핵발전을 줄이는 세계적 동향과는 대조적이며, 면적 대비 세계에서 가장 많은 핵발전을 하고 있다.

　핵발전은 많은 문제점을 안고 있다. 그중 방사능은 인체에 치명적인 영향을 미친다. 핵발전소에 종사하는 노동자들과 인근 지역 주민들은 방사능에 노출될 가능성이 커 건강상 위협을 받는다. 핵폐기물은 위험하고 보관하는 데 비용이 많이 든다. 단단한 암반으로 된 지하 천 미터 이하에서 영구보존을 추진하는 스웨덴을 비롯하여 많은 나라들이 핵폐기물로 골머리를 앓고 있다.

　이런 위험에도 불구하고 핵발전 주창자들은 핵발전의 경제성을 강조하는데, '드러나지 않은 비용'을 간과하는 경향이 있다. 미국의 블랙번 교수는 핵발전과 태양광발전의 발전 단가 비교에서 초기에는 핵발전이 태양광발전보다 단가가 낮지만 시간이 지날수록 비용이 늘면서 결국 태양광발전보다 단가가 높아진다고 했다. 지난해 7월 국회 예산정책처가 작성한 '월성 1호기 계속운전 경제성 분석'에 따르면 월성 1호기를 계속 운전할 경우 2,546억 원에서 5,060억 원의 손해가 난다고 했다.

핵발전소에서 발전된 전기를 높이 100미터나 되는 거대한 송전탑을 통해 대도시에 공급하는 것도 큰 문제다. 도시민들의 전기 수급을 위해 농어촌 주민들이 희생당하는 셈이다. 밀양 송전탑이 바로 이 문제로 갈등을 빚고 있다. 핵발전에 의한 혜택은 우리 세대가 누리지만 핵발전으로 생기는 문제는 고스란히 미래 세대가 떠안는다. 무엇보다 치명적인 것은 핵발전 사고가 일어나면 많은 인명 살상을 포함한 거대한 피해가 거의 영구적으로 남는 것이다. 체르노빌 핵발전소 폭발 사고는 수천 명의 사상자를 냈고 40만 명이 고향을 떠났으며 지금도 500여만 명이 오염된 지역에서 살고 있다. 후쿠시마 핵발전소 사고는 2만 명이 넘는 사상자와 수십만 명의 이재민을 냈다. 아직도 녹아내린 핵연료의 양이 얼마나 되는지, 방사능이 얼마나 나오는지 정확히 모른채 여전히 오염수가 태평양으로 흘러 들어가 세계의 바다를 오염시키고 있다.

원안위의 월성 1호기 수명 연장 결정은 민주사회에서는 이해하기 어렵다. 사회적 공론 없이 30년의 설계 수명이 끝나 2년 이상 가동이 중단된 핵반응로를 인근 주민들의 반대와 수명 연장 반대로 9명의 위원 중 2명이 퇴장한 가운데, 그것도 민간 검증단이 계속 운전 시 안전성 보장이 어렵다며 32건의 안전개선사항을 요구했음에도 철저한 검토 없이 결정을 내려 밀실 정치를 연상케 한다. 주증기격리밸브MSIV가 설치되지 않았고 엄격해진 현행 안전기준(R-7)도 적용되지 않았다고 한다. 국민 안전을 소홀히 한 결정이 아닌가 하는 두려움을 떨칠 수 없다.

월성과 고리의 핵발전소 주위에는 인구가 밀집한 울산, 경주, 포항이 있고 부산도 그리 멀리 떨어져 있지 않다. 사고가 나면 많은 인명 피해와 동시에 전 국토는 먼 미래까지 죽음의 땅이 된다. 우리 모두 시한폭탄이 달린 안락의자에 앉아 있다. 1979년 스리마일 핵발전소 사고 후 스웨덴은 즉시 국민투표를 통해 핵발전소를 점진적으로 폐쇄하기로 했다.

핵발전 및 에너지 정책은 지금도 공론과 여야 합의를 통해 결정한다. 핵발전소 수명 연장을 국민투표로 결정하는 것이 어려우면 적어도 국회가 지역주민, 전문가 그리고 국민의 의견을 수렴하는 사회적 합의를 통해 결정해야 한다.

『한국일보』, 〈아침을 열며〉, 2015년 3월 10일

# 신고리 5·6호기, 스웨덴식 결정은 어떤가?

신고리 원전 5, 6호기 건설 중단 가부를 결정하기 위해 문재인 대통령은 7월 24일 공론화위원회를 출범시켰다. 이 공론화위원회와 유사한 위원회 제도를 세계에서 가장 체계적으로 잘 활용하는 나라는 스웨덴이다. 스웨덴 정부연구조사위원회는 400년이 넘는 역사가 있는 제도로, 중요한 정치적 사안은 먼저 위원회를 설치해 연구·조사한다. 가장 전성기인 1970년대에는 매년 350~400개의 위원회가 설치돼 운용했다. 현재는 그 수가 절반 이하로 줄었지만 매년 약 150개의 위원회가 활동하고 있다.

스웨덴이 위원회 제도를 적극 활용하는 데는 중요한 이유가 있다. 정치적 기구인 정부가 작기 때문이다. 교육 분야를 예로 들면 교육부 장관을 포함해 교육부 소속 공무원이 약 200명인 데 비해, 국가교육청을 위시한 교육부 산하 중앙행정기관들은 2,000명이 훨씬 넘는 전문가 집단이다. 또 정부 규모가 작다 보니 정부가 분야별 전문가를 충분히 고용할 수 없어 중요한 결정을 내리기 위해서는 외부 도움을 받아야 한다. 주로 대학과 중앙행정기관들의 전문가를 위원회에 참여시켜 전문성을 확보한다. 한 위원회에 적어도 10명이 참여한다면 매년

1,500명 이상의 전문 인력이 정부 고용 공무원이 아니면서 정부 일을 떠맡아 추진하는 셈이다.

스웨덴 정부연구조사위원회의 역할은 '합의에 도달하는 정치'라는 스웨덴 정치모델의 중요한 축을 담당한다. 부여받은 사안에 대해 위원회는 다각도로 심도 있게 연구·조사해 결론을 내리고 정부에 정책을 제안한다. 이로써 위원회의 역할은 마무리되고 다음 단계로 정부는 위원회의 결론과 정책 제안을 각계각층에 보내 의견을 수렴한다. 이 두 과정을 토대로 정부는 정부 차원에서 결정하거나 정부 제안을 만들어 의회에 넘긴다. 위원회 제도와 의견수렴 제도는 스웨덴 정치 및 민주주의와 떼려야 뗄 수 없는 중요한 요소다. 독일이나 미국의 위원회 제도 역시 전문가의 활용이나 의견 수렴에 초점을 두는 것에는 스웨덴과 큰 차이가 없다. 공론화위원회를 스웨덴 위원회 제도와 비교하면 몇 가지 아쉬움이 있다.

첫째로 과업 지시서가 없는 것이다. 문재인 대통령은 공론화위원회를 설치하고 여기서 신고리 원전 5, 6호기 건설 중단의 가부 결정이 나오면 수용한다고 했다. 반면 공론화위원회는 공사 중단 여론은 수렴하지만 찬반 결론은 내리지 않겠다고 했다. 대통령은 위원회가 결정해주기를 바라고 위원회는 가부 결정이 본인들의 업무가 아니라고 했다. 청와대와 공론화위원회 사이의 엇박자가 애초에 생기지 않게 하려면 정부는 스웨덴처럼 공론화위원회의 임무와 역할 그리고 활동 기간을 명시한 뚜렷한 '과업 지시서'를 내렸어야 했다.

둘째로 공론화위원회에 전문가가 포함되지 않은 것이다. 전문가라고 해서 모두 의견이 같을 수는 없다. 분야별 다양한 전문가들이 수집된 자료에 기초해 중단 또는 계속에 따른 문제들을 심도 있게 논의해 결론을 내려야 한다. 위원회의 결론에 동의하지 않는 위원이 있으면 그 이유와 의견을 위원회 보고서에 첨부해 정부와 시민에게 알려야 한다. 물론 위원회가 여론조사도 할 수 있다. 여론조사에만 초점을 둘 거라면 굳이 공론화위원회가 필요한가?

셋째로 신고리 원전 5, 6호기의 건설 중단 가부를 누가 최종 결정할지가 아직도 미지수다. 공론화위원회는 당연히 연구·조사와 숙의에 따른 결론을 내려야 한다. 물론 얼마만큼 과학적이고 체계적인 연구·조사를 바탕으로 결론을 내리느냐가 중요하다. 그러나 최종 결정은 반드시 정부가 국무회의에서 내려야 한다. 이것이 바로 국민이 직접 선출한 대통령을 수반으로 하는 정부의 역할이다. 공론화위원회는 최종 결정을 내릴 법적 근거가 없을뿐더러 한정된 기간만 활동함으로써 결정에 대한 책임을 질 수도 없다. 중단이든 계속이든 결정에 대한 책임은 당연히 정부가 져야 한다.

『경남신문』, 〈성산칼럼〉, 2017년 8월 3일

# 금지냐 대화냐? 민주주의가 답이다

스웨덴에도 현 정권과 기존 정당들에 눈엣가시 같은 정당이 하나 있다. 그런 면에서 우리나라의 통진당과 유사하지만 이념적으로는 정반대 편에 있는 극우의 인종차별주의적인 스웨덴민주당Sweden Democrats이다.

2010년 의회선거에서 5.7%의 득표율로 유럽을 놀라게 하며 처음으로 의회에 입성한 스웨덴민주당은 지난해 9월 선거에서는 무려 12.9%로 사민당과 보수당에 이어 제3의 정당이 돼 경악을 금치 못하게 했다. 이 선거 결과는 정권 구성에서부터 많은 어려움을 겪게 했다. 이는 2015년도 예산안 처리에서 절정을 이뤘다. 사민당과 환경당의 소수연정 예산안이 부결되고, 스웨덴민주당의 저울질로 야당인 우파연합의 예산안이 통과됐다. 좌파정권이 우파연합의 예산으로 나라를 통치해야 하는 초유의 사태가 발생한 것이다. 사민당 수상은 올해 3월에 새 의회선거를 예고했고 정국은 혼돈으로 빠졌다.

이런 어려운 순간 또 저력을 보여 주는 것이 스웨덴 정치다. 정부는 우파연합과 협상을 통해 올 4월에 있을 현 정부의 '봄 예산안'을 통과시키고 대신 장기적 대책을 요구하는 국방과 안전, 연금 및 에너지 분야에 우파연합과 협력한다는 '12월 대협약'을 체결했다. 이로써 3월로 예정됐던 새 의회선거도 비껴갔다. 이 협약은 당연히 극우 스웨덴민주당을 무력화하기 위한 조치였다. 스웨덴민주당은 신나치주의 배경이라는 구설수에서부터 인종차별주의적인 발언으로 스웨덴 사회에 심한 갈등을 야기했다. 스웨덴이 낳은 최고의 축구선수 이브라가 스웨덴에서 출생했음에도 부모의 배경이 외국이라는 이유로 스웨덴 사람이 아니라고 주장하는가 하면 모든 이민자는 자국으로 돌아가라는 발언을 서슴지 않는다. 그러나 이들의 주장을 면밀히 살펴보면 모든 이민이 아니라 무슬림 국가로부터의 이민을 반대하는 극히 인종차별주의적인 것이다. 인간의 존엄과 평등이란 민주주의 기본정신을 위배하는 발언이고 정책들이다. 이런 스웨덴민주당을 현 수상은 '신파시스트'라고까지 했다. 그러나 국가는 이런 정당을 금지하거나 해산하려 들지 않는다. 대화와 협상 그리고 민주주의의 확대와 심화를 통해 해결하려고 한다. 이런 정신은 노르웨이의 극우 브레이빅이 2011년 69명의 젊은 이들과 시민을 사살하는 테러를 감행했을 때도 나타났다. 당시 옌스 스톨텐베르그 노르웨이 총리는 극우에 대한 발본색원이나 금지가 아니라 민주주의에 대한 부활과 심화에 호소해 전 세계를 감동시킨 바 있다.

민주주의만이 극우와 극좌를 이긴다. 그런 의미에서 지난 연말의 헌재 통진당 해산 선고는 많은 문제점을 안고 있다. 통진당 강령의 진보적 민주주의에 대한 분석이나, 통진당 내의 일부 인사의 활동에서 내란 및 체제 전복 가능성이 큰지에 대한 분석이 충분했는지 의문이다. 국민이 선출한 국회의원까지 배출한 정당을 그렇게 쉽게 해산해도 되는지도 의아스럽다. 무엇보다도 정부가 해산심판청구를 할 만큼 위급한 상황이 있었는지, 심판청구에 대한 국민적 여론수렴 과정이 있었는지, 다수의 정부인사 재판관 출신의 재판소가 아닌 다른 기구에서 해산 여부를 결정할 민주적 방법은 없었는지 등에 대한 설득력 있는 답변이 없다. 제2의 유신시대의 서막을 올린 것이 아닌가 하는 우려를 불식시키기 어렵다. 헌재는 권력의 시녀라는 딱지를 벗어나기 어렵다. 통진당 사태는 사상과 표현의 자유 및 집회와 결사의 자유를 중요시하는 성숙한 민주사회로 가는 길목에서 있어서는 안 될 참사다.

남북이 대치한 한국과 북유럽의 상황이 다르지 않으냐고 반박할 수 있다. 그러나 일부 소수의 반체제적 발언과 활동으로 한국이 무너질 정도로 허약한지 나는 되묻고 싶다. 그뿐만 아니라 전체주의 북한에 이길 수 있는 유일한 길은 또다시 민주주의밖에 없다. 사회적 가치의 다양성과 민주주의만이 극단적인 사고와 전체주의를 이기는 유일한 길이다. 지난해의 많은 참사와 인재를 극복하고 한국이란 배에 민주주의의 돛을 높이 다는 한 해가 되길 바란다.

『한국일보』, 〈아침을 열며〉, 2015년 1월 6일

# 3.

## 한국 사회를 진단하다

## 라떼아빠와 성 평등 ①
# 영희와 순희의 신혼 아파트

스웨덴 고등학교 수학 교과서에 다음과 같은 문항이 있다.

영희와 순희가 아파트를 사러 간다. 아파트 가격이 1억 원이다. 영희와 순희는 1,000만 원만 있고 9,000만 원을 은행에서 융자를 받아야 한다. 은행 이자율은 연 3%이고 30년 동안 상환하려고 한다면 영희와 순희는 원금과 이자를 포함하여 매달 얼마씩 은행에 상환해야 하는가?

다른 나라 교과서에서라면 남녀 부부가 하는 일로 묘사되는 일을 스웨덴의 경우에는 수학이나 사회 교과서에서 이렇게 두 여자 또는 두 남자가 하는 것으로 보여 주기도 한다. 그뿐만 아니라 스웨덴에선 교사가 학생들에게 '우리는 동성애를 이해해야 한다'는 식의 성교육을 하지 못하게 한다. '우리'라는 표현은 다수를, 동성애는 소수를 의미하는 동시에 '이해해야 한다'는 말은 '우리는 정상이고 동성애는 이해해야 하는 비정상'이라는 것을 내포하고 있기 때문이다. 스웨덴 학교는 이성애가 아닌 다른 성 정체성이 결코 비정상이거나 혐오의 대상이 아니라는 것을 이렇게 군더더기 없이 교과서에서 보여 주고 있다.

　　교육부가 3월 말 각 시도 교육청을 통해 일선 학교에 전달한 '학교 성교육 표준안' 연수 자료에 따르면 "동성애에 대한 지도는 허용되지 않음", "다양한 성적 지향 용어 사용 금지 및 삭제 요구" 또는 "성소수자 내용 삭제 요구"를 명시하고 있다. 표준안은 '사회적 합의를 바탕으로 한 성교육'이란 제목 아래 이와 같이 동성애 및 성소수자 관련 교육을 원천 차단하고 있다. 지난해 말 서울시는 동성애에 대한 차별금지를 담고 있는 '서울시민 인권헌장'을 사회적 갈등을 이유로 선포하지 않았다. 국회에서는 차별금지법 제정이 아직도 계류 중 파기되었다. 교육부의 '사회적 합의' 요구, 서울시의 '사회적 갈등' 회피 또는 국회에서의 차별금지법 계류의 배경에는 보수 기독교 단체의 엄청난 반대와 항의가 있었다. 2011년 서울시교육청의 학생인권조례 제정 때도 이들 단체의 반대는 격렬했다.

　　성소수자나 동성애 반대와 혐오는 대체로 이것이 반자연적이거나 병적이라고 보는 견해에 기인한다. 과연 그런가? 과학자들은 15,000종이나 되는 동물 세계에서도 동성애가 존재하여 인간의 동성애가 자연 상태와 다르지 않다고 한다. 그럼 이 문제를 사회적 합의나 민주주의로 결정해야 하는가? 전혀 그렇지 않다.

　　이것은 인간의 기본권 문제다. 그리고 사회적 합의나 민주주의가 언제나 능사가 아니라는 것을 우리는 역사를 통해 보아 왔다. 독일의 나치는 민주적 절차에 의해 탄생된 정권이다. 그렇다고 이 정권에 의해 자행된 유대인 탄압과 학살을 정당화할 수 있는가? 결코 그렇지 않다. 세계인권선언은 보편적 인간의 존엄성을, 우리 헌법은 기본권과 평등

권을, 국가인권위원회법은 성적 지향에 의한 차별금지를 명시하고 있다. 성소수자는 보편적 인권 문제로 적극 보호해야 하는 것이지 사회적 합의라는 명목하에 다수의 횡포를 방임할 문제가 아니다. 인간의 기본권을 침해하는 어떠한 사회적 합의나 민주주의는 결코 민주주의가 아니다.

인류의 약 10%는 이성애가 아닌 다른 성 정체성을 갖고 있다고 한다. 성이 억압된 사회에서 국민의 10%는 사랑하는 사람과 함께 살아도 숨겨야 하거나 사랑하지 않는 사람과 평생 같이 살도록 강요당하고 있다. 엄청난 불행이다. 모든 사람은 자신이 좋아하는 사람과 사랑할 권리가 있고 이 기본권을 지켜 주는 사회가 진정한 민주사회다.

교육부는 이번 성교육 표준안을 취소하고 학생들에게 인권에 기초한 올바른 성교육을 실시하기를 촉구한다. 서울시는 지금이라도 서울시민 인권헌장을 선포하기 바란다. 무엇보다 누구도 성적 문제로 차별당하지 않도록 국가 차원의 법 제정이 급선무다. 우리나라에서도 영희와 순희가 신혼 아파트를 사러 가고 철수와 민수가 환히 웃으며 시장을 볼 수 있게 해야 한다. 사랑으로 생기는 문제는 증오나 혐오로 생기는 문제보다 작고 적다.

『한국일보』, 〈아침을 열며〉, 2015년 4월 21일

# 성 평등, 북유럽 사회에서 찾아야

　최근 일고 있는 미투운동과 관련 사건들을 접하며 참담함을 느낀다. 하지만 지금 드러나는 것은 빙산의 일각일 뿐, 실제는 이보다 훨씬 광범위하고 심할 것이다. 문제는 이 운동이 어떻게 사회 구조적으로 결실을 맺어 우리 사회가 좀 더 나은 성 평등 사회가 되는가이다.

　미투 관련 사건들은 아직도 우리 사회가 강한 남성 위주의 권력구조로 편성되어 있는 심각한 성 불평등 사회라는 것에 기인한다. 2017년 영국 〈이코노미스트〉가 발표한 '유리천장glass ceiling' 지수에서 한국은 OECD 국가 중 2013년 첫 발표 이후 줄곧 꼴찌를 도맡아 왔다. 유리천장 지수는 취업, 승진, 보수 등 경제 지표의 종합으로, 스웨덴과 노르웨이가 80으로 1위, 한국은 23으로 최하위를 기록했다. 스웨덴과 노르웨이 여성의 취업률이 남성과 거의 차이가 없는 반면 한국 여성의 취업률은 50% 남짓, 스웨덴과 노르웨이 남녀 임금 격차가 10% 전후일 때 한국 여성의 임금은 남성의 60% 남짓으로 이 또한 OECD 국가 중 현격한 꼴찌를 기록했다. 승진의 한 지표로서 이사회 임원의 여성 비율을 보면 스웨덴과 노르웨이가 40% 내외일 때 한국 여성은 2%밖에 되지 않았다. 그마저도 절반은 아내나 딸이라니 실제 한국 여성의 이사회 임원 비율은 단 1% 안팎이다. 한국의 성 평등 지수가 다보스포럼에 의하면 조사 대상 144개국 중 118등인 것이 결코 이상하지 않다.

경제지표에 의한 성 평등 지수 외에 육아와 가사에서도 한국과 북유럽은 매우 큰 차이를 보인다. 직장에서 일하고 집에 돌아와서 육아와 가사를 독박하는 이중 노동에 시달리는 한국 여성들이 얼마나 많은가? 북유럽에서 '라떼아빠'라는 단어가 생길 정도로 남성이 육아휴직을 하며 아이를 돌볼 때, 한국 남성은 일과 술로 녹초가 되어 집에서는 TV 리모컨만 조종하는 건 아닌가? 문제는 이런 가정에서 자라는 아이들이 대체로 가부장적 행태를 답습하여 자기 세대에 재생산하는 데 있다. 현재 일어나고 있는 권력에 의한 성폭력과 성차별도 당연히 이런 가부장적 풍토에서 재생산된다.

어떻게 가부장적 재생산의 고리를 끊을 것인가? 가장 중요한 것은 성 평등을 위한 여성들의 인식과 투쟁이다. 여성들의 투쟁 없이 성 평등이 이뤄진 나라는 없다. 어떠한 성 차별도 용인하지 않는 페미니즘 운동이 사회 각처에서 도도히 일어나야 한다. 그뿐만 아니라 단기적으로는 진취적 입법, 장기적으로는 교육을 통해 성 평등을 이뤄 내야 한다. 전자의 일례로 스웨덴과 노르웨이의 경우를 비교해 볼 수 있다. 스웨덴과 노르웨이는 남성 최후의 보루인 이사회에서의 여성 비율을 높이기 위해 서로 다른 길을 택했다. 노르웨이는 입법, 스웨덴은 여성의 능력을 믿고 사회적 공론의 길을 택했다. 결과는 현재 이사회에서 여성의 비율이 노르웨이가 40%를 웃도는 반면, 스웨덴은 40%를 밑도는 것으로 노르웨이가 스웨덴을 앞질렀다. 여성 경영자 비율이 높은 기업이 주가가 높고, 여성 고위공무원이 증가할 때 공정성, 투명성, 효율성이 올라가고 부패가 줄어든다는 국제적 연구 결과를 볼 때 우리나라도 여성 진출이 취약한 분야부터 입법을 통해서라도 상황을 개선할 필요가 있다.

장기적 측면에서는 교육이 중요한데 우리나라의 성교육은 제대로 되고 있는가? 얼마 전 교육부가 '여성은 무드에 약하고 남성은 누드에 약하다'는 식의 성교육표준안을 제시하여 공분을 일으킨 바 있다. 성차별과 가부장적 행태가 우리 사고에 얼마나 무비판적으로 고착되어 있는지를 보여 준다. 내가 27년 동안 스웨덴에서 살며 배운 것은 남자할 일, 여자 할 일이 따로 없다는 것이다. 비록 남녀 성별 차이는 있지만 학교에서나 가정에서 그로 인해 차별하거나 다르게 대하는 것을 용인하지 않았다. '여자가 감히…', '여자라서…', '여자는…'이라는 표현을 들어 본 적이 없다. 우리 일상에 흔한 '먼지차별'도 찾아보기 어렵다는 뜻이다. 옷차림과 색깔, 장난감과 독서, 놀이와 취미, 성적 표현과 욕구, 이 모든 것에서 남자와 여자(아이)를 구분하여 교육시키지 않는다. 고등학교 여학생이 자동차학과, 건축학과, 전기학과를 택하기도 하고, 드물지만 여자 배관공이 있고 남자 유아학교 교사가 있다. 이와 같이 모든 일은 남녀가 공히 할 수 있는 일이다. 사회가 이렇게 될 때 남녀 모두에게 직업 선택의 폭과 상호 이해의 폭이 넓어져 삶이 풍요로워진다. 우리 교육도 이런 비전을 가지고 성 평등 사회를 추구해야할 것이다.

이번 미투운동으로 가정과 교육 그리고 사회 전반에서 성 평등 혁명이 일어나길 기대한다. 모든 남자는 성폭력이 무엇인지 확실히 인지하고 그래서 정말 '조신해지기'를, 모든 여자는 어떠한 성폭력도 용인해서는 안 된다는 것을 이번 기회에 배웠기를 희망한다. 나아가 가정과 학교에서 성 평등 교육을 제대로 하고, 법적·제도적으로 우리 사회 곳곳에 뿌리박힌 남성 위주의 권력 구조를 타파하여 성 평등 지수 꼴찌를 면하는 날이 오기를 빈다.

『아시아경제』, 2018년 3월 29일

## 라떼아빠와 성 평등 ③
# 라떼아빠, 국가 그리고 출산율

스웨덴에는 '라떼아빠Lattepappa'라는 단어가 있다. 한 손에 커피를 들고 다른 한 손에 유모차를 밀며 시장을 보거나, 놀이터나 공원에서 아이를 보는 아빠를 두고 하는 말이다.

이 단어는 부부가 공동으로 육아와 가사를 책임지는 것에서부터 육아와 직장을 병행하게 하는 성 평등의 복지제도까지 의미하는 상징적인 단어다. 현재 우리나라에 주는 가장 큰 시사점은 출산율 제고다.

한국의 출산율은 1명 안팎, 여성 한 명이 아이 한 명을 낳는 꼴로 세계 꼴찌다. 이러한 저출산율은 급격한 인구감소를 초래하여 심각한 위기에 봉착하게 된다. 고령화가 이 위기를 심화시킨다. 2050년 우리나라의 인구구조는 완전히 역피라미드 형태를 띤다. 65세 이상 고령인구는 현재 650만 명에서 1,600만 명으로 240% 증가를 보이지만 15~64세의 생산가능인구는 3,700만 명에서 2,200만 명으로 40%나 감소한다. 경제성장에 영향을 미치는 것은 말할 것도 없고 피부양인구의 급격한 증가와 노동인구 감소로 나라가 파산하게 된다. 200년 후에는 지구상에 한국인이 겨우 몇만 명 남는 멸종 위기에 이른다.

스웨덴에서도 1930년대에 큰 출산율 위기를 맞았다. 나라가 떠들썩

할 정도로 논란이 되었고 출산율을 높이기 위한 정책들이 쏟아져 나왔다. 오늘날 세계가 부러워하는 국가 주도의 '부모보험'이라는 복지 제도가 출산율 제고로 시작됐다. 그 첫째가 자기 봉급의 80%를 받으며 480일 동안 육아휴직을 할 수 있는 유급육아휴직제도다. 480일 중 적어도 90일은 남자가 육아휴직을 하도록 하고 있다. 라떼아빠의 일부는 이 90일 육아휴직을 하는 아빠일 수도 있다. 그러나 대부분이 맞벌이 가정이기 때문에 육아휴직을 반반씩 나눠 한다.

둘째로 중요한 제도가 취학 전 만 1~5세의 유아가 다니는 유아학교제도로, 우리나라의 어린이집과 유치원을 통합한 형태다. 에듀케어 철학에 의한, 놀이에 초점을 둔 사회화 과정의 보육과 교육이다. 스웨덴 유아학교는 양질에 저렴하다. 대부분의 교사는 사범대에서 유아교육을 전공했거나 고등학교에서 보육을 전공했다. 교사 대 유아 비율이 1 대 5 정도다.

유아학교에 드는 부모의 비용은 첫아이는 월 20만 원 남짓, 둘째 이후부터는 반감에 반감이 된다. 부모가 지불하는 이 비용은 전체 유아학교 비용의 8% 정도이고 나머지는 세금으로 충당된다. 거의 무상보육이다. 현재 85%의 유아가 유아학교에 다니고 있고, 부모가 원하는 시점에서 늦어도 3개월 이내에 자리를 마련해 줘야 한다. 이렇게 양질의 저렴한 유아학교가 있어도 아이가 1년 6개월이 되기 전에 유아학교에 보내는 부모는 거의 없다. 또한 경력단절이 되지 않도록 휴직 후 돌아오는 육아휴직자를 의무적으로 받아 주도록 하고 있다.

셋째로 중요한 제도는 아동보조금이다. 18세 이하 자녀 한 명당 18만 원 정도의 보조금이 모든 아이에게 주어진다. 여러 명의 자녀를 둔 경우엔 아이 한 명당 보조금에 다자녀 특별보조금까지 주어진다. 유아학교와 아동보조금이 다산정책으로 활용되는 것을 볼 수 있다. 여기에 박사과정까지 무상인 것을 감안하면 스웨덴 부모들이 육아와 교육 때문에 출산을 꺼리지 않는 것을 이해할 수 있다. 스웨덴을 위시한 많은 유럽 나라들이 출산율 2명 안팎인 것은 이와 같이 복지제도를 통해 국가가 공동육아 및 육아와 직장을 병행하게 해 주기 때문이다.

현재 한국 정치의 최급선무는 출산율 제고를 통해 나라를 파산 위기에서 구하는 것이다. 여성들이 출산과 육아 때문에 경력을 포기하지 않도록 육아휴직을 제도화하고 권리화해야 한다. 성 평등을 위해 일정 기간 남성의 육아휴직도 의무화해야 한다. 어린이집과 유치원을 통합하고, 양질의 저렴한 공립유아학교를 대폭 늘려 국가가 유아교육을 책임져야 한다. 그래서 행복한 라떼아빠가 거리를 활보하도록 해야 한다.

『한국일보』, 〈아침을 열며〉, 2015년 3월 31일

## 라떼아빠와 성 평등 ④
# '여성혐오'와 성 평등

얼마 전 강남역 여성 살인사건은 경찰이 주장하듯 단순한 '묻지마' 사건이 아니다. 범인은 화장실에서 한 시간 반이나 기다리다 한 여성을 살해했다. 특정 여성이 대상이 아니었어도 분명 여성을 지목해 살해한 여성혐오적 동기가 강한 살인이다. 경찰 진술에서 '평소 여자들이 무시해서…'라고 언급한 범행 동기도 이런 추측을 가능케 한다. 이런 유형의 범죄는 가부장적 사회에서 여성의 사회 진출이 확대되자 일부 남성들이 이제껏 누렸던 각종 권익을 여성에게 박탈당하고 우월감에 상처를 입는 위기감에서 비롯했을 가능성이 크다.

한국은 성차별이 심한, 아직도 강한 가부장적 사회다. 2015년 세계경제포럼WEF의 보고서에 따르면 우리나라의 성 평등 지수는 조사 대상 145개국 중 115위로 최하위권이다. 고용에 관한 OECD 자료는 이를 확연히 보여 준다. 2014년 한국 여성의 임금이 남성 임금의 약 60%로 남녀 임금 격차가 OECD 국가들 중 가장 크다. 또 한국 남성은 고용률이 71% 정도인 데 비해 여성은 50% 남짓하다. 기업에서 한국 여성 임원의 비율은 14% 정도로, 40%를 넘거나 이에 육박하고 있는 아이슬란드, 노르웨이, 스웨덴 등 북유럽 국가들과는 비교가 안 된다. 이는 한국 여성들이 승진 단계에서 두터운 '유리천장'을 뚫지 못한다는 뜻이다.

권력기관 진출도 마찬가지다. 스웨덴 내각의 절반(24명 중 12명)이 여성 장관이고, 의회 의원도 여성이 절반에 가까운 데 비해 한국은 17명의 장관 중 1명이 여성이며, 여성 국회의원은 17%에 그친다. 우리나라 여성들의 학력, 역량, 지도력이 북유럽 여성들보다 현저히 낮아서 그런가? 결코 아니다. 개인 역량이나 특성 때문이 아니라 단지 여성이기 때문에 불이익을 당하는 성 불평등이 우리 사회를 이렇게 만든 것이다. 특히 출산, 육아는 물론 가사까지 여성의 몫인 가부장적 사회가 한국 여성의 사회 진출을 막는 가장 큰 걸림돌이며 이로 인한 성차별이 당연한 사회 분위기로 인식되고 있다.

여성혐오적 범죄에 대한 대책은 아주 낮은 여성의 사회 진출과 승진을 높여 성 평등을 확립하는 방법 외에는 없다. 이것을 북유럽 사회가 잘 보여 주고 있다. 이런 사회를 만들기 위해 우리는 지금부터라도 몇 가지 중요한 일들을 해내야 한다.

첫째, 우리 사회의 약자들을 보호하는 법 제정이 시급하다. 2007년 제정에 실패한 차별금지법을 이번 국회는 최대한 빨리 제정하여 종교, 인종, 성, 성 정체성과 지향성, 장애, 나이 등에 의한 차별을 근절하는 근간을 마련해야 한다. 특히 여성, 이주 노동자, 장애인, 성소수자에 대한 혐오와 차별은 심각하다. 이런 사회적 질병을 극복하고 협력과 배려, 존중을 통한 공동체 형성을 위해 법 제정이 최우선으로 이뤄져야 한다.

둘째, 교육이 제 역할을 다해야 한다. 지난해 교육부의 '학교 성교육 표준안'과 관련 자료에는 시대역행적으로 성적 지향 용어 사용 금지와 성소수자 내용을 삭제하는 한편, 수준 이하의 성교육을 하고 있다. 성 인권 및 성 평등 교육체계가 바로잡히고 인간존중 교육이 이뤄질 때 여성혐오 문제도 해결된다.

셋째, 성 인권과 성 평등을 위해 무엇보다 중요한 것은 여성의 당당한 사회 진출이다. 이때 가사 및 육아는 부부가 공동으로 책임지고, 또 직업과 육아를 병행하기 위해 국가는 지금보다 길고 모두에게 균등하게 적용되는 유급육아휴직제도 및 양질의 저렴한 공립유아학교 제도를 확대 정착시켜 가야 한다. 이제 한국 여성도 전업주부란 개념을 쓰레기통의 유물로 만들고 차별받지 않는 경제활동을 통해 남성과 평등한 관계를 세워야 한다.

이러한 법 및 교육체계 확립과 여성의 사회 진출에 의한 성 평등이 우리 아내, 딸, 누이, 어머니가 오늘도 우연히 살아남음에 가슴 쓸어내리지 않는 사회를 만든다.

『경남신문』, 〈성산칼럼〉, 2016년 6월 9일

# 이성애자가 선택하지 않았듯이

"나는 내가 성소수자임을 열세 살 때쯤 알게 되었다. 내가 성소수자라는 사실을 '인지'하는 것과 '수용'하는 것 사이의 간극은 나를 너무 힘들게 했다. 공교육에서 성소수자에 대한 개념을 접해 보지 못한 나는 스스로가 무언가 남들과는 다른 듯한데 그 다른 점을 수용하기엔 아는 것이 없었다. 만약 아는 것이 있고, 그 앎을 바탕으로 나를 긍정할 수 있었다면, 내 삶은 달라졌을 것이다. 혐오나 폭력, 따돌림을 좀 더 강하게 버틸 수 있었을 것이다. 하지만 나는 와르르 무너질 수밖에 없었다. 청소년기의 나는 아는 것이 전혀 없었고, 도움 받을 곳도 없었기 때문이다."

어느 성소수자가 책에서 밝힌 고백이다. 성소수자로 학교를 다니는 것이 지옥 같았다고도 한다. 편견, 혐오, 차별, 폭력이 얼마나 심했는지 짐작이 간다.

성 정체성 문제는 대체로 초등 저학년 시기에 자각하게 되고, 매력이나 사랑을 느끼는 성 지향성은 사춘기에 결정된다고 한다. 그러나 우리 아이들, 나아가 어른들은 성소수자들(HBTQ 등)의 성 정체성과 지향성 문제에 대해 얼마나 알고 있는가? 너무도 모르고 있다. 그래서 나는 이 글에서 성소수자 문제의 주요 쟁점 몇 가지를 짚으며 무지의 고리를 끊고자 한다.

우선 성소수자 문제에 대해 우리가 무지한 것은 우리 사회가 이를 직시하지 않으려는 경향 때문이다. 2015년 성교육 표준안에서 교육부는 성소수자 문제를 아예 삭제하여 젠더 교육을 하지 못하게 했다. 물론 그전에는 잘했다는 얘기가 아니다. 성소수자는 우리 사회에서 아예 존재하지 않는 것처럼 취급되어 왔다. 성소수자는 동서고금을 막론하고 존재했다. 과학자들은 인류의 8~10% 정도는 이성애가 아닌 성 정체성을 가졌다고 한다. 결코 적은 수가 아니다. 그럼에도 교육부는 이 문제를 완전히 덮어 놓고 있다. 반면 박종훈 경남교육감은 이 문제를 올가을 학생인권조례 제정을 통해 공론화하겠단다. 용기 있는 결단이고 인권신장에 크게 기여할 것으로 전망된다.

둘째, 동성애를 정신질환으로 취급하는 경우가 있다. 동성애는 질병이고 치료받으면 이성애자가 될 수 있다는 논리다. 그래서 정신병원이나 기도원 등에 가두어 치료하려고 한다. 동성애는 결코 정신질환이 아니다. 미국정신의학회는 1973년 동성애를 정신질환 목록에서 전격적으로 삭제하며 역사에 길이 남을 일을 했다. 과학자들이 동성애의 원인으로 유전자나 특정 경험을 연구했지만 성 지향성의 발달 원인에 대해 일치된 의견은 없다는 것이 정설이다. 또 에이즈AIDS를 동성애 질환으로 보는 경우도 있는데, 에이즈의 원인은 HIV 바이러스이지 동성애가 결코 아니다. 결국 동성애자를 환자로 만드는 것은 동성애 자체가 아니라 동성애에 대한 우리 사회의 혐오와 차별이다.

셋째, 동성애가 자연의 섭리에 어긋난다는 주장이 있다. 그럼 '보노보' 침팬지나 다른 동물 세계에서 존재하는 동성애를 어떻게 설명할 것인가? 과연 자연은 무엇이며 자연의 섭리란 무엇이란 말인가? 『사피엔스』와 『호모데우스』의 저자 유발 하라리는 자연의 섭리에 어긋나는 것은 아예 존재하지 않는다며 이 논리를 일축했다.

넷째, 근본주의 보수 기독교 집단은 차별금지법이나 학생인권조례를 제정하면 동성애가 창궐할 것이라고 한다. 이는 성 정체성을 선택 가능한 것으로 본 것이다. 결코 사실이 아니다. 이성애자가 스스로의 성적 지향을 선택한 것이 아닌 것처럼 동성애자 역시 스스로 선택하여 동성애자가 되는 것이 아니다. 생각해 보라! 동성애가 선택가능하다면 누가 이렇게 혐오 받는 삶을 선택하겠는가? 성 정체성은 결코 선택의 문제가 아니며, 따라서 인정하고 허용하고의 문제도 아니다. 이성애자가 존재하듯 동성애자가 존재할 따름이다.

다섯째, 성 정체성이 다른 것은 인정하나 동성애적 지향성은 받아들일 수 없다는 논리도 있다. 이는 동성애자가 홀로 고민하며 성 정체성을 숨기고 벽장에 숨어 평생을 살거나 이성애자처럼 이성과 결혼하여 살라는 의미다. 이것이 얼마나 잔인한지는 이성애자가 동성과 결혼하여 사는 것을 상상해 보면 자명해진다. 성 지향성도 결코 선택할 수 있는 것이 아니다.

이와 같이 성소수자(동성애)에 관한 대부분의 논리는 사실이 아닌 무지에서 비롯했다. 이런 무지가 편견과 혐오를 낳으며, 이런 편견과 혐오가 우리 사회에서 차별과 폭력으로 이어진다. 이 무지의 고리를 끊으려면 가장 먼저 이 문제에 대한 교육이 제대로 이루어져야 한다. 교육부는 성교육 표준안을 개정하여 젠더 문제를 학교에서 교육할 수 있도록 하고, 경남교육청은 학생인권조례 제정과 연계하여 성소수자 문제를 실질적으로 어떻게 교육에 담을지 고민해야 한다.

성소수자 등 사회적 약자를 배려하며 더불어 사는 것을 가르치는 것이 바로 민주시민교육이다. 오랫동안 수직적이고 권위주의적이며 가부장적 관계로 유지되어 온 부모와 자식, 교사와 학생, 남자와 여자, 이성애와 동성애의 관계를 좀 더 수평적이고 상호 존중하고 배려하며 평등한 관계로 바꾸는 일이니 결코 쉬운 일이 아니다. 또 이것은 교육만의 문제가 아니라 가정과 사회와 연계되어 있기에 더욱 어렵다. 그렇다고 포기할 수 있는 문제가 아니다. 처절하고 긴 투쟁을 통해 노예제도를 폐지하고 여성의 참정권을 획득했듯이 권위주의적 사회를 타파하고 성 평등 사회를 구현하는 것도 우리는 꼭 해내야 한다. 이 일에 교육이 앞장서야 한다. 성소수자에 대한 무지, 편견, 차별을 극복하는 민주시민을 길러 내는 것이 우리 교육에서 아이들에게 지식과 역량을 제공하는 것 못지않게 중요하다.

성소수자 문제는 당사자에게는 치명적인 인권 문제다. 남에게 아무런 피해를 주지 않으며 주어진 사랑을 누리고자 하는 성소수자를 평생 벽장에 가두어 둘 것인가? 사랑하는 사람에게 사랑한다 말도 못 하고 사랑하는 사람과 같이 살지도 못하고 사랑할 수 없는 사람과 평생 살도록 하는, 그런 '성이 억압된 사회'를 우리는 지속할 것인가? 내게 있는 '사랑하며 행복할 권리'는 성소수자들에게도 똑같이 있지 않은가? 그들이 떳떳하고 당당하게 살아갈 수 있는 기회를 주어야 한다.

『교육경남』, 2018년 가을, 권두언

# 미래를 버린 나라

　스웨덴에서 고등학교를 졸업하고 한국에서 어학연수를 받는 딸한 테서 하루는 강아지 뒷다리 수술비가 100만 원이 들었다는 문자를 받았다.

　망설이다 수술비를 보내 줄까 문자를 보냈더니 자신이 해결했다고 한다. 전화로 자초지종을 물어보니 의사와 상의해 아르바이트로 버는 돈으로 수술비를 할부로 갚겠다고 했단다. 이것이 스웨덴 젊은이들의 사고다. 그것도 외국에서 혼자 사는, 갓 고등학교를 졸업한 20세 젊은 이의 독립적 생활방식이다. 스웨덴에서는 18세가 되어 성인이 되면 부모에게 의존하지 않고 자립한다. 스웨덴 '부모법'에는 18세가 되고 고등학교를 졸업하면 부모는 부양의 의무가 없다고 명시하고 있다.

　우리는 어떤가? 얼마 전 한국교육개발원에서는 우리나라 성인들의 시민 역량 부족이 대학에서부터 시작된다고 했다. 미래 사회를 준비하는 교육의 핵심이 '지식'에서 '역량'으로 바뀐 것을 염두에 두면 우리 젊은이들의 학업역량, 시민역량, 자기관리역량, 진로직업역량이 낮은 것은 우리 사회의 미래가 결코 밝지 않다는 것이다. 특히 자기관리역량은 주체적으로 책임 있는 삶을 관리하는 능력으로, 미성년자와 구분되는 성인의 필수 역량이다. 이 부분에서 우리 대학생들은 아주 낮은 수치를 보이고 있다. 이런 수치가 아니더라도 우리 주위에는 대학을 졸업하고 직장을 다녀도 부모로부터 독립해서 사는 젊은이들이 그리 많지 않다. 많은 부모들은 자녀가 결혼할 때 주택을 마련해 준다. 스무 살 갓 넘은 스웨덴의 젊은이가 아르바이트로 버는 돈으로 강아지 수술비를 할부로 갚는 것과는 크게 대비된다.

독립심과 자립심에서 이 두 나라의 젊은이들은 왜 이렇게 큰 차이를 보이는 걸까? 첫째는 부모의 역할 차이다. 두 나라 부모 모두 자식을 사랑하나 그 방법이 다르다. 스웨덴 부모들은 성인이 되면 자식이 독립해야 하는 것을 알기에 어릴 때부터 철저하게 독립심을 키워 준다. 유아가 스스로 밥을 떠먹게 하는 것에서부터 커서는 직장, 대학 및 배우자 선택에 이르기까지 자녀들이 결정하게 한다. 집안일과 아르바이트로 용돈을 벌어 경제적 책임을 지게 한다. 매정한 점이 있다. 반면 한국 부모들은 어떻게든 자식을 껴안고 돌보려 한다. 여기에는 무엇보다 과도한 경쟁에 의한 대입 위주의 현 교육체제가 큰 원인이기도 하다. 부모가 기획하고 지휘하고, 학교와 학원을 왕복하는 시계추 같은 삶에서 우리 아이들은 주체성을 잃고 학습된 무기력의 연쇄 고리에서 헤어나지 못하고 있다. 부모들은 가히 헌신적이다. 그러나 이는 분명히 아이들의 독립심을 키워 주지 못하고 자립을 방해하는 왜곡된 헌신이다. 그뿐만 아니라 부모의 경제력에 따라 자녀의 사회 진출에 커다란 차이를 가져온다. 경제적으로 넉넉한 집 아이들은 평생 결핍을 느끼지 않지만 그렇지 못한 가정에서 태어난 아이들은 평생 쪼들리며 산다. 가난과 부가 대물림되는 불평등 사회다. 자기 자식만 생각하게 하는 이기주의적 사회구조다. 우리나라 부모인들 자녀의 독립을 원하지 않을까? 그러나 직장 구하기는 하늘의 별 따기고 아파트 값은 살인적이니 어떻게 하느냐는 것이다. 그렇다고 아이들의 독립심을 키워 주지 않고 하나에서 열까지 부모가 결정하고 돈으로 해결하면 자녀들의 의존은 더욱 심화되기만 한다.

둘째로 우리 젊은이들이 독립·자립하지 못하는 이유는 국가의 역할 부재에 있다. 어떤 상황이 부모가 감당하기 어려운 사회적 문제로 대두될 때 북유럽 사회에서는 국가가 복지제도를 통해 그 존재감을 드러낸다. 스웨덴 복지의 근본 철학은 어느 개인(자녀)도 다른 개인(부모)에게 의존하지 않고 주체적인 자유인으로 살아가는 데 있다. 무상교육과 교육보조금, 주택보조금, 청년실업 대책 등이 젊은이들의 독립·자립을 가능하게 하는 복지제도다. 그런데 우리 국가는 뭘 하는가? 높은 실업률과 비정규직으로 전전하는 젊은이들을 방치하고 있다. 부모가 아이를 독립적으로 키우지 못하는 이기주의적 사회구조 속에서 허우적거리는데도 방관하고만 있다. '작은 정부' 논리로는 안된다. 젊은이들이 무너진 나라에 어떻게 기업이 있고 경제성장이 있는가? 젊은이를 버린 나라는 미래를 버린 나라다.

『한국일보』, 〈아침을 열며〉, 2015년 2월 17일

미래 세대를 위한 복지 ②

# 미래 세대에 부끄럽지 않은 혁신을

문재인 대통령은 취임 이후 업무지시를 하며 파격적인 행보를 해왔다. 국정교과서 폐지, 5·18 행사 때 〈임을 위한 행진곡〉 제창, 미세먼지 대책으로 노후 화력발전소 일시 가동 중단, 세월호 참사로 희생된 기간제 교사 순직 인정, 서울중앙지검과 법무부의 특수 활동비 감찰 그리고 4대강 사업 정책감사 실시 등 난공불락이라 여겨졌던 일들이 대통령 한 사람 바뀌자 하루아침에 해결되거나 해결의 물꼬를 텄다. 주변국들과 복잡한 역학관계가 얽혀 있는 사드 배치 문제와 위안부 합의 문제도 새로운 해결의 실마리가 보인다.

청와대 인사도 파격적이다. 민정수석, 인사수석, 소통수석, 총무비서관, 사회수석 등 대부분 50대로 대통령은 "젊고 역동적이며 탈권위적이고 군림하지 않는 청와대, 참모들이 격의 없이 대화하고 치열하게 토론하고 열정적으로 일하는 청와대"를 위한 인사라는 의미를 부여했다. 파격적인 행보는 여기서 그치지 않았다. 취임 첫날부터 "따뜻한 대통령, 친구 같은 대통령으로 남겠다"는 의지로 청와대 수석 및 비서관들과 오찬을 하고 경내를 산책하며 커피를 마시고 담소했다. 대통령 집무실도 광화문에 두고 광화문에 있지 않을 때는 청와대 본관 집무실 대신 비서진과 직원들이 일하는 위민관 집무실을 사용하겠다고 했다. 또한 대통령의 일부 일정을 페이스북 등 SNS에 미리 공개하고 있다. 지극히 정상적인 처사고 행보다. 그럼에도 대통령의 이러한 행보가 거의 모든 신문과 방송을 장식하는 것을 보면 우리 사회가 그동안 얼마나 비정상적이었는지를 여실히 보여 준다.

그런데 한 가지 안타까운 일이 있다. 문 대통령의 국정운영 지지율이 전임 대통령들과는 달리 80%를 넘나드는 현재, 내각 인선을 두고 정국이 지금까지와는 다른 국면으로 접어들고 있다. 참신한 인사라고 생각했던 장관 후보자들이 대통령이 공언한 '병역면탈, 부동산 투기, 세금탈루, 위장전입 그리고 논문표절'이라는 5대 공직자 인사 배제 원칙 중 일부에 해당하는 것으로 나타나고 있다. 지난 보수정권의 장관 인사에서 이런 탈법이 나올 때 진보 진영에서는 '군대 가면 장관 못한다', '속속들이 부패했다', '이 나라가 표절 공화국인가?'라는 신랄한 비판과 함께 엄한 잣대를 댔다. 이제는 기준을 낮춰야 한다느니, 그 정도로는 장관 임무 수행에 큰 문제가 없다느니 하는 주장을 편다. '내가 하면 사랑이고, 남이 하면 불륜'이라는 논리다. 이것은 옳지 않다. 진영에 관계없이 동일한 잣대로 평가해야 한다. 오히려 고위 공직자 임용 기준을 음주운전과 성폭력 그리고 다른 분야로까지 확대하는 것이 바람직하다. 공직자가 더 청렴해야 해서가 아니라 이런 원칙의 확대와 강화가 미래 세대에 영향을 끼쳐 우리 사회를 좀 더 청렴한 사회로 만들 수 있기 때문이다. 물론 위반 정도와 고의성 여부 그리고 업무 연관성은 고려돼야 한다.

선진국과 비교하면 우리는 아직 갈 길이 멀다. 내가 27년 동안 살았던 스웨덴의 공직자들은 어떠할까? 1946~1969년 24년 동안 수상을 지낸 타게 엘란데르Tage Erlander는 사임 후 회고록을 집필하고, 그동안 사용한 몽당연필 여러 자루를 국가 재산이라며 고무줄에 묶어 수상 집무실에 반납했다. 1986~1991, 1994~1996년 두 번에 걸쳐 수상을 지낸 잉바르 칼손Ingvar Carlsson은 시내 중심에 있는 수상 관저의 월세가 너무 높아 입주를 거부하고 자신이 살던 튀레쉐의 연립주택에서 살며 시내의 수상청사로 출퇴근했다. 문 대통령은 더욱 철저한 평등 및 민주주의 정신으로 대국민 소통, 청렴 및 투명성을 제고하고 권위주의를 타파하는 파격적 행보와 나아가 사회 전반에 걸친 혁신에 박차를 가해야 한다. 이것이 미래 세대에 부끄럽지 않은 새로운 대한민국을 건설하는 길이다.

『경남신문』, 〈성산칼럼〉, 2017년 6월 22일

# 오래 살아도 미안하지 않은 나라

문재인 대통령 당선을 진심으로 축하한다. 대통령은 당선의 기쁨을 누릴 시간도 인수위 기간도 없이 바로 업무에 착수해야 한다. 적폐를 청산하고, 교육을 혁신하고, 경제를 일으키고 양극화를 해소해야 한다. 저출산, 청년실업 그리고 노인빈곤 등 많은 사회적 문제도 해결해야 한다. 그뿐만 아니라 균형 있는 외교와 대화를 통해 핵문제를 해결하고 남북갈등을 해소하며 통일의 길도 열어야 한다. 해야 할 일이 태산이다. 우공이산愚公移山이라 했던가? 옳은 일을 흔들림 없이 우직하게 추진해 나가길 기원한다.

새 대통령이 추진해야 할 옳은 일 중 하나가 복지국가에 대한 근본철학을 정립하는 일이다. 지금까지의 복지정책은 뚜렷한 철학이나 신념, 비전 없이 땜빵 위주의 시혜 차원으로 추진됐다. 부양의무제가 대표적 예다. 최근 "100세 엄마 부양 누가? 80세 딸이냐 국가냐?", "가족에 부양책임 … 부모는 '생활비 달라' 소송" 같은 기사가 뜨겁게 언론을 달궜다. 기초생활보장법에는 '1촌 직계혈족 및 그 배우자에게 부양의 의무가 있다'고 돼 있다. 이 부양의무제에 따르면 소득이 최저생계비에 못 미치는 부모일지라도 자녀가 소득과 재산이 있으면 기초생활수급자가 될 수 없다. 이로 인해 현재 국가로부터 보호받지 못하는 '비수급빈곤층'이 117만 명에 이른다.

사회의 세 주체인 개인, 가정 그리고 국가에 대한 철학과 이들 사이의 역학관계에 따라 복지는 각기 다른 형태로 발전되어 왔다. 복지국가의 첫 번째 유형은 국가와 가정이 제휴해 가정에 초점을 둔 독일형이다. 국가가 가정을 보호하고 지원하는 것으로 국가의 역할이 크나 선별적 복지 형태를 취하는 경우가 많고 일부 복지는 사회단체에 위임하고 있다. 두 번째 유형은 개인과 가정이 제휴해 국가의 개입을 반대한 경우로, 미국이 대표적이다. 국가 대신 시장이 보험 형태로 개입했고 시장에서 살아남지 못하는 개인이나 가정은 자선단체로부터 지원을 받는다. 강한 선별적 복지이고, 복지혜택 수여자와 수혜자 사이에 심한 종속관계가 형성되며, 가난을 퇴치하지 못했다. 세 번째 유형은 국가와 개인이 제휴해 철저하게 개인에 초점을 둔 복지로, 스웨덴을 위시한 북유럽 국가들이다. 어느 개인도 다른 개인에 의존하지 않게 하는 복지 형태다. 자녀와 부모, 부부간에도 의존관계가 성립되지 않도록 하는 계층 및 양성 간 평등 사회를 만든 복지다.

우리나라의 부양의무제가 위 첫 번째 유형에 속하는 복지 형태다. 개인이 아닌 가정에 초점을 둔 복지로, 많은 문제점이 노출되어 왔다. 나이 든 부양의무자, 부모 부양을 기피하거나 거부하는 자녀, 부양을 둘러싼 형제간 싸움, 부모 자식 간 소송, 빈곤에 의한 자살 등이다. 현대사회의 사회적 문제를 봉건사회의 '효'로 해결하겠다는 잘못된 현실 인식에서 나온 정책이다. 부양의무제와 같은 원칙에 따라 세워진 건강보험 피부양자 등 가정에 초점을 둔 다른 복지도 개인에 초점을 둔 복지로 전환해야 한다.

물론 돈이 든다. 그러나 복지는 결코 '나라를 말아먹지 않는다'. 세계 최고의 복지를 자랑하는 북유럽이 그렇지 않은 남유럽에 비해 훨씬 경제가 탄탄하고 행복한 삶을 영위하게 한다. 복지가 곧 투자이고, 복지로 인해 많은 직장이 창출되고 삶의 질이 높아진다는 것을 전 세계에 보여 줬다. Little America or Big Sweden? 무복지의 정글법칙에 따라 사는 미국이 아니라 개인의 자유와 행복을 보장하고 서로 배려하고 돕는 평등 사회를 가능케 하는 복지를 세워야 한다. 스웨덴보다 멋진 한국을 건설해야 한다. 그래서 어른들이 오래 살아도 미안하지 않은 나라, 자녀에게 피해 주며 얹혀살지 않는 나라, 117만 명의 우리 어른들에게 이제는 국가가 효도하는 나라를 만들어야 할 것이다.

『경남신문』, 〈성산칼럼〉, 2017년 5월 11일

# 이제는 국가가 효도해야

"내가 죽고 나면 너희 어머니가 요양원에 가야 하니 내가 운전할 수 있을 때 같이 가기로 했다"라는 유서를 남긴 한 80대 부부가 얼마 전 동반 자살했다.

생활고로 방세 몇 푼을 남기고 자살하는 노인도 있다. 자식이 부양이 힘들어 노부모를 살해하고 자살한 경우도 있다. 우리나라는 자살률 10만 명당 30명 전후로 지난 십수 년간 경제협력개발기구OECD 국가들 중 부동의 1위를 고수했다. OECD 평균이 12명 남짓이니 '자살 공화국'이란 오명이 틀리지 않다. 더욱 안타깝고 분노할 일은 10만 명당 82명의 노인 자살률이다.

왜 이렇게 많은 노인들이 자살할까? 우리나라 노인들은 크게 빈곤, 질병, 고독 그리고 무위無爲라는 네 가지 고통에 시달리고 있다. 한국의 노인 빈곤율은 49.6%로 OECD 평균 12.6%의 4배에 이른다. 우리 노인들이 OECD 34개국 중 가장 가난하며 노인 두 명 중 한 명은 최저 생계비도 안 되는 돈으로 살아가고 있다. 지난 50~60년 '한강의 기적'이라는 고도성장을 이룬 세대들에 대한 보답은 빈곤으로 돌아왔다.

한강의 기적은 나아가 전통적인 가족사회의 해체를 불러왔고, 노인들은 젊은 세대의 공경과 효로부터 멀어져 갔다. 교육 수준 상승을 동반한 현대 산업사회는 노인들의 경험적 지식이나 지혜를 높이 평가하지 않았다. 노인의 사회적 지위는 추락했고 자존감 상실과 고독이 공경과 효를 대신했다. 한강의 기적을 이루는 동안 우리 노인들은 일과 삶 사이의 엄청난 불균형 속에서 취미활동이나 노는 것을 배우지 못했다. 일손을 놓으면서 노인들은 건강을 잃고 우울증에 시달린다. 결국 많은 노인에게 자살이 이 모든 변화와 고통으로부터의 해방책으로 선택된 셈이다. 위 사례에서 보듯 노인들의 자살은 젊은이와 장년층의 자살과 달리 자녀들과 주위 사람들에게 짐이 되고 싶지 않은 이타적 경향이 있어 더욱 가슴 아프다.

노인 문제는 어느 나라도 피할 수 없는 세계적 문제라는데 꼭 그렇지는 않다. 스웨덴을 위시한 복지국가들은 오래전부터 복지제도를 통해 고령화와 노인의 빈곤, 질병, 고독과 무위를 해결해 왔다.

첫째, 국민연금과 평생 소득에 기초한 성과급 연금은 모든 노인에게 최저생계비를 보장한다. 월세를 지불하지 못하거나 일용 양식을 구하지 못해 자살하는 노인은 없다. 하루 몇천 원을 벌기 위해 하루 종일 폐지를 모으지 않아도 된다. 아껴 쓰면 일 년에 한두 번 해외여행도 가능하다.

둘째, 노인들에게는 의료가 완전 무상이다. 어떠한 병도 국가가 치료하고 돌봐 준다. 간병인도 국가 의료보험에 포함돼 있어 환자가 부담하지 않는다.

셋째, 돌봄 제도가 정착돼 있다. 도움이 필요한 노인들에게는 일정한 비용을 지불하면 우리나라처럼 등급이 없어도 필요에 따라, 집까지 방문해 청소해 주고 시장을 봐서 점심도 해 주고 산책은 물론 목욕도

시켜 준다. 물론 자녀들이 주말에 와서 부모들과 지내며 돌봐 주기도 하지만, 국가가 책임지는 돌봄 제도 없이는 인간다운 노후를 보내기가 쉽지 않다.

끝으로 각 지자체는 노인들의 상태를 상시 점검하며 자살 예방에 힘쓴다. 그뿐만 아니라 노인들이 함께할 수 있는 문화 및 체육활동과 여가활동으로 노인들을 집 밖으로 나오게 하여 다른 노인들과 어울리게 한다.

한국의 복지예산 비율은 OECD 국가 중 가장 낮은 10.4%이다. 노인 복지에 대한 지출도 OECD 국가 중 최하위다. 양극화가 심한 노인 문제는 연금, 의료 및 돌봄 제도와 여가활동을 다각적으로 연계 운용해야 '자살공화국'의 오명에서 벗어날 수 있다. 복지를 위해 세금을 더 낼 용의가 있다는 국민이 과반수를 넘었다. 소득세의 누진적 증세와 법인세 및 간접세의 증세를 통한 복지제도 확장만이 노인을 자식의 의존에서 구하고 의미 있는 노후를 가능하게 하며 자살률을 낮출 수 있다. '긴 병에 효자 없듯이' 이제는 자식이 아니라 국가가 복지를 통해 효도할 때다.

『한국일보』, 〈아침을 열며〉, 2015년 6월 3일

# 나는 처벌에 징계, 너는 특권

분열과 이합집산, 줄서기, 서로 물고 뜯기의 총선이 끝나고 20대 국회가 구성됐다. 선거 결과가 어떻게 됐든 이를 존중하는 것이 민주주의다. 민주주의는 궁극적으로 개인의 자유, 사회적 평등과 정의를 구현하는 데 있다. 민주주의는 물을 거슬러 올라가는 배와도 같다. 끊임없이 지키고 돌보고 발전시켜야 한다. 많은 역사가 보여 주듯이 그렇게 하지 않을 때 된서리를 맞는 것이 또한 민주주의다. 좀 더 성숙한 민주사회와 사회정의를 구현하기 위해 20대 국회는 우리 사회 전반에 걸쳐 있는 불평등을 하나씩 바로잡아 선진사회의 기틀을 마련해 주기를 바란다.

우리 사회의 불평등은 국무총리가 승용차를 기차역 플랫폼까지 타고 들어가는 것에서부터 법 자체가 불평등을 정당화하는 것까지 비일비재하다. 이 글에서는 법적 차원에서의 역차별적 이중처벌(사법적 처벌과 행정적 징계)과 순차별적 특권에 초점을 둔다.

첫째, 역차별에 의한 이중처벌의 예는 공무원의 음주운전에서 찾아볼 수 있다. 감사원은 2013~2015년 경찰에 음주운전으로 적발되고도 공무원이란 신분을 알리지 않아 기관 통보가 안 된 공무원들에 대한 현황 파악에 들어갔다. 경남의 교육공무원도 80여 명이나 된다고 한다. 이들 공무원들은 다른 여느 시민과 마찬가지로 음주 정도에 따라 이미 처벌받았다. 그러나 공무원이라는 신분 때문에 국가공무원법에 의해 소속 기관으로부터 감봉에서 파면까지 다시 징계를 받는다.

음주운전은 심각한 범법행위다. 무고한 시민의 생명을 앗아갈 수도 있다. 통계에 의하면 음주운전으로 인한 교통사고 사망자 수는 감소 추세지만 여전히 전체 사망자 비율의 상당 부분을 차지한다. 문제는 왜 공무원은 이같이 이중처벌을 받아야 하는가이다. 공무원은 사회 어느 구성원보다 청렴하고 품위를 지키고 법을 성실히 준수해 모범을 보여야 한다는 취지일 것이다. 맞는 말이다. 그럼 공무원이 아닌 다른 시민은 그렇게 하지 않아도 된다는 말인가? 결코 아닐 것이다. 모든 시민이 같이 법을 준수하고 법을 어긴 경우 신분에 관계없이 같은 처벌을 받는 것이 더욱 성숙한 민주사회다. 따라서 사회 전체적으로 음주문화를 바꾼다든지, 음주운전 예방에 대한 교육과 홍보를 강화한다든지 아니면 도로교통법을 개정해 음주운전에 대한 단속 기준을 강화하고 처벌 수위를 높인다든지 해야 할 것이다. 실제 일본은 음주운전 단속 기준을 강화해 음주에 의한 교통사망 사고가 반으로 줄어든 효과를 보았다고 한다.

둘째, 불평등은 일부 시민에게 순차별적 특권을 주는 형태로도 나타난다. 국회의원의 면책 특권과 불체포 특권이 이 범주에 속할 수 있다. 이 특권들은 17세기 왕정하의 영국에서 기원한 것으로, 우리나라에서는 헌법 제44조 및 45조에 보장된 국회의 독립과 자율, 국회의원의 자유로운 직무수행을 위해 도입된 특권이다. 그러나 이러한 특권은 명예훼손 등으로 남용될 소지가 크고 현행범이라도 국회의장의 명령

없이 국회 안에서는 체포할 수 없거나 개인적 부정과 비리를 저지른 국회의원의 석방을 국회가 요구하는 등으로 '방탄국회'라는 지탄을 받기 쉽다. 현재 우리 사회는 이러한 특권의 생성 및 정당성의 배경이었던 전제군주제나 전체주의국가가 아니다. 민주사회에서, 특히 일반 시민과의 위화감을 조성할 수 있는 이런 특권은 사라져야 한다. 국회의원들은 선거 때만 되면 큰절을 하거나 시민이 이 나라의 주인이라며 야단법석이다. 차라리 이러한 특권들과 다른 모든 특권들을 스스로 내려놓는 것이 시민을 섬기는 최고의 자세가 아닌가?

우리 사회가 좀 더 성숙한 민주주의가 되려면 되도록 역차별적 이중처벌과 순차별적 특권이 없어야 한다. 모든 시민은 다 같이 법을 준수하고 또 법 앞에 평등해야 한다. 이것이 사회정의다.

『경남신문』, 〈성산칼럼〉, 2016년 4월 21일

# 위기를 기회로 새 나라를

    2016년 12월 국회에서의 박근혜 대통령 탄핵소추 가결로 국정은 중단됐고, 우리나라는 영국의 EU 탈퇴 결정과 미국의 트럼프 집권으로 보호무역주의와 국가주의로 급선회하고 있는 국제상황에도 전혀 대응을 못하고 있다. 총체적 난국이다. 그러나 위기는 언제나 기회다. 지금이 해방 이후 아직도 청산 못한 친일 세력과 그와 아울러 이 땅에 뿌리내린 독재·반통일·부패·무능세력을 청산할 수 있는 절호의 기회다. 천만 촛불시위의 정신에 입각해 정권교체를 이루고 모든 적폐를 청산해 독립된 민주국가로서의 존엄성을 정립해야 할 것이다. 헌법재판소의 탄핵 판결과 대통령 선거가 있을 향후 3개월이 우리나라의 미래를 오랫동안 좌우할 운명적 시점이다. 3개월이라는 이 짧은 기간에 우리는 정의로운 새 정권을 창출하여 위에서 언급한 정치적 적폐를 청산하고 아래에서 논의하는 경제민주화와 복지국가의 기틀을 마련해야 한다.

    현재 한국 사회의 가장 큰 모순은 양극화, 즉 불평등이다. 2012년 통계에 의하면 우리나라 상위 10%의 소득집중도는 45%로, 48%인 미국 다음으로 세계에서 최고 높은 수준이다. '흙수저'며 '헬조선'이라는 말이 나오는 이유다. 그러나 소득집중화 속도는 오히려 미국보다 빨라 2017년 현재 소득집중도에서 한국은 이미 미국을 앞질렀을 것으로 전망하고 있다. 이 극심한 양극화가 해소되지 않고는 공정한 사회와 더불어 사는 공동체를 만들 수 없다.

양극화의 가장 큰 원인은 크게 노동시장의 이중 구조에 의한 불평등에 기인한다.

첫째, 정규직과 비정규직 간 격차다. 현재 우리나라 노동구조는 근로자 세 명 중 한 명이 비정규직일 정도로 엄청나게 파행적이며, 같은 일을 하는 근로자라도 비정규직은 정규직의 '반값 노동'을 하고 있다. 비정규직을 대폭 줄이는 동시에 동일노동-동일임금이나 연대임금정책으로 정규직과 비정규직 사이의 임금 격차를 완화해야 한다. 둘째, 대기업과 중소기업 간 격차다. 금융시장이나 하도급 거래에서 대-중소기업 간 격차와 차별은 심각하다. 특히 대-중소기업 간 불공정 하도급 거래에 대한 제도적 개선이 필요하다.

이 외에도 자본소득과 노동소득 간의 가공할 만한 격차와 그 극복을 위한 노동분배율 제고도 자주 언급된다. 결론적으로 우리나라의 노동시장은 고용 형태상 정규직과 비정규직 문제와 대기업과 중소기업 간 격차 문제를 동시에 안고 있는 이중의 이중화 구조라 할 수 있다. 이런 겹 이중적 구조에서 양극화 문제는 나날이 심화되고 있다. 재벌 해체니 재벌 개혁이란 말이 이래서 나온다.

노동시장의 이중 구조와 그에 따른 양극화 해결로 '경제민주화'가 자주 언급되지만 구체적 내용은 빈약하다. 순환출자 금지, 금산분리, 일감 몰아주기 금지 등과 상법 개정을 골자로 하는 공정거래에 초점을 두고 있고, 소득 재분배를 통한 양극화 완화와는 거리가 있다. 양극화 문제는 세제개혁과 복지확대로 소득 재분배를 제고할 때 해결이 가능해진다. 따라서 현존 소득세의 누진율, 법인세의 과세표준 구간, 간접세의 크기 그리고 전체 세수稅收 대비 각 세금의 적정 비중을 분석하고 세제를 미래의 선진형 복지사회에 맞게 개혁해야 한다. 특히 출산율 문제, 청년실업 문제 그리고 노후 문제는 복지로 해결하지 않으면 안 되는 시급한 문제다. 이제 돈을 지불하지 않고 사탕을 먹겠다는 생각은 버려야 한다. 복지사회의 성패는 고소득층과 기업의 재원 기부와 서민들의 정당한 복지혜택이라는 시민성에 크게 달려 있다. 나아가 양질의 교육과 교육평준화로 우리 사회의 불평등을 장기적으로 완화해 가야 한다.

향후 3개월, 이러한 정치 및 경제적 문제를 해결할 새 정권을 창출하고 복지를 통해 새 나라를 건설할 기틀을 마련해야 한다. 촛불시위가 단지 정치적 시위가 아니라 양극화와 불평등에 대한 거대한 민중의 분노라는 것을 알아야 한다. 새 정권은 양극화를 극복해 소수가 아닌 국민 대다수를 위한 사람 중심 정치·경제가 되도록 해야 할 것이다.

『경남신문』, 〈성산칼럼〉, 2017년 2월 16일

# 성완종 게이트와 정치생명

스웨덴에 '토블론 사건'이 있었다. 1995년 모나 살린Mona Sahlin 부총리가 유력한 사민당 대표 후계자로 내정된 상태에서 어느 석간신문이 살린의 업무용 카드 사용을 보도했다.

살린이 사적으로 마트에서 생필품을 구입하거나, 자동차를 렌트하고 현금도 인출했다는 것이다. 사적 용도로 사용한 전체 비용은 900만 원 정도였고 살린은 급여를 받아 이를 메워 왔다. 업무용 카드를 가불 수단으로 사용한 것이다. 구입한 물건 중에 토블론 초콜릿이 두 개나 있어 토블론 사건이 됐다.

당시 언론은 살린의 사생활까지 파헤쳤고, 살린은 결국 부총리 직을 내려놓고 당 대표의 꿈도 접었다. 조사에 나선 검찰은 이 사건을 횡령이라기보다 업무용 카드의 사용 규칙이 불분명했다고 결론 내렸다. 그 후 살린은 재기를 꿈꾸며 2007년 최초의 여성 사민당 대표가 됐지만 토블론 사건에 발목 잡혀 2010년 선거에서 패배하면서 정치생명이 끝났다.

'성완종 사건'으로 시끄럽다. 경남기업의 성완종 회장은 전·현직 대통령 비서실장, 국무총리, 새누리당 국회의원, 새누리당 도지사 및 시장에게 수억 원의 불법자금을 제공했다는 메모 등을 남기고 자살했다. 연루된 자들은 하나같이 그를 잘 모른다거나 한 푼도 받지 않았다고 주장했다. 국민은 어디 이뿐이랴, 여야 할 것 없이 모두 불법자금을 받았을 거라며 대수롭지 않게 여기는 분위기다. 우리 사회 부패의 가장 큰 근원인 정경유착에도 너무 관대한 것 같다. 그렇지 않고서야 어떻게 연루된 인물이 속한 여당이 4·29 재보선에서 압승할 수 있단 말인가? 부정부패에 대한 총체적 불감증이다.

왜 스웨덴과 한국은 정치권 비리에 이렇게 다른 자세를 보일까. 그런 점에서 토블론 사건은 우리에게 시사하는 바가 크다. 첫째, 이 사건은 스웨덴 사회의 주요 골격을 이루는 '공개 원칙'의 산물이다. 모든 기관의 업무나 예산 사용 등은 완전 외부 공개를 원칙으로 한다. 내부 직원도 자기 기관의 업무나 비리에 대해 언제나 언론을 통해 공개할 권리가 있다. 토블론 사건도 어느 기자가 살린의 업무용 카드 사용을 요구한 데서 비롯했다. 공개 원칙이 스웨덴 공직사회를 청렴하고 투명하게 함은 말할 것도 없다.

둘째로 토블론 사건은 투명한 사회를 위한 기자들의 막중한 역할을 증명한다. 언론은 사건이 터지고 나서야 서로 다투어 취재하는 게 아니라 항상 사회 구석구석을 뒤지며 문제와 비리를 들춰내는 것을 사명으로 여긴다. 스웨덴의 정치·경제 권력이 가장 무서워하는 것은 언론이다. 스웨덴의 굵직굵직한 모든 사건은 현실과 타협하지 않는 기자들의 작품이었다.

셋째, 토블론 사건은 정치인의 신뢰가 얼마나 중요한가를 역설한다. 검찰이 업무용 카드를 가불 형태로 사용한 것이 잘못이 아니라는 결론을 내렸지만 살린은 이 사건으로 정치인으로서의 신뢰를 잃었다. 스웨덴 국민은 신뢰를 잃은 정치인을 용서하지 않고 투표로 응징했다. 스웨덴이 세계 청렴도 순위에서 최상위에 속하는 이유는 바로 국민의 이러한 단호함과 사회문화에 기인한다.

이번 기회에 우리도 부정부패를 반드시 척결해야 한다. 자살 전 남긴 메모와 육성 녹음을 보면 성 전 회장은 2012년 대선자금을 뿌린 것으로도 보인다. 이번 사건을 놓고 야당 대표로부터 "대통령이 몸통"이라는 말이 나오는 이유다. 검찰은 국민이 납득할 수 있는 성역 없는 수사를 해야 하고 범법자들을 엄격히 처벌받게 해야 한다. 이번에도 제대로 된 수사와 처벌이 이뤄지지 않으면 한국은 영원히 부정부패의 고리를 끊을 수 없고 신뢰사회를 세울 수 없다. 언론은 모든 비리를 파헤치는 데 자신의 존재 이유를 두고 권력의 일거수일투족을 지켜보는 국민의 눈이 돼야 한다. 국민은 결코 정치인들의 비리를 용납해서는 안 되고, 비리에 연루된 자들의 정치생명을 투표로 끊어야 한다. 성완종 사건은 한국이 정의로운 선진사회로 가는 시금석이 돼야 한다.

『한국일보』, 〈아침을 열며〉, 2015년 5월 13일

평등 사회를 꿈꾸며 ④
# 보이지 않는 적폐, 이기주의를 청산하자

   내 뒤뜰에는 안 된다는 뜻의 '님비NIMBY'란 단어가 있다. 과거 화장장이나 교도소같이 사회적으로 필요하지만 혐오시설이라 해서 자신의 주택지 근처에 들어서는 것을 반대한 '지역 이기주의'를 일컫는 단어다. 그러나 지금은 이런 이기주의가 도를 넘어 혐오시설뿐만 아니라 사회적으로 꼭 필요한 안전시설이나 학교 설립에도 주민들이 집단적으로 반대하고 나섰다.

   최근 서울 금천구에 소방서를 못 짓게 한 것은 지역 이기주의의 극치다. 금천구는 1995년 구로구에서 분리되어 나왔으나 아직도 소방서가 없어 금천구에서 화재나 재난이 발생하면 구로소방서가 출동해야 한다. 금천구 시흥동의 고층아파트에 불이 난 가상훈련에서 구로소방서 소방차가 이 아파트에 도착한 시간은 20분, 이는 화재 초동 진압 골든타임이라는 5분을 훨씬 넘긴 시간이다.

   그래서 서울시 소방재난본부와 금천구는 지난 1월 독산2동에 금천소방서 설치 계획을 발표했다. 그러나 사이렌 소음과 집값 하락 등의 이유로 독산2동 주민들의 반대가 심해 소방서 설립 계획이 무기 연기된 상태다. 최근 서울시교육청의 강서구 특수학교 신설 계획에 대한 주민 반대도 금천구 소방서 건립 반대 못지않다. 심지어 학부모들이 주민들에게 무릎 꿇고 읍소하는 사태까지 발생했다. 경남의 대안고등학교 설립 반대도 마찬가지다.

이 외에도 강남 지역 침수피해를 막기 위한 잠원2빗물펌프장 건립, 마포구 등기소 설치, 강남구 파출소 설치, 대학의 '반값 월세' 기숙사 건립 및 군 관사 아파트 건립에 이르기까지 주민 반대에 부딪혀 우리 사회에 꼭 필요한 시설들이 들어서지 못하고 있다. 대체로 땅값이나 집값 하락이라는 개인의 경제적 관점에서 사회 전반의 안전과 편의를 외면한 극심한 이기주의의 발로다. 이런 반대는 지금까지 추진된 일에 대한 예산 낭비뿐만 아니라 꼭 필요한 시설이 들어서지 못한 데서 오는 사회적 문제도 야기한다.

어쩌다 우리 사회가 이렇게 자신의 코앞 이익만 생각하고 남에 대한 배려나 더불어 사는 공동체 의식은 바닥을 치게 되었을까?

이런 이기주의의 팽배는 정치가 제 역할을 못했다는 방증이기도 하다. 한 사회가 이기주의의 늪에 빠져 각자도생의 삶이 진리로 이해되는 문화가 자리 잡으면 극복은 불가능하다. 문재인 정부의 탄생과 함께 우리 사회는 이기주의라는 눈에 보이지 않는 사회적 적폐를 극복해 모두가 존중받고 더불어 사는 미래 사회를 건설하길 기대한다.

그러기 위해선 우선 장·단기적으로 다음 두 가지를 고민해야 한다. 단기적으로 의견 수렴 과정을 제대로 거치지 않은 행정에 일차적 문제가 있다. 관료주의에 젖어 일방적으로 결정하고, 그것을 주민들에게 통보하고, 일이 생기면 방어하거나 수습하겠다는 식의 행정은 이제 종식되어야 한다. 위와 같은 집단 이기주의를 예방하거나 극복하는 한 가지 방법은 정책결정 과정에 주민들을 참여시키는 일이다.

계획 수립 과정에서부터 주민들을 참여시킨 결과 주민들이 시설 도입에 감사하는 사례도 있다. 장기적으로 교육이 이기주의 문제 해결의 중심이 되어야 한다. 또 교육인가 하는 볼멘소리가 나올 수도 있지만, 이런 공공성과 공동체에 대한 시민의식 문제는 교육이 가장 효과적이다. 교육은 미래 세대에게 지식을 전승할 뿐만 아니라 미래 사회에 대한 비전을 제시하고 그 비전에 맞는 아이들을 키워 내야 하기 때문이다. 특히 남에 대한 배려, 사회적 약자에 대한 연대성solidarity 그리고 개인과 사회(공동체)와의 떼어 놓을 수 없는 관계 및 공공성의 중요성에 대해 어릴 때부터 학교에서 체험하며 배울 수 있도록 해야 한다.

교육법과 교육과정에 이런 정신이 뚜렷이 표현되고 현장에서 실현될 수 있도록 정책을 펴야 한다. 이기주의는 결국 연대성에 기초한 공동체 의식과 민주주의 정신에 의한 시민성 제고로 극복할 수 있다.

『경남신문』, 〈성산칼럼〉, 2017년 9월 14일

# 공무원의 정치적 중립을 폐지하라

글을 쓰는 이 순간 대통령의 제3차 대국민 담화가 있었다. 대통령은 자신이 주변을 관리하지 못한 잘못은 있었지만, 정치에 몸담은 지난 18년 동안 전혀 사심 없었고, 국가를 위해 공적 사업을 추진했다면서 자신의 퇴진에 대해서는 국회에 맡기며 법 절차를 따르겠다고 천명했다. 탄핵을 피하고 시간을 벌려는 꼼수라는 반응이 압도적이다. 안타깝다. 지금까지의 검찰 수사에 의해 밝혀진 헌정 파괴에 대해서는 일언반구도 없었다. 200만 촛불시위며 단 4%의 대통령 지지율도 아랑곳하지 않았다. 촛불시위는 더욱 강화될 것이고 국민은 대통령의 헌정 파괴를 결코 용납하지 않을 것이다. 국정 및 경제공백은 장기화되고 한국호는 세월호와 같은 운명을 맞지 않을까 심히 우려된다.

이제 법적 절차에 따른 탄핵 외에는 다른 길이 없어 보인다. 탄핵 절차로 소요되는 시간을 헛되게 보내지 않는 것이 중요하다. 미래에 대한 치열한 논의를 거쳐 비전과 청사진을 제시해야 한다. 우리 현대사의 숙원인 친일, 독재, 반통일, 부패·무능 세력을 이번 기회에 기필코 청산하고 역사를 바로 세워야 한다. 그런 점에서 전대미문의 박근혜 대통령 헌정 파괴는 비극이자 동시에 기회가 될 것이다. 이제 진짜 시작이다.

구시대의 세력을 청산하고 역사를 바로잡기 위해서는 민주주의를 강화하는 길밖에 없다. 민주주의 사상과 철학에 위배되는 헌법과 관련 법령을 우선적으로 개정해야 한다. 이는 곧 개헌을 의미하는데, 대통령 탄핵이라는 중대사와 개헌을 동시에 해낼 수 있을지 심히 우려된다. 특히 정치체제에 대한 첨예한 대립과 갑론을박으로 다른 중요한 일들을 놓치지나 않을까 두렵다.

공무원의 정치적 중립 폐지가 그 중요한 일들 중 하나다. 헌법 제7조 2항과 31조 4항은 각각 "공무원의 … 중립성은 법률이 정하는 바에 의하여 보장된다", "교육의 … 정치적 중립성(은) … 법률이 정하는 바에 의하여 보장된다"라고 규정하고 있다. 헌법은 정치적 중립에 대해 공무원에게 선심 쓰는 것이라는 투다. 선심이 아니라 통치수단으로 악용된 것을 우리는 익히 알고 있다. 하위 법률인 국가공무원법 제65조 및 66조에서 공무원의 정당 가입, 선거운동 및 집단 행위의 금지가 그것을 대변한다. '법률이 정하는 바에 의한'이란 단서가 붙어 있지만 공무원의 정치적 행위 금지는 헌법 제21조 1항의 '모든 국민의 언론·출판 및 집회·결사의 자유' 정신에 위배된다. 공무원의 정치적 중립은 이제 폐지돼야 한다. 1960년 제정돼 박정희 정권 이후 계속 유지돼 온 이 정치적 중립은 박근혜 정권을 마지막으로 무덤으로 보내야 한다. 공무원도 정당에 가입하고 정치활동을 할 수 있게 해야 한다. 물론 공무원이 업무 시간과 수업 시간에 특정 정당에 대한 선전이나 선거운동을 허용하라는 것이 아니다. 그럴 정도로 우리의 시민의식이 낮지도 않다.

인간은 정치를 떠나서 살 수 없다. 정치적 결정이 인간의 삶을 규정하기 때문이다. 인간은 정치 속에서 비로소 인간답게 살 수 있다. 그러므로 공무원의 정치적 중립 요구는 인간으로서의 가장 중요한 기본권을 박탈하는 것이다. 나아가 공무원의 정치행위 금지는 100만 공무원을 우민화한다. 대부분이 정치에 관심을 가지는 것조차 금지하는 것으로 착각하고 있다. 일부 공무원은 이 중립성 요구의 뒤에 숨어 민주주의 시민이 되는 것을 스스로 포기하고 있다.

정치적 중립 요구보다는 차라리 공무원이 '민주주의 수호자'가 되게 해야 한다. 공무원에게 국가권력에 대해 자율성을 보장해 공무원이 정권의 잘못된 정책을 비판하고, 상사의 부적절한 지시를 거부하고, 국민에게 좌절과 불신을 주는 관료주의를 척결하고, 국민의 요구와 염원을 정책으로 담아내는 민주주의 수호자가 되게 해야 한다. 공무원의 민주성과 사회성이 그 나라의 민주주의 척도를 가늠하는 이유가 여기에 있다.

공무원이 자신의 신념에 따라 민주주의 수호자가 될 때 한국 민주주의는 어떠한 역풍에도 꺼지지 않는 횃불이 될 것이다.

『경남신문』, 〈성산칼럼〉, 2016년 12월 1일

4.

# 황선준이 이야기하는
# 스웨덴과 한국
## (인터뷰 모음)

# 스웨덴 아내가 다시 고국으로
# 돌아간 이유는?

_공정경 기자가 만난 사람들 (1)

스웨덴에서 20년 전문상담사 경력에도 불구하고
한국에서 일자리 못 찾고 되돌아간 아내

**공정경 기자(이하 공)** 레나 황(황선준 원장의 부인)은 요즘 어떻게 지
내세요? 직장은 바로잡으셨나요?

**황선준 원장(이하 황)** 바로잡았어요. 스웨덴에서 자기가 하고 싶었던
일 중 하나를 하게 됐어요. 스웨덴에서는 중동이나 아프리카, 아
프가니스탄, 아시아 난민의 아이 중 부모 없이 오는 아이들은 각
지방자치단체에서 돌봐야 해요. 아내가 하는 일은 지자체에 온
이 아이들의 생활과 정신적·심리적 상담을 해 주고 고등학교까지
교육받을 수 있게 도와주는 일이에요. 그러면서 보고서도 쓰고
요. 스웨덴으로 돌아가서 한 달 정도 쉬었다가 바로 다시 직장을
잡았어요. 스웨덴 중학교에서 20년 가까이 전문상담사로서 쌓아
온 노하우라든지, 연구역량이 있으니까 직장 구하는 일은 어렵지
않아요.

**공** 레나 황이 다시 스웨덴으로 돌아간 이유는 뭐죠?

황 2015년 6월, 아내가 한국에서 저랑 같이 살려고 왔어요. 부부가 떨어져 있으면 좋지 않다고 해서 그쪽 직장 다 그만두고 왔지요. 이쪽에 직장을 구하려고 애를 많이 썼어요. 전문상담사인데도 일자리 구하기가 쉽지 않더라고요. 물론 언어 문제가 있죠. 자기 나름대로는 한국어 공부 열심히 했어요. 창원대 다니면서 한국어도 배웠고 일상생활 언어는 어느 정도 이해도 소통도 됐는데, 직장을 구하는 것은 상당히 제약이 많았어요. 박사학위가 있느냐, 한국에서 경력이 있느냐, 이런 여러 가지 형식적인 요구사항과 조건들이 많잖아요. 그러다 보니까 힘들어서 포기하고 가 버렸어요.

공 무척 안타까운 일이네요. 그런데 원장님은 스웨덴에서 직장을 잡으셨잖아요.

황 저한테는 안타깝지만… 이런 상황을 보면 배울 게 많다고 생각해요. 성인이 돼서 외국어를 배우면 아무래도 모국어처럼 구사하기가 어렵잖아요. 저도 스웨덴에서 살 때 절대 스웨덴어를 완벽하게 한 사람은 아니었을 거예요. 그러면서도 대학에서 강의했고 공무원으로 감사원에서 근무했고 국가교육청에서 간부로 있기도 했어요. 그런데 우리나라에서는 아내를 계약직으로도 받아 주지 못하는 게 현실입니다. 왕따나 학교폭력 전문상담은 꼭 필요한 분야의 전문 지식이잖아요. 스웨덴이나 북유럽 같은 경우에는 우리 집사람 같은 전문상담사들이 학교 교장과 선생님들과 함께 힘을 합쳐 왕따, 학교폭력을 거의 없애 버렸어요.

스웨덴과는 비교가 안 될 정도로 우리나라엔 아직 왕따와 학교폭력이 많아요. 그쪽에서는 아주 미미한 걸 가지고도 "왕따다, 학교폭력이다"라고 이야기하는데, 우리 같은 경우에는 그 정도가 상당히 거친 거예요. 그런데도 아내가 20년 동안 쌓아 온 노하우를 우리나라에서 활용하지 못하는 것은 어떤 면에선 매우 안타깝죠.


## 저출산 극복하려면
-가족 중심의 복지 구축 기반 위에 공동육아, 공동가사 이뤄져

공  아까 원장님 책상에 스크랩된 기사를 보니까 '저출산이 문제다, 가사 분담을 해야 한다'는 내용이 있던데요.

황  우리가 저출산 문제를 잡으려면 스웨덴에서 1930년대부터 해 왔던 일을 해야 합니다. 1930년대 스웨덴은 출산율이 너무 낮아서 발칵 뒤집혔어요. 낮은 출산율을 극복하기 위해 만든 많은 정책이 가족 중심 복지예요. 일과 육아를 병행할 수 있는 공립유아학교, 아동수당, 무상교육 등의 제도들을 만들어 냈지요.

그러면서 남자든 여자든 다 밖에서 일하게 되고, 자연스럽게 공동육아, 공동가사가 되고… 여성이 일과 육아를 병행하면서 자기 성취욕을 달성하려면 남녀가 집에서 가사를 분담하지 않으면 도저히 불가능합니다. 그걸 스웨덴은 이미 1930년대에 저출산 문제가 나라의 미래와 관련된다며 이런 복지들을 펼치기 시작했어요.

복지가 얼마만큼 잘됐느냐, 얼마만큼 좋아지고 나빠지느냐에 따라 출산율이 높아지고 낮아진다는 것은 연구를 통해 알 수 있어요. 출산장려금 몇 푼으로 출산율 올린다는 건 말이 안 돼요.

우리나라는 너무 살기가 힘듭니다. 청년실업률이 너무 높습니다. 공식적으론 11.3%라고 하지만 체감실업률은 24%라는 보고가 있습니다. 청년들이 직장도 제대로 없으니까 결혼할 엄두도 못 내고 집도 못 구하고 그렇죠?

그런데다 나중에 아이 낳고 키우고 유치원 보내고 학교 보내고 이 모든 것, 돈이 엄청 들지요? 또한, 가사와 육아를 부부가 분담하지 않으니 여성들이 결혼하고 나서 출산하면 집으로 돌아오는 경향이 많지요? 그러다 보니 아이를 안 낳는 거잖아요. 이런 모든 문제를 국가가 제도적으로 보완해야 해요. 출산 문제가 한 가정의 문제가 아니라 우리나라의 존폐와 관련된 문제가 됐잖아요? 여성들이 육아와 직장을 병행할 수 있게 제도적 토대를 마련해줘야 여성들도 직장을 다닐 수 있잖아요. 동시에 '남자와 여자가 육아를 분담하지 않으면 안 된다, 공동육아 공동가사를 해야 한다'는 얘기예요. 이게 안 되면 출산율 안 높아져요.

공  그런데 이게 다 연결돼 있잖아요. 먼저 복지가 되고, 그다음 여성이 일하고 싶을 때 괜찮은 일자리들도 열려야 하고… 지금은 다시 일하려 해도 본인이 원하는 일자리를 구하기가 어려워요.

황  그렇죠. 지금 한국 여성들 일자리 경향을 보면 M 곡선을 그려요. 20~30대, 고등학교나 대학을 졸업한 후엔 취업률이 높았다가 결혼하고 출산하면 낮아져요. 40대 중후반, 아이를 키우고 나서 일이 하고 싶어 다시 밖으로 나갑니다. 그 시기에 다시 이렇게 올라가는데, 이때 이 직장이 대학에서 전공한 것과 관련이 있냐? 거의 없어요. 대체로 서비스업에 종사하는 경향이 많아요.

그래서 가만히 보면 우리나라는 왜 여성들을 이렇게밖에 취급하지 못하는가? 초·중·고교와 대학까지 대체로 여성들이 남자들보다 성적도 10%p 이상 좋아요. 그런데도 우리는 여성들을 집안일을 한다든지 아이 키우는 이상으로 보지 않는다, 그런 얘기예요. 직장에 들어가서도 문제가 많잖아요. 유리천장이 있다 보니 승진에서 여성들이 어느 선 이상으로는 못 올라가는 거죠. 앞으로 엄청나게 큰 변화와 발전이 있어야 합니다. 한국 교육 때문에 왔지만, 어떤 면에선 한국 여성의 사회적 위치를 바로 찾게 하려고 왔다고 봐도 됩니다.

공  아휴, 그렇게 생각하면 과연 가능할까? 그런 생각이 들어요. (한숨)

황  시간 좀 걸려요. 시간이 걸리죠.


## 시간 걸리더라도 신뢰 쌓아 가는 과정 중요

－복지와 시민성 제고의 선순환 고리로 앞으로 나아가야, 미래 사회와 복지국가에 대한 비전과 이를 이루기 위한 정치인의 역할 중요

공  현재 상황에서 어디서부터 어떻게 풀어야 할지 답답해요.

황  풀 수 있어요. 우선 육아정책을 바로 펴야죠. 육아정책이라 하면 공립유아학교(단설, 병설 유치원)를 대폭 늘려야 하고, 부모가 내는 비용은 최저로 하고, 국가가 유아교육의 대부분을 부담해야 합니다. 교육도 중학교까지 무상인데 재원이 되면 고등학교, 나아가 대학교육까지 무상으로 해야 합니다. 교육비에 이렇게 돈이 많이 들면 결국 사회·경제적 배경이 좋지 않은 아이들이 교육경

력을 제대로 못 쌓게 돼 있어요. 북유럽 국가들은 모두가 원하면 공부할 수 있도록 만들어 놨어요. 학비라는 게 없어요. 대학도 대학원도 완전 무상이에요.

우리가 당장 그렇게 할 수 있는 건 아니지만, 시민과 국가의 관계 속에서 복지를 통해 신뢰를 높이고, 이것이 시민성을 높이는 긍정적 역할을 하고, 다시 복지를 높이고… 이런 방식으로 우리나라도 앞으로 복지국가로 나아가야 한다고 봅니다. 한국 사회의 가장 큰 문제는 양극화입니다. 중산층이 몰락했습니다. 소수에 의한 부의 집중은 세계에서 가장 빠른 속도로 일어나고 있습니다.

현재 우리나라의 양극화 원인은 크게 세 가지입니다. 정규직과 비정규직 사이의 엄청난 소득 차이, 대기업과 중소기업 사이의 엄청난 소득 차이, 그리고 자본소득과 노동소득 사이의 엄청난 차이. 이러한 차이가 복합적으로 일어난 것이 우리나라의 양극화입니다. 현재 대통령 선거로 나라가 떠들썩합니다. 거의 모든 후보가 "양극화를 줄여야 한다, 공정한 사회로 가야 한다"라고 말합니다. 또 "그런 사회로 가면 내가 세금을 더 낼 용의가 있다"는 국민이 65%나 된다고 합니다. 희망이 보인다 할 수 있죠.

우리나라를 이렇게 이끌어 가야 하는 게 정치인데 세금 올리지 않겠다는 공약이 나오는 건 어떤 면에서는 현재 우리나라 상황을 제대로 못 보고 있는 거죠.

공 그렇죠. 세금 더 내게 하겠다는 정치인은 거의 없잖아요.

황 65%나 되는 국민이 세금 더 내겠다는데도 정치가 수용을 못 하는 상황이니, 세금 더 내기 운동 같은 걸 해야 할 것 같아요. (웃음)

공 세금 더 내기 운동.(웃음)

황 국민세금 더 내기 운동 총본부, 이런 거 만들고요.

공 대기업도 법인세를 제대로 내야 신뢰관계가 쌓일 것 같은데요. 법인세도 안 올리겠다, 개인 세금도 안 올리겠다고 하니까.

황 복지국가가 형성되려면 적어도 두 가지 요건이 충족돼야 해요. 하나는 복지를 위해 세금을 내야 할 사람들이 세금을 내지 않으면 복지국가가 절대로 못 돼요. 특히 고소득자들, 기업들이 많이 기여해야 합니다. 그런데 무슨 수를 써서라도 탈세하려고 하면 복지국가 안 된다는 얘기입니다. 다른 하나는 복지혜택을 받아서는 안 되는 분들, 즉 자격이 안 되는 분들이, 예를 들어 가짜 서류를 만들어서라도 복지혜택을 받으려고 하면 복지국가가 되기 어렵다는 뜻입니다. 이런 사회는 복지를 위해 성숙한 사회가 아닙니다. 복지 문제는 그래서 시민성과 관련이 깊다 할 수 있죠.

이 두 가지를 한꺼번에 해결해 가야 하는 게 정치입니다. 신뢰를 쌓으며 복지를 하나하나 늘리는 형태로 우리 사회를 발전시켜 가야 해요.

기업들도 어려운 점이 있겠죠. 법인세가 외국에 비해 높으면 경쟁력이 떨어지잖아요. 매우 어려운 부분입니다. '소득세를 더 낼 것인가? 법인세를 더 낼 것인가? 간접세를 더 낼 것인가?…' 그런 고민하면서 실현해 가야 해요. 현재 간접세를 올릴 여력은 있습니다. 그런데 간접세를 올리면 소득이 낮은 사람들이 많이 피해를 봅니다. 복지라는 것이 '경제민주화'만 해서 해결되는 게 아닙니다. 세금을 통해 복지를 하나하나 늘리면서 신뢰를 높이고 시민성을 높이고, 그렇게 손잡고 나아가야 합니다.

공 스웨덴도 그런 과정이 있었을 거 아니에요?

황 2차 대전 이후 그렇게 했어요. 복지 틀은 그전에 잡혔다 해도, 복지가 대폭 확대된 건 1940~1960년대예요.

공 당시 신뢰를 높여 가는 과정에서 분명히 국가가 국민의 신뢰를 받을 만큼 잘했기 때문에 높아진 거겠죠?

황 그렇죠. 세금을 더 냈는데 그 세금이 어디로 술술 새 버렸다면 국민이 세금을 안 내려고 하죠. 세금을 냈는데 복지라는 혜택으로 되돌아왔을 때, '아! 유아교육 좋아졌다. 공립유치원 많이 생겼다. 아이들 안심하고 맡길 수 있다. 교육도 상당히 많이 달라졌네. 저렇게 하니까 참 좋네. 나뿐만 아니라 가난한 우리 이웃도 공부하는 데 참 좋아졌다'고 느낄 때 세금을 내려는 의지가 높아지는 거죠. 그게 안 되고 세금을 내라 하는 건 말도 안 되고요.

공 그건 도둑놈이죠.

# 한국에 과연 가정이 있는가? 스웨덴은?

_공정경 기자가 만난 사람들 (2)

중립국을 배우기 위해 스웨덴에 갔고
스웨덴의 정치, 행정, 교육체제를 더 깊이 공부하다

**공정경 기자(이하 공)** 스웨덴으로 유학을 가신 동기는?

**황선준 원장(이하 황)** 스웨덴이 중립국이라는 점에 관심이 많았어요. 당시 한국의 미래를 볼 때, 미국-소련-중국-일본이라는 강대국 사이에서 우리나라가 앞으로 어떻게 살아가야 할지 고민했어요. 그때 '중립국이 됐으면 좋겠다'는 생각을 했고, 그래서 스웨덴 국비 유학생으로 길을 떠났어요. 당시 스웨덴 교육부에 낸 원서 중 유학의 동기는 대충 이렇습니다. '남북한의 많은 정치적 질곡은 분단 때문이다. 그래서 우리는 통일해야 하고, 통일된 한국이 강대국 사이에서 살아남고 평화적 역할을 하려면 중립국이 되어야 한다. 당신 나라가 중립국이지 않으냐? 그러니 장학금을 주시오.' 이렇게 썼어요.

　언어연수 후 스톡홀름대학교에서 스웨덴 정치를 전공하며 '전쟁에 개입하지 않는다, 누구와도 동맹을 맺지 않는다'는 비동맹원칙, 균형외교 등을 공부했어요. 그런데 미국과 소련 사이에서 스웨덴이 꼭 중립이 아니었다는 사실을 알게 됐어요. 또 한국과 같은 약소국이 중립이 된다는 게 쉽지 않겠다는 생각을 하며 중립국 공부에서 좀 멀어지게 됐죠. 그렇다고 완전 포기한 것은 아니고 지금도 안중근 의사의 동양평화론을 이어받아 중립국으로서의 한국이 4대 강국 사이에서 할 일이 많다는 생각을 해요.

중립국 연구가 무산된 후 사회민주당, 사회민주주의, 사회를 구성하는 여러 이익단체를 공부했어요. 골든 미들 웨이Golden Middle Way, 황금중앙노선에 대해 공부했다고 보면 됩니다.

공 황금중앙노선요? 그게 뭐예요?

황 자본주의도 아니고 공산주의도 아닌, 사회민주주의와 소비조합이라는 시민운동요.

공 스웨덴에 가셔서 언어연수를 하고, 정치학을 전공하고, 그다음은요?

황 스톡홀름대학과 미드대학Mid University에서 2년 정도 강의교수와 연구원으로 있다가 감사원으로 갔어요. 감사원으로 들어간 이유 중 하나는 스웨덴 사회와 정치·행정 체제를 공부하기 위해서였는데, 대학에서는 너무 현학적으로 공부해요. 그래서 아니다 싶어 감사원으로 갔는데 감사원의 한 부서가 스웨덴의 실질적인 행정체제를 연구하기에 아주 좋은 곳이었어요. '스웨덴 행정체제가 어떻게 운용되는가? 행정체제에 어떤 문제가 있는가? 이를 어떻게 발전시킬 것인가?' 등을 연구하는 부서였죠. 1년 반 정도 근무하면서 보고서도 멋지게 쓰고 반응도 좋았어요. 그러다가 여기서도 별로 배울 게 없구나 생각하며 그다음엔 국가교육청으로 들어갔어요. 좀 건방지죠?

공  하하하. '여기선 더 배울 게 없어.' 그런 생각이 들어서 국가교육
청으로 가신 거군요.

황  국가교육청에 들어가서 보니까 '세계 모든 나라가 교육 때문에
골머리를 앓고 있구나! 교육 문제가 그리 간단한 게 아니구나!'
라는 생각이 들었어요. 스웨덴도 그렇고, 이웃 나라 핀란드도 그
렇고, 한국은 물론이고…. 그래서 물고 늘어졌지요. 국가교육청에
서 14년 동안 근무하며 주로 교육정책평가에 몰두했습니다. 스웨
덴 유·초·중·고·성인 교육에서 어디가 잘되고 어디가 잘 안 되
고 있는지, 잘 안 되고 있으면 원인이 무엇인지, 어떻게 개선할 것
인지, 이런 부분들을 연구하고 평가하며 보고서 만들었어요. 국
가교육청에 들어가 얼마 되지 않아 국립평가과 과장도 했고요.


## 황선준 원장이 기억하는 울롭 팔메 스웨덴 수상


공  그러고 나서 한국 교육의 발전을 위해 귀국하셨고요. 스웨덴 정
치를 공부하셨는데, 좋아하는 정치인이 있나요?

황  스웨덴 정치인 중 두 명을 참 좋아했어요. 한 분은 타게 엘란데
르Tage Erlander이고 다른 한 분은 울롭 팔메Olof Palme예요. 엘란
데르는 교육부 장관을 하다가 젊은 나이에 수상이 됐는데, 누구
도 그가 수상이 되리라 생각조차 안 했는데 수상이 됐습니다. 그
러면서 24년 정도 수상을 역임했고요. 부드럽고 마음이 넓은 정
치인입니다. 팔메는 아주 날카로운 정치인이에요. 상대방을 초토

화시켰다고 할까요. 토론의 귀재였어요. 물론 정치인으로서 엄청 공부도 많이 했고요. 날카롭다 보니 선이 뚜렷하고, 그렇다 보니 적도 많았어요. 엘란데르 같은 포용심과 팔메 같은 날카로움을 함께 지녔으면 얼마나 좋을까요?

공 (웃음) '초토화'.

황 (웃음) 초토화시키니까 적이 많을 수밖에 없죠. 그런 사람 참 멋지지 않나요? 팔메 수상은 아주 가까이서 볼 기회가 있었어요. 1985년 봄 어학연수를 마치고 여름에 아르바이트로 무라 공민학교(Mora folkhogskola)에서 잔디 깎는 일을 했어요. 하루는 일을 마치고 집으로 돌아가는 길에 제가 살았던 무라Mora 시내를 지나갔어요. 시내 중심가 한쪽에 나이 드신 분들이 60~70명 모여 있고 마이크 소리도 들렸어요. 뭔가 해서 가 봤더니 팔메 수상이 유세를 하고 있었어요. 그해 가을에 총선이 있었지요. 텔레비전에서 보던 팔메 수상이 노인들을 대상으로 열심히 연설을 하고 있었어요. 노인들은 손이 닿을 거리에서 듣고 있었고요.

공 60명, 70명 놓고.(웃음)

황 (웃음) 수상인데… 그때 팔메가 흰 바지를 입고 있었는데, 뻘건 게 묻어 있는 거예요. 호수 건너편 도시에서 배를 타고 건너오면서 소시지에 케첩을 발라 점심으로 때우다 케첩을 바지에 흘린 모양이에요. 그러곤 손으로 케첩을 문질러 닦은 게 여실히 표가 났어요. 양복 차림도 아니고 흰 면바지에 티 비슷한 스웨터를 입고 유세하는데 너무 충격적이고 신기하고 멋졌어요. 그때 저는 작은 스쿠터를 타고 출퇴근했는데, 헬멧 속 누런 봉투에 휴대용 카메라를 지니고 다녔어요. 헬멧을 팔에 걸고 구경하다 누런 봉투를 꺼내서 수상 앞 4~5미터까지 갔습니다. 봉투에서 카메라를 꺼내 수상의 연설하는 모습을 찍었어요. 그 사진이 지금도 내 앨범에 있어요. 그런데 아무도 제지하지 않았습니다. 등골이 오싹하더라고요.

공  그런데 그게 만약….

황  총이었으면 어쩔 뻔했어요. 그 자리에서 바로 쏴 죽일 수도 있었잖아요. 그 정도로 경호를 안 했어요. 그게 1985년 여름이고. 팔메 수상이 언제 죽은 줄 아세요? 6개월 후, 1986년 2월 말 스톡홀름 시내 극장에서 부부가 아들 가족과 영화를 보고 집으로 걸어가는 길에 자정 무렵 뒤에서 저격당해 죽었습니다.

공  진짜 놀랐겠어요. 당시 그런 생각을 했는데 6개월 후 그런 사건이 있었으니.

황  세상에, 이럴 수가 있나 했어요. 이 사실을 보며 제 책 『금발 여자 경상도 남자』에 이렇게 썼어요. 한국 대통령은 어디를 가도 삼엄한 경호 속에 움직이고 스웨덴 수상은 아예 경호도 없이 다니는데, 한국 대통령은 자신의 최고 심복에게 총 맞아 죽고 스웨덴 수상은 거리에서 저격당하며 많은 시민으로부터 존경받는다고요. 그 상황을 좀 더 얘기하자면, 저는 그때 이발료가 비싸서 머리도 덥수룩했고 수염도 다듬지 않아 그야말로 '양아치' 같았는데, 그런 사람이 그렇게 가까이 갔는데도 아무도 제지하지 않았어요. 스톡홀름 시내에서 암살당하고 나서 "왜 경호를 안 했느냐? 비밀경찰이 왜 안 따라다녔느냐?"는 등 여러 가지 논란이 있었습니다. 그런데 팔메 수상이 언제나 그랬대요. "경호하지 마라. 내가 일반 시민과 떨어지면 정치인으로서 생명은 끝이다." 언제든

지 시민들과 가까이 있으려고 노력했다는 뜻이에요. 우리나라하
고는 많이 다른 모습이죠?

공  참 멋진 정치인이군요.


## 한국은 남자들이 살기에 천국인 나라. 그러나 행복은 과연 어디에?

공  오랫동안 스웨덴에서 살다 귀국하셨는데, 일상에서 어떤 점이
크게 차이가 나나요?

황  스웨덴은 조용한 나라예요. 수도 스톡홀름도 인구가 100만 명
정도고, 차들도 별로 없고, 호수와 숲이 많으니까 언제나 자연과
같이 살고 있다고 느껴요. 여기서는 소음 때문에 몹시 힘들고, 공
기 질이 아주 안 좋아요. 미세먼지, 황사가 요즘 큰 문제로 떠오
르고 있죠. 그리고 교통 문제가 여간 큰 문제가 아니에요. 스웨덴
은 인구 천만이고 땅이 아주 넓어요. 그 광활한 땅에 대중교통이
어디나 다 연결돼 있어요. 어디 가고 싶으면 대중교통으로 다 가
능합니다. 우리나라는 대중교통이 불편해서 자가용을 많이 몰고
다니죠. 차를 많이 타고 다니니까 소음, 미세먼지 등의 문제가 발
생하고요. 스웨덴에서처럼 조용하게 자연을 느끼고 싶으면 우리
나라의 수려한 산을 등반하며 자연을 즐깁니다. 아내가 한국 있
을 때 저와 아내는 매주 등산을 했어요.

   그리고 음주문화와 음식문화가 아주 달라요. 직장 동료와 술
을 마신다 해도 집에 초대해서 식사와 곁들여 와인 몇 잔 마시거
나 일과 후 집에 가기 전에 맥주 한잔하고 헤어지는 정도지, 우리

처럼 일주일에 두세 번 회식을 하거나 회식 때마다 소주 마시고 노래방 가고 그러진 않아요.

공 새벽 두 시까지.(웃음) 1차, 2차, 3차.(웃음)

황 그런 건 없어요. 아주 가정 중심이에요. 일 마치면 다 총알같이 집에 갑니다.

공 공동육아와 공동가사를 해야 해서요?

황 집에 가서 애들하고 놀고, 애들 돌봐야 하고, 밥해야 하고, 설거지해야 하고, 애들 씻겨야 하고, 애들 책 읽어 줘야 하고 애들 재워야 하고….

공 어찌 보면 우리나라는 남자들 입장에서는 살기 좋은 나라네요. 어떻게 생각하세요?

황 제가 볼 때는 한국이 돈 있고 권력 있는 남자들에게는 천국이에요.

공 제가 돈 있고 권력 있는 남자라면 우리나라에서 살고 싶은데요. 변화 같은 거 없이 이대로였으면 좋겠고요.(웃음)

황 그런데 행복이 어디 있는지 고민해 보세요. 권력 있고 돈 있는데 아이와 소통이 안 되고 부부간에 소통이 안 된다면, 과연 얼마나 행복할까요? 행복을 어디서 느낄 수 있을까요? 스웨덴에서는 끊임없이 애들과 부대끼며 얘기하고, 때론 싸우기도 하고, 애들이 커 가는 모습과 공부하는 모습 등을 보는 데 상당히 의미를 두죠. 거기에 재미가 있어요. 그야말로 가족이 같이 살아요. 공간적, 시간적, 심리적으로 엄청 가깝게 있습니다. 우리나라도 일부 그런 가정이 있지만 그렇지 않은 가정이 더 많을 겁니다. 남자한테는 아주 편한 나라예요. 집에 와서 밥 안 해도 되고, 텔레비전 보다

잠들어도 되고….

공  그러니까요.

황  남성들이 이렇게 할 때 여성들에게는 이중 노동이라는 게 문제죠. 맞벌이 부부일 경우 여성이 밖에서 일하고 집에 와서 또 저녁하고 온갖 집안일을 하죠. 요즘 젊은이들은 다르다고 하면서 '집안일 많이 도와준다'고 해요. 그래요. 도와준다는 것과 집안일과 육아가 자신의 일이라고 하는 것은 천양지차예요. 도와준다는 의미는 도와주기 싫으면 안 도와준다, 피곤하면 안 도와준다, 술 마시면 안 도와준다, 사랑 식으면 안 도와준다는 것과 같은 말이에요. 그러나 가사와 육아가 자신의 일이면 아무리 피곤해도, 아무리 술 마셔도, 사랑이 식어도 해야 하는 일이에요. 그 차이가 엄청나죠.

한국에서 요즘은 저녁을 시켜서 먹는 경우가 많잖아요. 또 남편은 남편대로, 아내는 아내대로 밖에서 먹고, 집에 있는 애들은 배달 음식 먹이거나 학원 가다 패스트푸드 먹게 하고… 이런 모습 보면서 '가정이 과연 있는가? 그야말로 파괴된 건 아닌가?' 하는 생각을 해요. 저녁이 없는 삶이죠. 스웨덴도 출근하고 학교 가야 하는 아침엔 가족들이 함께하기가 어려워요. 그러나 저녁시간에 늘 식탁에 둘러앉아 그날 학교에서 무슨 일이 있었는지 서로 이야기하고, 도와줄 거 있으면 도와주고, 부모가 사 줘야 할 거 있으면 사 주고, 아이들이 주말에 계획 있으면 거기에 맞춰 누가 데려다 줄지 정하고… 그래서 저녁 식탁에서의 시간이 아주 중요합니다.

식탁에서의 이런 대화를 통해 그 나라의 문화나 삶의 지혜를 한 세대에서 다른 세대로 전승하는 것 같아요. 그런데 우리나라는 그런 시간이 없어져 버렸어요. 또 부모와 자녀와의 관계가 수직적이고 부모가 결정하고 지시하는 관계, 아이들은 수동적으로 따라가는 관계라고 많이 느껴져요.

공　가족이 저녁을 먹으며 나누는 대화가 상당히 중요하다고 생각합니다. "뭐가 필요하다"부터 학교생활과 친구들에 대한 이야기 등 소소한 이야기들이 오가면서 서로 더 깊이 이해하게 되고 신뢰가 생기거든요. 그런데 아이들이 학교 끝나면 이 학원, 저 학원을 밤늦게까지 전전하고, 간식에 끼니(저녁)도 밖에서 사 먹는 경우가 많아요. 아이들 먹을거리 문제가 심각한 것 같아요.

황　심각하죠. 아이들에게 "여기 끝나고 저기 가기 전에 김밥 사 먹어라"라고 휴대폰으로 원격 조종하고. 아이들이 편의점에서 대충 끼니를 때우는 경우도 많고요….

　　학원 얘기가 나왔으니 말씀드리는데, 대체로 학원은 강요에 의해 다니고, 그런 경우 학원 다니는 효과가 없거나 아주 작습니다. 어쩌면 역효과일지도 모르지요. 학원이 잘하는 것이 지식을 집어 넣는 교육이에요. 사실 위주의 이런 주입식 교육은 4차 산업혁명 시대에 맞지 않습니다. 아이들에게 비판적 사고를 길러 줘 판단하고 결정할 수 있는 능력을 키워 줘야 돼요. 학원에서 몇 년 공부하면 아이들 머리 망치기 일쑤죠. 주입식 교육으로 비판적 사고를 길러 주지 않기 때문입니다.

　　아이들이 '왜?', '무엇이 문제인가?', '문제를 어떻게 해결할 것인가?', '나는 어떻게 생각하는가?' 하는 질문을 끊임없이 해야 하고 하게 해야 합니다. 이것을 못하는 교육은 진정한 의미의 교육이 아닙니다. 이런 질문들을 못하고 크면 시키는 일만 어느 정도 잘하는 아이들이 양산될 뿐, 주체적인 인격체를 키워 내기 어렵습니다. 가능하면 사교육 시키지 마라. 대신 부모들이 일찍 집에 와서 아이들과 얘기하고 책 같이 읽고 여행 같이 다녀라. 이런 얘기 하고 싶습니다.

공 생각할 시간을 안 주잖아요. 아이들에게 놀 시간도 주지 않고. 심지어 학원, 학습지 숙제하느라 밤늦도록 잠도 못 자는 애들 보면 이런 생각이 들어요. 세계적으로 돈 많이 써 가면서 아동 학대하는 나라는 우리나라가 최고가 아닐까….

황 그런 생각이 들지요.


## 안정적인 스웨덴의 일상

공 우리나라 한 사람당 1년 독서량이 0.8권이라는 통계가 있습니다. 스웨덴은 어떤가요?

황 책을 많이 읽어요. 버스 안에서도, 지하철에서도 읽고. 집에서도 읽고.

아내 같은 경우 적어도 일주일에 한 권은 읽어요. 최근 스마트폰 때문에 독서량이 좀 줄었다는 보고서를 본 적이 있지만, 그래도 기본적으로 책을 많이 읽는 국민이에요.

보세요. 저도 이런저런 책 읽고 있잖아요. 소설책도 많이 읽는데 그런 책은 집에 있고요. 소설책을 좋아해서 『창문 넘어 도망친 100세 노인』 등 유나스 유나손Jonas Jonasson의 책 세 권을 최근 다 읽었어요.

공 바쁘실 텐데 책은 언제 읽으세요?

황 저녁과 주말이 있잖아요. 운동하고 책 읽고 드라마도 보고…
월화 드라마를 재밌게 봐요. 드라마 보는 게 머리 식히는 시간이
니까.

공 스웨덴에 계실 때도 드라마를 자주 보셨어요?

황: 그곳에는 드라마가 거의 없어요. 우리처럼 일일 드라마, 월화 드
라마, 수목 드라마, 주말 드라마, 이런 게 없습니다.

공 그래요?

황: 가끔 특집으로 3부작을 방영하는 경우는 있지만, 우리나 미국
처럼 몇 주를 계속하는 드라마는 없어요. 미국 드라마는 스웨덴
텔레비전에 제법 들어와 있고요.

공 그럼 스웨덴에는 어떤 방송 프로그램이 있어요? 예능 프로그램
도 있어요?

황: 뉴스, 아동 프로그램, 예능 프로그램, 정치·사회 프로그램, 고발
프로그램, 자연 및 동물 프로그램 등 다양하게 있어요. 토론 프
로그램이 많고요 다큐멘터리도 있고…. 재미로 보는 프로그램은
그렇게 많지 않아요. 좀 재미가 없다고나 할까요. 우리나라 드라
마처럼 막 싸우고, 갑자기 교통사고 나서 기억 잃어버리고, 아들
이라고 생각했는데 아들 아니고, 아버지라 생각했는데 아버지 아
니고, 자식이 바뀌고, 고부간에 물고 뜯고 싸우고.(웃음)

공 머리끄덩이 좀 잡아 주고.(웃음)

황: 이런 거 없어서 별로 재미는 없어요. 근데 한국의 많은 드라마
가 그런 소재를 남용하니 식상하기도 해요. 차만 나오면 어~ 이

제 교통사고, 교통사고 나면 기억상실증, 뻔히 보이는 것 같아요. 꼭 드라마가 이래야 하나 하는 생각이 들기도 해요.

공 영화관엔 자주 가셨어요?

황 애들 키울 때는 시간이 별로 없잖아요. 그래서 TV나 DVD로 많이 봤죠. 금요일에는 애들 보고 싶은 영화, 우리 부부가 보고 싶은 영화, 그렇게 DVD 두 개를 꼭 빌려 와요. 애들하고 누워서 맛있는 거 먹으면서 봤습니다. 거의 매주 금요일 저녁에는 그렇게 보냈어요.

공 그게 스웨덴 불금이네요. 가정에서의 불금.

황 그렇죠. 우리 어른들은 와인도 한잔하고. 애들 영화 보고 나서 아내와 제가 빌려 온 영화를 보려고 하면 피곤해서 잠들고… 그래서 제대로 보지도 못했어요. 스웨덴에서 금요일은 좀 특이해요. 한국에선 '불금'이라 해서 직장 동료나 친구들과 술자리를 만들어 어울리고, 노래방에서 노래도 부르고 하지만 스웨덴에서는 금요일 오후 3시쯤엔 퇴근해요. 다른 요일에 일을 좀 더 하고 금요일에 일찍 퇴근하는 거죠. 와인 가게에서 와인 두어 병 사 들고 집에 가서 애들 좋아하는 저녁 만들어 먹고 영화도 빌리고 사탕, 과자도 사고 팝콘도 튀기고 해서 금요일 저녁을 가족과 보내요. 재미없죠?

공 일상생활이 전체적으로 대단히 안정적인 느낌이 들어요. 뭐가 팍 튀어 올랐다 폭 내려갔다 하는 게 아니라.

황 그래요. 일상이 무척 안정적이죠. 아이들이 클 때는 더욱 그렇죠.

# 민주주의는 시간이 든다

_공정경 기자가 만난 사람들 (3)

정책 도입 과정은 시간이 좀 걸리더라도
근본부터 깊이 있게 연구하고 다양한 의견을 수렴해야

**공정경 기자(이하 공)**  스웨덴은 새로운 정책을 도입할 때 어떤 과정을
거치나요?

**황선준 원장(이하 황)**  정책 도입 과정은 상당히 중요한 문제예요. 기존
정책을 바꾸거나 새로운 정책을 세워야 할 때 정부는 '정부연구
조사위원회'라는 위원회를 설치합니다. 위원회의 성격에 따라 다
릅니다만, 중요한 사안을 연구·조사하는 위원회는 많은 기관과
전문가가 참여합니다. 각 당을 대표하는 의원, 관료, 교수 그리고
다른 전문가들이 참여하죠.

　예를 들어 스웨덴에는 사교육이 없지만, 사교육을 줄여야 할
필요가 있으면 사교육경감위원회를 만들어요. 당 대표, 그 분야
전문가, 교수, 교사, 학원 대표, 행정 관료 등이 위원이 돼서 조사
하고 연구합니다. 위원회가 1~2년 연구해서 보고서를 만들어요.
이것을 '정부연구조사위원회제도'라고 합니다. 보세요. 이게 다 그

런 보고서예요.

공　헉, 그게 다 보고서예요? 책이 아니고?

황　이건 '새로운 교육법 1, 2' 보고서예요. 이 두 보고서만 해도 1,300쪽이 넘어요. 이런 위원회가 1년에 150~200개가 가동되고 있습니다. 전성기인 1970년대에는 350개 이상의 위원회가 가동되었습니다. 이렇게 많은 위원회가 운영되는 것은 정부에서 근무하는 공무원이 그리 많지 않기 때문입니다. 즉 작은 정부를 이런 일시적인 위원회가 보완한다고 보면 되죠. 또 정부는 작지만 중앙행정기관은 상당히 큽니다.

　　예를 들어 교육부 공무원이 200명 남짓한데 국가교육청 공무원은 350명 정도예요. 국가교육청 외에도 특수교육(1,500명), 교육감사청(350명), 고등교육청(200명) 등이 있습니다. 작은 정부에 큰 중앙행정기관 형태인 스웨덴 행정체제는 오랜 전통이라 할 수 있죠. 큰 중앙행정기관이 정부연구조사위원회와 같이 작은 정부를 보완하고 있지요.

　　이런 정부연구조사보고서가 일 년에 수백 개가 나와요. 엄청나죠? 위원회에서 보고서를 만들어 내면 정부는 그 보고서를 각계각층으로 보내 의견을 수렴합니다. '의견수렴 제도'라고 할 수 있는데, 각계각층은 이런 보고서를 보고 의견을 냅니다. 국가교육청이나 학교뿐 아니라 개인, 즉 교사도 낼 수 있어요. 단, 서면으로 내야 해요. 이렇게 서면으로 들어온 의견을 정부가 취합해서 분야별로 "이러이러한 의견이 나왔다"라는 결과와 함께 '정부 제안'을 만들어 의회에 제출합니다. 이런 과정을 거쳐 하나의 정부 제안이 나오는 전 과정까지 대체로 1~3년 걸리죠.

위원회가 일하는 과정이나 정부의 의견수렴 과정 등이 또 언론에 개방되어 있습니다. '공개원칙'이죠. 그래야 시민들이 정부에서 무슨 일을 하는지 알 수 있죠. 이것이 '스웨덴 민주주의'입니다. 시간이 좀 오래 걸리더라도 근본부터 깊이 있게 그리고 의견이 다른 사람과 기관들이 같이 머리를 맞대고 연구 조사하고, 이런 과정과 결과를 시민에게 공개하는 아주 중요한 정책 결정 과정이죠. 정부연구조사위원회제도는 400년이 넘는 전통을 가진 스웨덴 정치와 뗄 수 없는 부분이죠. 이런 장기적인 방식으로 정책을 만들고 제도를 만듭니다.

공  경기도 교육청이 야간자율학습을 폐지하면서 학교에서 저녁을 제공하지 않게 됐습니다. 그러면서 학생들이 저녁 먹을 곳이 없어져 편의점 등에서 식사를 대충 때우고, 오히려 학원을 더 많이 다니게 됐다는 기사가 있었어요. 야간자율학습 폐지 의도는 좋은데 부작용이 나타나고 있더라고요.

황  저도 읽었어요. 만약 스웨덴 식으로 이 문제에 접근했다면 교육청 차원에서 교사, 학부모가 참여하는 위원회나 TF팀을 구성해 무엇이 문제인지(또는 야간 자율학습이 왜 문제인지), 그 문제가 얼마나 심각한지, 어떻게 해결할 수 있는지 등을 연구·조사·토론하며 보고서를 만들고 교육청이 최종 결정할 수 있겠지요. 그렇게 하지 않을 경우 그 문제로 불편함을 느끼거나 손해 보는 그룹들이 생기며 그들의 반대가 심화되고 갈등이 일어나지요.

그러나 이 부분에 저도 교육청과 같은 생각입니다. 학생들은 수업을 마치면 귀가하여 쉬면서 취미 활동하고, 생각하고 고민하며 스스로 집에서 공부하고 또 가족들과 시간을 보낼 수 있는,

그야말로 '가정이 있는 삶'을 위해 야간자율(강제)학습을 폐지하는 게 맞지 않나 생각했습니다. 물론 과도기적으로 다른 문제들이 나타날 수 있어요. 그렇다고 "의도는 좋지만…"이라며 반대한다면 우리는 절대 변화를 이룰 수 없습니다. 그러나 잊지 말아야 할 것은, 어떤 과정을 거쳐 정책을 결정했나가 중요하다는 것입니다.

공 과도기적으로 부정적인 면이 나타날 수 있지만, 이 정책이 순방향으로 갈 수 있도록 노력해야겠네요. 일단 학교에서 저녁을 안 주니까 어찌 됐든 가정이 책임져야 할 거 아니에요?

황 그렇죠. 그런 면에서 우리 부모님들이 자기 자녀에 대해 제대로 책임을 안 진다는 생각이 들 때가 있어요. 아이를 낳고 키우면 그에 대한 책임을 져야 합니다. 아이를 건강하게 키우는 책임, 가정에서 아이들 학습에 대한 책임, 아이들을 민주시민으로 키우는 책임 등, 이 모든 책임을 가정(부모)이 져야 하는데 이런 책임을 다하고 있는지 의문스러울 때가 있지요. 많은 분이 '우리가 하기 싫어서 안 하냐, 현실이 허용하지 않는다'고 항변할 것입니다. 물론 그런 점이 있어요. 이럴 경우 국가 차원에서 정치가 제 역할을 하면 문제를 하나하나 해결해 갈 수 있어요.

공 대부분 아웃소싱하잖아요. 교육은 학원, 식사는 밖에서….

황 그러다 보니 우리 사회가 이렇게 돼 버린 거예요.

공 (한숨)

## 시민 한 사람 한 사람이 사회적 덫에 빠지지 않아야
## 더 나은 사회로 갈 수 있다

**황** 전체가 다 같이 하면 변화가 빠른데, 예를 들어 경기도는 야간
자율학습을 폐지했는데 다른 지역은 안 하면 문제가 되죠. 사교
육 문제를 예로 들어 볼까요? 사교육이 주는 게 별로 많지 않다
는 걸 다 압니다. 어떤 면에서 아이들에게 비판적 사고를 심어 주
지 않아 오히려 창의력을 저해한다고도 볼 수 있죠. 학부모들에
게 엄청난 비용도 들고요. 사교육비가 일 년에 20조 원 시장이라
고 합니다. 모든 학부모가 자녀를 학원에 보내지 않고 그 돈의 십
분의 일만 세금으로 내어 공교육에 투자하면 지금보다 훨씬 좋은
공교육을 만들 수 있을 거예요.

　교육을 책임지는 정치인과 관료, 교사 그리고 학부모가 자녀를
학원에 보내지 않기로 사회적 합의를 이뤘다고 합시다. 이렇게 했
을 때 얼마나 많은 학부모가 그래도 자기 자식은 학원에 보내고
개인지도를 시킬 것인지가 문제죠. 상당 부분의 학부모가 그렇게
할 것입니다. 이렇게 되면 문제 해결이 안 되죠. 그런 사회를 '사회
적 덫'에 빠졌다고 할 수 있습니다.

**공** 사회적 덫에 빠졌다?

**황** 다른 예를 들어 봅시다. 서울같이 창원도 공기가 상당히 안 좋
아요. 미세먼지도 많고. 창원의 공기를 좋게 하려고 사회적 합의
를 통해 자동차 사용을 줄이는 정책을 만들었다 합시다. 예를 들
어 휘발유 값을 대폭 올리고, 불법주차 및 과속운전을 더 강력하
게 단속하고, 그에 대한 벌금도 대폭 올리고, 도심으로 들어오는

자동차에 부담금을 매기고. 그럼 창원시 세수가 늘잖아요? 그 늘어난 세수로 버스는 전부 친환경 버스로 바꾸고 대중교통을 무료로 이용하게 하면 창원 공기는 금방 좋아질 거예요.

그런데 '그렇게 하려면 해라. 그래도 난 자동차 타고 다니겠다'라는 사람이 얼마나 많은가가 문제예요. 그런 사람이 많을 때 그 정책은 효과를 보지 못하죠. 이런 상황을 '사회적 덫'에 빠졌다고 합니다.

공 아무리 좋은 정책이라도 시민들이 그 정책에 따르지 않으면 별 효과가 없는데, 그럴 땐 어떻게 해야 하나요?

황 그럴 때 중요한 게 또 정치예요. 시민들과 계속 소통하고 설득하면서 시민 한 사람 한 사람이 '내가 사는 곳의 환경을 좋게 하려면 자동차를 덜 타고 다녀야겠다'라고 인식하게 만들어야 합니다. 그게 바로 정치인의 역할이죠. 그게 안 되면 사회는 계속 덫에 빠져 개선하기 어렵습니다. '남들 다 타고 다니는데 왜 나만 안 타고 다녀?'라는 이기주의적 사고에 빠질 때 그 사회는 상당히 문제가 있죠.

공 제가 볼 땐 사회적 덫에 빠지는 경우가 엄청 많은데요?

황 제가 볼 때도 많아요. 모든 분야별로.(웃음) 정치가 제대로 역할을 못 해 왔으니까요.

공 결국은 정치의 역할이네요.

황 정치의 역할과 시민의식이에요. 이 둘이 손을 맞잡고 성숙해 가야 합니다.

공 스웨덴 같은 경우 '시민의식이 높다'라는 게 사회 발전을 위해 좋은 정책이 있으면, 시민들이 이기적인 생각을 줄이고 그런 정책에 많이 참여한다는 거잖아요.

황 그렇죠. 참여의식이 상당히 강하죠. 시민의식에서 중요한 건 '얼마만큼 합리적으로 판단하는가'입니다. 민주주의의 근본이라 할 수 있는데, 시민이 합리적으로 판단하고 행동하는 사회가 바로 선진사회라 할 수 있죠. 이런 사회를 만드는 게, 누누이 강조했듯이 정치입니다. 이제 새로운 정권이 들어섰잖아요. 벌써 세상이 너무 많이 바뀐 것 같지 않아요? 앞으로 우리 사회, 얼마나 멋진 사회가 될 수 있을지 정말 기대돼요!

# 성이 억압된 사회와
# 성이 억압되지 않는 사회

_공정경 기자가 만난 사람들 (4)

학생들 정치교육, 즉 민주시민교육은 일찍 시작하는 게 바람직하다

**공정경 기자(이하 공)**  공무원과 교직원의 정치참여, 학생들의 투표권에 대한 생각은? 우리나라는 다 제한돼 있잖아요.

**황선준 원장(이하 황)**  우리나라는 정치적 중립이라는 개념이 있어요. 이 개념은 1960년 윤보선 대통령 때 만들어졌어요. 그 배경을 살펴보면, 자유당 시대 이승만 대통령이 자기 정당으로 공무원들을 끌어들이고 동원하여 정치를 했어요. 이런 폐단을 없애도록 한 게 정치적 중립이에요. 그래서 헌법에 '정치적 중립은 보장된다'라고 되어 있어요. 국가가 공무원들을 위해 큰 선심을 쓰는 듯한 느낌으로 돼 있는 이유가 바로 그런 배경 때문이죠. 이때 만들어진 개념이 박정희 군사독재 시대를 거치며 오늘날까지 계속 유지돼 온 거죠. 그동안 세월이 많이 흘렀습니다. 시민의식도 많이 성장했고요. 그래서 지금은 정치적 중립을 헌법이 보장해 주기보다는 공무원의 기본권을 박탈하는 것으로 많이 이해해요. 이제 새로운 진보 정권이 들어섰으니 이 문제도 되짚어 보며 공무원의 정치적

중립을 폐지하는 방향으로 가야 해요.

정치적 중립을 폐지하면 교육계 같은 경우 학교에서 선생님이 학생들에게 특정 정당을 찍으라 할까 봐 우려들을 많이 합니다. 당연히 그래선 안 됩니다. 교사는 여러 정당의 정책을 객관적으로 공평하게 보여 주고 아이들이 선택할 수 있게 해야지, 자기가 좋아하는 정당을 찍으라는 식의 정치교육은 옳지 않습니다. 그렇게 할 선생님이 거의 없으리라 믿습니다. 기우에 불과합니다. 정치적 중립이라는 미명하에 교사나 공무원의 기본권을 박탈하고 정치에 관심을 두지 못하게 하고 정치적 발언을 못 하게 하는 것은 더 이상 정당화될 수 없습니다. 오히려 더 정치적이어야 하고, 정치에 대해 잘 알고 학생들을 더 잘 교육시켜 올바른 민주시민을 길러 내야 합니다. 그런 의미에서 정치교육, 즉 민주시민교육은 일찍 시작하는 게 바람직하고요.

공 스웨덴은 학생들 정치교육을 어떻게 하나요?

황 스웨덴에서는 사회 시간에 민주주의가 무엇인지 배우는 것 외에 중학생들이 선거가 있는 해는 모의투표를 합니다. 학생들이 학교 내에서 정당을 만들고 당 대표도 뽑고 유세하고 투표를 하죠. 스웨덴 정당을 좌우로 나눠 볼 때 좌측에 좌익당, 환경당, 사회민주당이 있고, 우측에 중앙당(옛 농민당), 국민당(또는 자유당), 기독교민주당, 보수당이 있습니다. 최근 스웨덴민주당이라는 극우 정당이 의회에 입성했고요. 중학교에서 선거가 있는 해 가을에 학생들은 정당을 만들고 당 대표를 뽑고 정책을 만들어 유세를 하고 학생들끼리 투표를 합니다. 제 큰애가 중학교 2학년 때 환경당 대표가 되어 투표한 결과 학교에서 2등을 했습니다. 실제 환경당은 제일 작은 정당 중 하나인데, 그 학교의 학생 환경당이 호응도가 좋았다는 얘기죠. 이런 살아 있는 정치교육을 할 필요가 있습니다. 그뿐만 아니라 각 지방의 정당 대표들이 학교에 와서 자신의 정당과 정강이나 정책을 홍보하는 시간이 있어요. 학교에서는 일부 정당만 초청하는 게 아니라 모든 정당에게 같은 기회를 줍니다. 고등학교에서의 정치교육 수준은 이보다 더 높고요. 고등학생들은 각 정당의 정책에 대해 잘 파악하고 있어요. 그 정도로 정치교육을 열심히 합니다.

공 기존 정당에 대해 빠삭하게 알도록 하는군요. 정치교육의 깊이도 다르고요.

황 다르죠. 아이들이 정치적으로 휘둘린다고 생각해서 금지하기보다 오히려 일찍 정치교육을 해서 정치에 대해 알고 정치적으로 선택할 수 있게끔 합리적인 아이로 키우는 게 우리가 나아갈 길입니다.

공 이번에 촛불집회 때도 학생들 참여가 대단히 높았잖아요. 학생들이 나와서 자기 발언도 많이 하고.

황 그랬죠. 이젠 학생들에게 '너희는 아무것도 모르니 공부나 하라', '정치 같은 건 몰라도 되니 공부나 하라'는 식의 이야기가 통하지 않지요.

공 어떤 면에서 보면 오히려 학생들이 사회적·정치적 문제에 대해 무엇이 문제이고 어떻게 해야 하는지 더 명확히 알고 있다고 생각합니다.

황 그런 면이 있죠. 아이들은 어른들보다 사심이 적고 정말 무엇이 옳은지 생각하고 투표하는 경향이 있죠. 우리나라는 현재 투표

연령이 19세예요. 더불어민주당은 투표 연령을 18세로 낮춰야 한 다고 하는데, 자유한국당은 반대하고 있어요. OECD 국가 중 19 세에 투표를 하는 나라는 우리나라밖에 없어요. 대체로 18세에 투표를 하고 오스트리아 등 일부 나라에서는 16세에 투표를 해 요. 투표 연령을 16세로 낮추는 것을 고민할 필요가 있지요. 16세 는 고등학교 1학년이에요. 고등학교 1학년 정도면 투표를 해도 충 분할 만큼 아이들이 성장했다고 생각합니다. 만약 16세에 투표를 하게 되면 중학교 사회과목 교육이 많이 달라지고, 중학교에서의 정치교육도 현실을 바탕으로 살아 있는 교육을 해야 합니다. 그 런 의미에서 중학교의 사회 및 정치교육도 수준이 높아질 가능성 이 많지요. 물론 한꺼번에 16세로 낮추기는 어렵겠지만 우선 18 세로 낮추고 머지않아 16세까지 낮춰야 한다고 생각합니다.

공  그렇죠. 고등학교 1학년이면 어느 정도 생각의 틀이 형성되는 시 기니까요.

황  충분히 가능합니다.


## '정상'이라는 테두리 밖에 있는 사람들이 살기 힘든 사회

공  스웨덴에는 차별금지법이 있지요?

황  대부분의 선진국에는 차별금지법이 있어요. 우리나라도 차별금 지법이 필요합니다. 우리나라 헌법을 보면 '성별이나 종교, 사회 적 신분에 의해 차별해서는 안 된다'라고 되어 있어요. 성별, 종 교, 사회적 신분, 이 세 가지죠. 하지만 UN이나 국제적 기준은 성별, 종교, 인종, 장애, 성 정체성 및 지향성, 나이 등 6~7가지에서 차별하면 안 된다고 되어 있습니다. 우리도 이런 수준에서의 차별금지법이 만들어져야 해요. 사실 우리나라도 국회에서 2007년, 2010년, 2013년 세 차례에 걸쳐 차별금지법을 만들었지만 보수 기독교단체에서 반대해서 통과되지 않았습니다. 여기서 가장 문제가 된 것은 성 정체성(성 지향성)이고요.

공　성 정체성에 대해서는 워낙 보수 기독교단체들이 많이 반대하잖아요. 그래서 정치인들이 그에 관한 자기 의견도 공식적으로 말하지 못하고요.

황　스웨덴 사례를 하나 들어 볼게요. 스웨덴 고등학교 수학 교과서에 이런 문제가 나와요. "영희와 미숙이가 아파트를 사러 간다. 아파트 가격이 1억 원이다. 그러나 영희와 미숙이는 천만 원밖에 없다. 9천만 원을 은행에서 융자받아 30년 동안 상환하려고 한다. 당시 이자율은 연 3%다. 이럴 때 영희와 미숙이는 은행에 연금과 이자를 매달 얼마씩 갚아야 하는가?"

공　어머! 어려워.(웃음)

황　어려워요? 지금은 못 풀지만 고등학생 때는 쉽게 풀었을 거예요. 문제의 초점은 거기에 있는 게 아니에요.

공　영희와 미숙이죠?

황　맞아요. 중요한 점은 영희와 미숙이에요. 다른 나라에서는 결혼하고 남자와 여자가 아파트를 사러 가는데, 스웨덴에서는 여자 두 명, 남자 두 명 또는 남녀가 아파트를 사러 간다는 것으로 나와요. 이 외에도 남자 둘이서 시장을 보러 가는 등, 다른 나라에서 남녀, 즉 부부가 하는 일을 스웨덴에서는 이렇게 여자 둘 또는 남자 둘이서도 한다고 교과서에 나와요. 신기하죠? 이게 뭘 의미하느냐 하면, 사랑하는 데 정상과 비정상은 없다. 국가가 성 정체성(성 지향성)에서 '이건 정상이고 저건 비정상이다'라고 얘기하지 않는다는 뜻이에요. 그래서 군더더기 하나 없이 교과서에서 동성애가 정상이라는 것을 학생들에게 이런 식으로 보여 주는 거예요. 얼마나 파격적입니까! 차별금지를 이런 식으로 교육하여 성 정체성 문제에서의 차별을 없애려고 노력하는 것이죠.

성이 억압된 사회와 그렇지 않은 사회의 차이가 여기서 나는 거죠. 예를 들어, 제가 동성애자라 합시다. 성이 억압된 사회에서는 내가 사랑하는 남자에게 사랑한다고 얘기하지 못하고, 사랑하는 남자와 같이 살지도 못합니다. 그러면서 어떤 경우에는 전혀 사랑할 수 없는 여성과 고통 속에서 평생 살아야 합니다.

성이 억압되지 않는 사회에서는 사랑하는 사람을 '사랑한다' 얘기할 수 있고, 사랑하는 사람과 같이 살고, 그러면서도 사회적으로 차별받거나 무시당하거나 손가락질 받지 않아요. 우리는 어떤 사회를 원하는지 정말 심각하게 고민해야 해요.

공 참. 한국은 비극이네요, 비극….

황 이성애자가 아닌 성 정체성을 가진 사람들에게는 살기 힘든 나라죠. 과학자들이 얘기하잖아요. 인류의 약 10%는 이성애가 아닌 성 정체성을 갖고 있다고요. 이성애가 아닌 사람이 10명 중 1명이라는 뜻이에요. 성이 억압받는 사회에서는 10명 중 1명은 고통스럽게 살아야 한다는 겁니다. 동성애가 병적이다, 자연의 법칙에 어긋난다고도 하는데, 15,000종이나 되는 동물의 세계에도 동성애가 있대요. 그럼 무엇이 자연적인지 생각해 봐야죠. 동성애를 인정하고, 같이 더불어 살아야 합니다. 성 정체성이란 게 어디 자기 마음대로 할 수 있는 건가요? 이게 병이라서 고칠 수 있는 건가요? 찬성하고 반대할 문제인가요? 받아들이고 더불어 살 것인가 아니면 억압하고 차별할 것인가 하는 문제입니다.

**공** 우리나라는 동성애자에 대한 거부감이 상당히 심해요.

**황** 그럼요. 많은 사람들이 그런 거부감을 느끼는 편이지요.

**공** 그래서 학교교육이 중요한 것 같아요.

**황** 동성애에 대한 편견은 사실 잘 모르는 가운데 형성되는 경우가 많아요. 동성애자를 만나 본 사람, 친구로 있는 사람은 절대 '병적이다, 자연스럽지 않다'라고 얘기하지 않아요. 우리와 똑같아요. 우리 사회가 '정상'이라는 테두리 밖에 있는 사람들이 살기 힘든 사회예요. 정상이라는 테두리 밖에 있는 사람들이 어떤 사람들이죠? 외국에서 이민 온 이주자나 난민 즉 다문화가정의 어른들과 아이들, 장애인, 공부가 느린 아이들, 성 지향성이 다른 사람들… 우리나라는 이런 사람들이 살기가 꽤나 힘든 사회예요.

**공** 장애만 있어도 대부분 외국으로 나가 살고 싶어 해요. 편견뿐 아니라 사회 기반시설이 워낙 미비하고 불편하거든요.

**황** 전체적으로 장애인이 어디든 다닐 수 있도록 해야 합니다. 스웨덴은 공공시설 자체가 장애인 기준입니다. 장애인이 어디든 편하게 다닐 수 있게 해 놨어요.

**공** 그런 기준이 법적으로 돼 있나요?

**황** 그래요. 학교도 마찬가지입니다. 모든 학교는 장애 학생을 받아야 하고, 장애인 학부모가 학교를 방문할 수 있도록 해야 돼요. 필요하면 장애 학생 한 명을 위해 엘리베이터를 설치해야 한다는 뜻입니다.

공 장애 학생 한 명이 들어오면 엘리베이터를 설치한다고요?

황 예를 들어, 장애 학생이 2층에서 공부해야 하면 휠체어가 들어가는 엘리베이터를 설치해야 합니다. 아니면 1층에서 공부하게 하든지요. 물론 스웨덴 학교는 다층 건물이 그렇게 많지는 않습니다. 그러나 모든 건물은 장애인이 자유롭게 다닐 수 있도록 해 놨어요.

공 도로부터 모든 공공시설이 노약자와 장애인이 다니기 편하게 돼 있죠? 예를 들면, 이탈리아는 저상버스에서 휠체어가 바로 내릴 수 있도록 버스와 도로의 높이를 딱 맞게 해놨다고 합니다.

황 그 저상버스, 어디서 만든 줄 아세요? 아마 스웨덴에서 만들었을 거예요.(웃음)

볼보Volvo, 스캐니어Skania 버스가 그런 버스를 만들고 해외에 많이 수출해요. 세계 시장 점유율이 상당히 높아요. 이 기업들이 생산하는 버스가 탑승 계단이 없고 버스 몸통을 낮출 수 있어 어린이, 어르신, 유모차를 가진 부모, 휠체어 탄 장애인이 인도에서 아무 턱 없이 버스에 오를 수 있도록 해 놨어요.

공 아, 이탈리아만 그런 게 아니구나.(웃음)

황 중요한 것은 무엇이 정상이고, 무엇이 비정상인가? 소위 정상이라는 범주에 속하는 사람들이 그렇지 못한 사람들을 차별하도록 놔둘 것인가, 그렇게 하지 못하게 할 것인가? 이런 것이 바로 선진국의 척도라 해도 과언이 아닙니다. 왜냐하면 이런 문제는 정치 수준 및 시민성과 관련돼 있기 때문입니다. '모든 사람이 나와 똑같고 똑같이 존중받아야 한다', '모든 사람이 다 귀한 사람이다'.

알고 보면 사실 다 그렇잖아요. 우리가 직장에서 사회에서 어디서든 만나는 모든 사람은 다 어머니고 아버지고, 귀한 자식이고, 이모 고모, 삼촌 외삼촌, 즉 가정에서 다 존중받는 사람들이에요. 이 모든 사람을 우리 사회는 존중해야 해요. 그런데 이런 사람들이 정상이라는 테두리를 조금 벗어났다 해서 차별하고 업신여기고 멸시하고, 그럴 건가요?

공 여담으로, 스웨덴은 아이들 성교육을 어떻게 하나요?

황 초등학교 때부터 성교육을 시킵니다. 사랑하는 건 아름답고 사랑하는 사람을 아껴야 한다는 것이 성교육의 핵심이고요. 또 중학교나 고등학교 때 남자 친구나 여자 친구가 생기면 바깥의 컴컴한 골목에서 연애하도록 놔두지 않고 오히려 집으로 데려오게 하여 같이 얘기하고 식사하고 여행도 하고 그래요. 이게 훨씬 좋지 않나요?

사실 아이들이 어릴 때 TV에서 뽀뽀하는 장면이 나오면 저는 어떻든 좀 불편했는데, 아이들이나 아내는 아무렇지도 않게 보더라고요.(웃음)

# 한 사람 한 사람이 책임지는
# 철저한 민주주의자로
_공정경 기자가 만난 사람들 (5)


사회적 안전망과 노사 간 상생하는 문화를 만들어 내는 것이 중요

**공정경 기자(이하 공)**  노동분쟁을 예로 들면, 스웨덴에는 부당해고 같
은 게 있나요?

**황선준 원장(이하 황)**  지금 한국이 얘기하는 동일직종 동일임금이
1970년대 스웨덴의 노동정책이었어요. A사는 생산성이 높고 B사
는 A사보다 생산성이 낮은데 임금을 똑같이 월 100만 원을 줘야
한다면 A사는 이윤이 많이 남고 B사는 이윤이 적어서 부도날 수
있습니다. 부도나서 정리하거나 경영을 쇄신해서 생산성을 높이
든지 해야죠. 그래서 동일직종 동일임금이 산업구조를 혁신하고
생산성을 높이는 데 많이 기여했다고 볼 수 있습니다. 나아가 이
윤이 많은 기업은 노동기금 등을 통해 사회에 환원하고요.

스웨덴은 복지가 잘되어 있어 오히려 우리나라보다 정리해고가
쉬울지 몰라요. 어느 기업이 도저히 기업의 상황이 어려워서 100
명은 정리해고 해야 한다면 노사협상을 통해 해고에 대한 보상금
을 주며 해고합니다. 정리해고를 당한 노동자는 직장에서 나오는

혜택도 있지만 국가 차원의 보험(복지)이 잘돼 있어 실업수당으로 임금의 80%를 받습니다.

그뿐만 아니라 해고 노동자는 국가가 제공하는 재교육 또는 새로운 교육을 통해 다른 분야로 전업이 가능합니다. 즉 국가가 쇠퇴하는 분야에서의 유휴 노동력을 전망 좋은 신산업 분야로 유치한다고 보면 됩니다. 이것이 바로 적극적 노동정책이고, 국가가 이런 큰 역할을 잘해 오고 있다고 보면 됩니다.

스웨덴은 사민당이 오랫동안 집권한 나라입니다. 1932년 최초로 집권하고 오늘날까지 세 차례 우파에게 정권이 넘어갔습니다. 1976~1982년, 1991~1994년 그리고 2006~2014년. 그러니 복지국가 스웨덴을 사민당이 세웠다 해도 과언이 아니죠. 사민당의 근간은 당연히 노동자죠. 복지를 확장한 1950~1960년대의 정책은 노동조건을 개선하거나 여성(가정)의 사회적 지위를 높이는 중요한 정책을 많이 개발했지요. 즉 노동자와 여성에게 좋은 정책과 복지를 만들었습니다. 그래서 직장을 잃어도 당장 벼랑 끝으로 내몰리는 상황은 아닙니다.

공  아, 그렇겠네요.

황  한 가지 예를 들어 볼게요. 자동차 회사 볼보VOLVO 같은 경우 2008년 금융위기로 경영 사정이 안 좋아져 어쩔 수 없이 2,900명을 정리해고 했습니다. 당시 노사가 지혜를 모았습니다. 스웨덴 정부와 지자체가 개입해 재교육과 전직을 알선하여 해고 통지 1년 만에 2,635명이 전직했죠. 경영 상황이 다시 좋아지자 볼보는 해고 노동자를 우선 고용했습니다. 정리해고를 단행한 지 2년 만에 1,556명이 볼보로 복귀했습니다.

**공** 기업이 스스로요? 우리나라는 해고 노동자를 먼저 고용하라고 그렇게 요구해도 안 하는데….

**황** 왜냐하면 그 기업에서 일하면서 노하우를 가진 사람들이잖아요. 재교육할 필요 없이 바로 일할 수 있으니 당연히 우선 채용하죠. 또 의리가 있어야죠. 정리해고된 기간에는 국가가 책임지고요. 사회적 안전망이 잘돼 있다고 보면 됩니다.

**공** 노조 탄압은 없겠죠?

**황** 에이, 노동자 정권이 노동자를 탄압한다는 게 말이 안 되죠. 그러나 나라의 경제 사정이 좋지 않을 때는 노동자도 당연히 고통을 나누죠.

**공** (웃음) 말이 안 되고.

**황** 1800년대 말~1910년대 스웨덴에서도 노사 대립이 심했어요. 그러다가 1938년에 나까Nacka 지역 휴양지인 살트쉐바드Saltsjobad에서 노동자 대표LO와 사용자 대표SAF가 대타협을 이뤄 냈습니다. 이것이 바로 그 유명한 살트쉐바드 협약이고, 노사 간 힘의 대결이 아니라 소통과 타협으로 노사 문제를 해결하는 '스웨덴 모델'이 된 것입니다.

살트쉐바드 협약은 한국에서 알고 있듯 노동자, 사용자 그리고 정부의 대표 간 협약이 아니고, 노동자와 사용자 대표가 정부의 개입 없이 이뤄 낸 협약입니다. 이 협약이 그 후 노사 간 모든 협약의 근간이 되었고, 1976년에야 비로소 일부 수정이 가해질 정도로 오랫동안 적용된 것입니다.

이 협약은 크게 다음 네 가지로 되어 있습니다. 간단히 얘기하면 1) 노사 협력기구로 중앙에 노동시장위원회를 설치하여 노동시장에서의 갈등을 해결한다. 2) 노동자가 파업을 결정하거나 사용자가 공장을 닫는 직장폐쇄lock out 조치를 취하기 전에 지방과 중앙에서 노사가 타협한다. 3) 해고는 절차에 따라 하며, 해고 시 노동자 측과 상의해야 하는 것으로, 이 조항은 1974년의 법LAS(고용보호법)에 따라 폐지되었다. 4) '노동보호'에 해당하는 산업은 파업이나 직장폐쇄 등의 경제적 투쟁 대책이나 사회적으로 위험한 갈등은 한계를 두어 보호한다. 이런 경우에는 노사 갈등 중에도 공장을 계속 가동한다는 뜻입니다. 그러나 노동시장위원회가 사회적으로 위험하다고 판단하여 노사 갈등을 중지시킨 적이 없습니다.

살트셰바드 협약이 제2차 세계대전 후 스웨덴의 경제성장과 복지사회 건설에 큰 역할을 한 것은 말할 필요도 없습니다. 이 협약 이후 노사는 서로를 파트너로 인정하여 노동 갈등을 최소화하고 노동 갈등이 일어났을 때 대화와 타협으로 해결해 냈습니다. 1946년부터 1968년까지 무려 23년간 사민당 출신 총리로 스웨덴을 이끈 타게 엘란데르는 격주 목요일마다 재무 장관 주재로 직군별 노사 대표와 저녁을 함께하며 노동 현안에 대한 얘기를 듣기도 했습니다.

공 스웨덴 노동조합 조직률은 얼마나 되죠?

황 스웨덴의 노동조합 조직률은 1995년 86%로 가장 높았는데, 2013년 기준으로 67.7%입니다. 노동조합에 따라, 예를 들어 LO(블루칼라 노조), TCO(사무원 노조), SACO(고학력자 노조)의 노조 가입률이 조금씩 다를 것입니다. 한국은 2016년 기준으로 10.2%입니다. 경제협력개발기구OECD 가입 국가 중 노동조합 조직률 최하위죠. 노동조합 가입자 비율을 놓고 볼 때 스웨덴 노동조합은 우리와 비교할 수 없을 정도로 큰 조직이며, 노조의 전통이 확고합니다. 등 뒤에 과반이 넘는 수의 노동자가 있는 무시 못할 조직이기에 협상력을 갖고 사용자 측과 동등하게 논의를 풀어 갈 수 있는 겁니다.

노조가 이런 엄청난 세력인데 노조를 탄압한다고 해 보세요. 그것도 사회민주당 정부가 노조를 탄압한다는 건 말이 안 되잖아요. 그러나 경제 사정이 좋지 않을 때는 사민당 정부가 실업수당 등을 삭감했는데, 국가적인 고통을 다 같이 짊어지자는 공동체 정신에서 비롯한 것이라 보면 되죠.

공 사무실 앞에 S-OIL 본사가 있어요. 며칠 전에도 S-OIL이 노조 탄압한다고 민주노총이랑 모여서 몇 차례 집회를 했거든요. 우리나라는 쌍용자동차, 유성기업, 방송국 노조 등 정말 수많은 노조 탄압 사례가 있습니다.

황 지금이라도 우리가 상생하는 문화를 만들어 내는 것이 중요합니다. 극단적으로 대치하며 싸워서 이익 보는 편은 한 편도 없지요. 국가 경제에도 악영향을 끼치고요.

공 기업이 왜 이렇게 노조를 탄압하나 생각해 보면… 기업 마인드가, 노조 자체가 그냥 싫은가 봐요.

황 지금은 특히 실업률이 높아 유휴 노동력이 많으니까 사용자들이 '노동자들은 어디에나 있다'고 생각하고 노동에 드는 비용을 최소화하려는 경향이 있죠. 그런데 사실 그보다 훨씬 중요한 것이 노동자들의 기술, 전문성, 충성심이에요. 이것이 노동생산성과 효율성에 미치는 영향이 훨씬 크고 중요하다는 걸 모든 연구가

보여 주고 있습니다. 노동의 질을 좀 더 생각하는 경영 마인드가
필요하지요.


## 책임지는 사회가 돼야 비로소 사회적 신뢰도 생겨


공 알겠습니다. 노조 탄압이 스웨덴의 1800년대~1900년대 초 현상
이라니… 스웨덴은 노동현장에서 안전사고 같은 게 없나요?

황 안전사고가 전혀 없는 곳은 없습니다. 문제는 사고가 났을 때 어
떻게 처리하냐인데, 그게 중요하죠. 스웨덴은 산재 처리 방식이
잘되어 있어 노동안전이 보장된다고 봐야죠. 우리나라는 직장에
서 사고가 참 많지요. 1년에 2,400명의 노동자가 일터에서 사망하
고, 삼풍백화점, 성수대교, 대구지하철 화재, 세월호 참사 등 계속
사고가 나잖아요. 어떻게 이렇게 계속 사고가 나는지 안타깝기
그지없습니다. 문제는 책임져야 할 사람이 책임을 지고 있는가 하
는 겁니다. 분야별·위치별로 각자 책임을 져야 하는데 과연 책임
을 지는가 하는 생각이 많이 들어요.

　좀 다른 얘기지만, 역으로 우리가 하도 '안전, 안전' 부르짖다
보니까 아이들이 밖에서 제대로 놀지도 못하는 것 같아요. 스웨
덴 학교 가 보세요. 겨울에는 꽁꽁 언 학교 동산이나 언덕에서
어린이들이 헬멧을 쓰고 여럿이 눈썰매를 타고 내려와요. 옆에 바
위도 있어 한국 사람 눈엔 매우 위험해 보입니다. 그런데 그렇게
놀아도 사고 났다는 얘기를 들어 본 적이 없어요. 아이들에게 안
전교육을 제대로 하고 안전장비를 언제나 착용하게 하는 데서 차

이가 있는 거죠. 또 얼음과 눈이 녹아 질퍽질퍽해지면 유치원 아이들이 그게 재미있다고 장화 신고 막 뛰며 놀아요. 옷 젖는 줄도 모르고 발 시린 줄도 모르고. 한국 선생님들이 그 모습을 보면서 "저래도 부모들한테 민원 안 들어오냐?"고 물어요.

공  민원 안 들어오냐?(웃음) 이건 선생님들만 할 수 있는 멘트네요.

황  스웨덴에서는 아이들이 어릴 때부터 스스로 결정하고 책임지게 하는 게 우리나라와 좀 다른 것 같아요. 어떤 결정이든 자기가 하게 하고, 그 결정에 대해 책임지게 합니다. 그런 교육을 어릴 때부터 하기 때문에 어른이 돼서도 책임을 다하는 것 같다는 생각이 들어요. 기계를 만들면 그 기계에 대한 책임, 선장이면 선장으로서의 책임! 이러니 안전사고가 적은가 봐요.

책임지는 사회! 책임지는 사회가 돼야 비로소 사회적 신뢰도 생깁니다. 책임져야 할 사람이 책임지지 않을 때 절대 신뢰가 생기지 않아요.

공  맞아요. 각자 책임을 안 지면 안전/신뢰 사회의 시작부터 할 수 없죠. 스웨덴에서 세월호 같은 참사가 일어났다면 어떻게 됐을까요?

황  스웨덴에서도 '에스토니아호 침몰사고'라는 큰 참사가 있었어요. 1994년 9월 28일 0시 55분, 에스토니아호는 발트해를 지나던 중에 좌초했습니다. 날씨가 아주 좋지 않았어요. 한밤중에 강풍을 동반한 비가 쏟아졌어요. 당시 승객 803명과 승무원 186명, 모두 989명이 탑승했죠. 선체 앞부분에서 꽝 소리가 들렸고 30분 만에 배가 90도로 기울었어요. 너무나 갑작스럽게 크게 기울어졌기

때문에 승객들은 배 위에 구명정이 있는 곳으로 올라올 시간적
여유가 없었다고 합니다. 승무원이 조난 상황을 인지하여 무선으
로 메이데이를 외친 때로부터 불과 8분 만에 90도로 기울며 침몰
했어요. 너무나 순식간에 침몰했다고 했어요. 989명 중 138명만
구조됐습니다. 선박에서 탈출한 사람 중 1/3은 저체온증으로 바
다에서 사망했고요.

　그때도 음모론 같은 게 많았어요. 예를 들어, '러시아 잠수함이
들이받은 거 아니냐?'부터 세월호 참사와 비슷한 얘기들이 많았
어요. 국제위원회를 만들어 진상을 규명했고요. 배를 건져 올릴
것인가, 말 것인가 논의하다가 배가 침몰한 곳을 무덤으로 만들
어 일 년에 한 번씩 바다에 가서 꽃을 던지며 추모하고 있습니다.

공　가족들이 유해를 원하지 않았을까요?

황　우리와는 생각이 좀 다른 것 같아요. 유족이 그런 결정을 내렸
어요. 물론 유해를 건져야 한다는 분들도 있었지요. 논란이 많았
지만 결국 바다를 무덤으로 생각하며 그곳에서 추모하기로 했답
니다. 하지만 유족의 마음이야 어딘들 다를까요? 그 마음이 오죽
했겠어요? 꽃 한 송이 꽃 한 다발을 바다로 던지며 오열과 눈물
을 삼키는 것을 보며 우리도 눈시울이 많이 젖었지요.

공　참사의 진상조사는 전부 공개적으로 한 거죠?

황　당연하죠. 에스토니아, 핀란드, 스웨덴 정부는 1994년 9월 29
일, 합동사고조사위원회The joint Estonian/Finnish/Swedish Accident
Investigation Commission, JAIC를 설립했고, 조사위원회는 1997년
12월 최종 보고서를 발간했습니다. 제가 기억하기로는 이 조사
외에도 국제기관에 의뢰해 여러 번에 걸쳐 사고 원인을 조사했어

요. 세월호 참사는 진상조사를 제대로 하지 않은 게 큰 문제잖아요. 7시간 동안 대통령은 뭐 했냐, 정부는 뭐 했냐, 해양경찰은 초동대응을 왜 그렇게 했냐, 선장은 자기만 살려고 혼자 빠져나오고… 이런 엄청난 문제점들이 있잖아요. 보통 사람들이 용납하기 어려운 상황이 대단히 많았습니다.

에스토니아호의 경우는 승무원이 구조신호인 메이데이를 바로 치고, 구조 선박과 헬리콥터가 떠서 최대한 구조한다고 했는데도 너무 빠른 속도로 침몰해서 큰 참사로 이어진 거죠.

지금도 귀에 생생해요. "에스토니아, 에스토니아, S.O.S, S.O.S."

배에서 구조신호 치는 소리를 라디오에서 계속 방송했거든요. 세월호 선장은 그런 것도 안 했나요? 왜 우리는 당시 구조 요청을 한 번도 들어 보지 못했죠?

공　세월호는 오전 8시 52분 32초에 탑승객인 학생이 전남소방본부 119상황실에 최초로 신고했어요. 최초 신고자인 학생이 던진 첫마디는 "살려주세요!"였고, 전남소방본부는 바로 목포해경으로 넘겼습니다. 목포해경은 재난 발생 시 기본사항인 선박 이름부터 물어야 하는데, 최초 신고자인 학생에게 계속 경도와 위도를 말하라고 했고요. 구조신호부터 제대로 된 게 하나도 없었죠.


불필요한 정책은 다 폐지하고 조직 내 소통 위해 노력


공　마지막 질문입니다. 경남교육연구정보원장으로 계시면서 정책, 조직문화 등 많은 변화를 이끄셨다고 생각합니다. 어떤 것들이 있나요?

황 우선, 필요 없는 정책을 다 폐지했습니다. 우리는 일을 너무 많이 하는 데 문제가 있어요. 많이 하는 일들이 얼마만큼 효과가 있는지 생각하지 않고 그냥 관성적으로 합니다. 해 왔던 일 중 효율적이지 않은 일들은 다 폐지했어요. 폐지할 때 엄청 반대가 심할 거라고 했는데 한 사람도 반대하지 않았어요. "어떻게 그런 걸 폐지했습니까. 대단합니다. 진작 없어져야 할 일이었습니다"라는 말을 들었죠.(웃음) 일할 때 중요한 점 두 가지가 있습니다. 꼭 해야 하는 일을 해야 하고, 하는 일은 질 높게 해야 합니다.

다음으로 소통에 중점을 뒀습니다. 예를 들어, 한 부서에서 어떤 부서원이 하는 일을 다른 부서원이 모르거나, 부서 간에 서로 어떤 일을 하는지 모르면 안 됩니다. 그래서 각 부장들에게 그달의 중요한 일을 모든 직원에게 보고하라고 했어요. 그랬더니 부장이 왜 일반 직원에게 보고하냐고 하더라고요. 보통 보고는 상사에게 한다고 생각하잖아요. 제가 그랬습니다. "그래야 다른 부서에서 뭘 하는지 안다"라고.

그리고 1년에 한두 번 전체 토론회를 하고요, 매주 금요일 오후 3~5시에 세미나를 합니다. 금요 세미나는 교육부터 정치까지 중요한 이슈들을 제가 신문 스크랩해서 주면 자율적으로 열 몇 명의 직원이 모여서 공부하고 토론하는 식입니다. 스웨덴에서는 일과 관련해 직장에서 토론하는 문화가 일상화돼 있어요. 그런데 아직 우리는 토론 문화가 익숙하지 않으니 제가 먼저 주도하는 형식으로 합니다.

또, 원장으로서 다른 분들이 잘하지 않은 게 있다면… '아이들에게 책 읽어 주기'가 있어요. 취약한 지역의 한 초등학교에 가서 4학년 아이들에게 한 학기 동안 책을 읽어 줬어요. 한 학기 끝나고 나서 가을 학기에도 읽어 주기를 원하면 연락하라고 교장 선생님께 얘기했는데 연락이 안 오는 거예요. 나중에 들어 보니까 4학년 선생님들이 극구 반대했대요. 이유는, 원장님이 애들한테 너무 인기가 많다고….

공 하하하. 원장님께 인기를 뺏겼구나.

황 처음 갔을 때는 여기저기 앉거나 누워 있는 아이도 있었는데, 두 번째 갔을 때는 교실 앞에 줄을 서서 기다리고 있었어요. 세 번째는 제 자리를 마련해 놓고 빙 둘러앉는데, 제 옆에 앉으려고 막~ 서로 싸웠어요. 그렇게 책 읽어 주는 걸 좋아했어요.

공 그렇게 좋아했는데 가을 학기에 못 읽어 주셔서 아쉬우셨겠어요.

*어려서부터 고집 세고 호기심 많은 황선준 원장은 고국의 미래를 생각하며 서른 가까운 나이에 겁 없이 스웨덴으로 떠났다. 스웨덴에서도 고국에 대한 사랑은 변치 않았다. 더 깊어 갈 뿐. 황선준 원장은 26년의 스웨덴 생활을 접고 고국으로 돌아와 인생 3모작을 짓고 있다. 때론 진지하게 때론 유머러스하게 인터뷰에 응해 준 황선준 원장의 말 한마디 한마디에는 오랜 시간의 고민이 묻어 있었다. 사회 다방면에 걸쳐 깊이 있게 고민하고 해결책을 찾기 위해 매일매일 공부하는 민주주의자 황. 선. 준. 황선준 원장은 우리나라 시민 한 사람 한 사람이 민주주의자로 설 때 진정한 민주주의 국가가 될 수 있다고 강조했다.

# 학생의 정치 참여야말로 정말 좋은 공부

실천과 대안 나누는 참교육 프로젝트
-교육에서의 정치, 금지와 적극 권장 사이

진행·정리 | 윤근혁

나는 그가 이렇게 말하는 것을 듣고 깜짝 놀랐다. "정치가 얼마나 좋은 공부인데요. 초·중·고등학교 학생의 정치 참여야말로 무엇보다 정말 좋은 공부입니다."

황선준 경남교육연구정보원 원장이 한 말이다. 황 원장은 스웨덴 국가교육청에서 과장을 맡으며 교육평가를 총괄한 인물로, 한국식으로 말하면 한 나라의 교육 관료를 오랫동안 지낸 사람의 입에서 '정치 활동=좋은 공부'라는 말이 나오니 어찌 놀라지 않을 수 있을까.

사실 한국에서는 교사가 수업 시간에 정치와 정당 관련 발언조차 대놓고 하기 어렵다. 자칫 패가망신할 수도 있기 때문이다.

정부 보조금을 받는 어떤 단체는 수업 중 교사 발언을 신고받는 사이트를 운영하고 있다. 이른바 '교사 사냥'을 부추기고 있다. 일부 학생들은 신고하고 '문상'(문화상품권)을 받는다. 교사 잡는 신문 삼총사인 조선·중앙·동아일보는 이런 행동을 크게 보도하곤 한다. 교사가 이런 형편이니 학생은 더 쪼그라들 수밖에 없다.

문성빈 한국교육개발원 연구위원이 2015년 5월에 낸 보고서 〈우리나라 시민의식 관련 통계〉를 보면 우리나라 만 15세 학생들의 시민의식에 대한 지식수준은 매우 높다.

경제협력개발기구OECD가 2009년에 한 국제시민교육연구(이후 ICCS)에서 우리나라 청소년의 시민지식수준(565점)은 38개국 중에서 3위였다. 이는 한국의 학교가 시민의식에 대해 지식 전달을 매우 잘하고 있다는 사실을 보여 준다.

반면, 청소년들의 시민 참여활동 점수는 38개국 중 최하위권에 머물렀다. 방과후학교 프로그램에 대한 자발적 참여도(23%)는 ICCS 국가 평균(61%)보다 38%p 낮았고, 토론에 적극 참여하는 비율(33%)은 ICCS 국가 평균(44%)보다 11%p 낮았다.

이에 대해 황 원장은 "한국 학생들이 시민의식과 관련해서 아는 것과 행동하는 것이 괴리되어 있기 때문"이라며 "학교에서 민주주의에 대해 지식뿐만 아니라 몸으로 경험할 수 있도록 교육해야 한다"고 강조했다. 그러면서 황 원장은 "그런 의미에서 학생들이 정치에 참여토록 하는 것이야말로 정말 좋은 공부"라고 강조했다.

황 원장은 왜 이런 말을 하는 것일까? 스웨덴은 과연 학생들에게 어떻게 정치교육을 하고 있다는 걸까? 이 의문을 풀기 위해 황 원장에게 꼬치꼬치 캐물었다. 서울 당산중에서 진행된 만남은 황 원장이 벌인 '학부모 교육 워크숍'까지 포함해 2시간가량 이어졌다.


한국 학생들, 앎과 삶이 괴리되어 있어

▶ 오늘 당산중에서 부인과 함께 학부모 교육을 하는 모습을 보니 색다르다.

이번 행사는 단순 강의가 아니라 학부모가 참여하는 워크숍이다. 강의는 잠깐 하고 토론하고, 발표하고, 숙제도 내준다. 일방적인 방식이 아니라 서로 의견을 주고받는 것이다. 학부모 교육을 이런 워크숍 형태로 하는 것은 첫 시도가 아닌가 한다. 강의는 제가 하고 워크숍 진행은 집사람(황레나)이 하고 있다. 집사람은 스웨덴 중학교에서 19년 동안 전문상담사로 일했다. 한 번에 3시간씩 모두 4차례 진행된다.

▶학부모에 대한 워크숍이 쉽지는 않을 텐데.

이번 행사의 주제는 '스웨덴의 실천적 부모 교육'이다. 느낌이 좋다. 학부모들이 진지했다. 마음을 열어 놓았다. 한국인은 어떤 문제나 사안에 '정답이 있다'는 생각이 깊다. 이에 따라 그 정답에 복종하는 것이 미덕이라 생각한다. 학생들에게 요구하는 것도 이와 닮았다 그런데 실제 그런가? 우리는 왜 복종해야 하는가? 이런 의문을 갖는 워크숍이 되었으면 한다.

▶이런 복종은 민주주의와 관련된 것 같다. 최근 글에서 '한국 교육
  은 교육 민주주의와 학교 민주주의가 필요하다'고 강조했다. 이유
  는 무엇인가?

교육 민주주의와 학교 민주주의는 구분해서 봐야 한다. 교육 민주주의는 부모 배경과 관계없이 아이들이 공평하게 성장해야 한다는 것이다. 노동자 자녀가 의사나 판·검사가 되는 데 걸림이 없어야 한다는 것이다. 교육 민주주의를 강조해 온 스웨덴도 교육 민주주의를 성공시키지 못했다.

▸그렇다면 황 원장이 생각하는 학교 민주주의는 무엇인가?

학교 민주주의는 학교가 아이들에게 민주주의가 무엇인지 꼭 가르쳐야 한다는 것이다. 지식 측면만이 아니라 민주주의의 체험 공간이 되어야 한다. ICCS 결과 등을 보면 한국 학생들은 '민주주의가 무엇인가'에 대한 지식 성적은 최상위권이지만 정치 참여로 보면 뚝 떨어진다. 실제 참여에서는 아주 약한 것이다.

▸왜 이런 현상이 나타난다고 보나?

아는 것과 행동하는 것이 괴리되어 있기 때문이다. 이는 학교와 교육의 문제다. 학교에서 민주주의의 지식뿐만 아니라 실제 체험하고 실천할 수 있도록 해야 한다. 이런 걸 못하고 있다.

▸더 자세히 얘기해 달라.

학급회의와 학생회, 이런 것들은 어른들이 아이들을 존중하는 것에서 시작해야 한다. 학생들을 수직적으로만 놓고 공부를 시키면 민주시민으로 성장하지 못한다. 학교를 민주적으로 운영해야 한다. 교장과 교사, 교사와 학생의 관계를 권위주의적이고 수직적인 것에서 수평적으로 바꿔야 한다. 그나마 몇 년 사이 혁신학교가 생기면서 긍정적인 변화가 있다. 수평적인 관계가 늘고 있다. 이에 따라 학교 민주주의 또한 확산되고 있다.

▸학급회의나 학생회, 이런 것은 넓은 의미로 보면 정치 활동인데, 한국 학생들의 정치 활동 참여도가 어떻다고 보나?

상당히 낮다고 생각한다.

## 선거 때마다 모의 투표하는 스웨덴 중학생들은…

▶ 그렇다면 스웨덴은 어떤가?

스웨덴은 국가에서 선거 때마다 학교에서 모의 투표를 한다. 4년에 한 번씩 9월에 총선거를 한다. 이때 학교마다 여러 명의 당 대표가 생긴다. 모의 투표를 위해서다. 이때 정당 이름도 정강 정책도 기존 정당의 것과 거의 같다.

학생들은 유세도 하고 투표도 한다. 내 큰아이는 중학교 모의 선거 때 환경당 당수가 되었다. 열심히 활동하더니 결국 이 환경당이 교내에서 제2당이 되었다.

▶ 아니, 학교에서 특정 정당 활동을 하게 한다고?

아이들이 정치와 가까워지는 데 이런 활동은 당연히 중요하다. 학교에서도 이런 인식을 한다. 사람은 정치를 떠나 살 수 없다.

▶ 그렇다면 학생들이 기존 정당과 연결되는 것 아닌가?

당연하다. 기존 정당 사람들이 학교에 와서 설명회를 하거나, 특정 정책에 대해 브리핑을 하기도 한다.

이런 모의 투표가 스웨덴 전 학년에서 벌어지나?

스웨덴은 초·중학교 9년 과정이 함께 되어 있다. 주로 중학교 과정에서 모의 투표가 진행된다. 중학교는 대부분 학교가 모의 투표를 한다. 해마다 하는 학교도 있다. 고등학교는 머리가 커 버려서 모의 투표를 많이 하지는 않는 것 같다. 하지만 고교생 중에는 정당에 가입한 학생도 많다.

▶모의 투표를 하면 수업에 방해되지 않겠나.

모의 투표는 수업 후에도 할 수 있다. 학교는 이런 행사를 권장하는 분위기다.

▶학생들의 관심도는?

쉽게 판단할 수는 없다. 하지만 똑똑한 아이들이 당 대표도 되고 정당 활동을 열심히 한다. 고교 졸업하자마자 곧바로 국회의원 되는 일도 있다. 18세 때 국회의원 한 사람도 있다.

▶스웨덴에서는 학생들을 위해 정당마다 청년위원회를 둔다는 얘기를 들었다.

정당 차원에서 학생들을 픽업하기도 한다. 그래서 그 학생들을 정당에서 키운다. 학교와 사회는 이런 분위기를 권장한다.

▶미성숙한 학생들에게 특정 정당의 물을 들이는 것은 문제라는 시각은 없나?

그게 왜 문제인가? 초·중·고교생의 정치 참여야말로 정말 좋은 공부다.

▶왜 좋은 공부라고 생각하나?

스웨덴에서는 18세에 투표를 한다. 투표율이 90% 정도다. 우리나라에 견주어 대단히 높은 수치다. 학교에서 평소 정치에 관심을 계속 두도록 교육하기 때문이다. 정치 문제에 대해 계속 토론하고 접할 수 있도록 열어 준다. 사회 과목에도 이런 정치교육 내용이 다 들어 있다. 더불어 노동조합 활동도 중요하다고 가르친다. 스웨덴 노조 가입률은 70%다. 하지만 한국은 10% 정도밖에 되지 않는다.


### 의식화 교육, 하면 할수록 좋다

▶ 스웨덴 학생들은 정치의식이 상당히 높을 것 같다.

그렇다. 정치의식 자체가 남다르다. 아이들이 똑똑하다. 어떻게 그렇게까지 공부했는지, 정강 정책을 발표하고 제대로 토론한다. 이런 것들을 어른들 앞에서도 스스럼없이 벌인다.

▶ 그렇다면 스웨덴 교사들은 정치 활동을 할 수 있나?

스웨덴 교사들은 아무런 문제가 없다. 특정 정당에 가입할 수도 있다. 교사도 시민으로서 정치 활동을 할 수 있고, 정당에 가입할 수도 있다. 정치에 관심을 많이 두는 것을 권장한다. 그렇지 않으면 민주주의가 죽는다. 교사들은 우익 정당은 물론 좌익 정당에도 당연히 가입할 수 있다.

▶ 한국 정부는 교사의 정치 활동 참여를 불법으로 간주한다. 일부 시민들도 학생들을 의식화할까 봐 걱정하기도 한다.

의식화는 되면 될수록 좋은 것 아닌가? 의식화가 무엇이냐? 정부 여당을 지지하면 의식화하는 게 아니고 다른 당을 지지하면 의식화하는 것이냐? 스웨덴 교육은 '너는 어떻게 생각하느냐?' 이렇게 묻는 것을 대단히 중요하게 생각한다. '너는 어떤 생각과 이념이든 가질 수 있다'고 전제하고 교육하는 것이다.

▶ 정부가 바람직하게 생각하지 않는 이른바 나쁜 이념도 있지 않을까?

진보주의든 보수주의든 이를 허용하는 게 민주주의 교육이다. 스웨덴에는 좌익 정당이 있다. 그래서 중학교에서는 이를 지지하는 학생들이 모의 투표에서 당수도 되고 당원도 되고 한다. 뭐가 문제인가? '나쁜 이념'이란 생각 자체가 특정 세력의 아전인수다.

▶ 그래도 교사가 수업 시간에 특정 정치색을 드러내는 건 문제 아닌가?

그건 상식이다. 아이들 앞에서 자신이 지지하는 정당을 홍보하는 것은 교육이 아니다. 자신이 사민당을 지지한다고 해서 수업 시간에 그렇게 말하는 사람은 없다. 하지만 근무 시간 외의 정치 활동은 철저히 보장된다. 교사에게도 시민의 권리를 주는 것이다. 이것은 헌법에 보장된 권리다.

▶ 그렇다면 정치교육을 어떻게 하는 게 올바른 것인가?

아이들이 결정하고 책임지도록 하라. 이 과정에서 어른들은 조력해라. 교사도 마찬가지다.

▶ 교사가 이렇게 하다간 우리나라 형편에선 '정치적 중립 위반'으로

처벌될 수 있다.

그런 것은 하나도 문제되지 않아야 한다. 나는 '정치적 중립'이라는 법률 조항을 폐지해야 한다고 생각한다. 정치적 중립이 뭐냐? 정치 활동을 금지하는 거다. 그러나 교육이 정치에서 가장 중요한 문제인데 교육 당사자들은 거기서 배제된다는 큰 모순을 안고 있다고 본다. 정치교육을 교육의 범주에서 배제하는 것은 말이 되지 않는다.

### 스웨덴 국가교육청 차원에서 정치교육을…

▶ 스웨덴 국가교육청에서 교육평가에 대해 총괄했으니 묻겠다. 정치 교육정책에 관해서도 연구했나?

당연하다. 정치교육정책은 물론 학교 민주주의에 대해 최종 보고서를 만들고 연구를 진행한 뒤, 평가과정도 거쳤다. 보고서를 인쇄해 배포하기도 했다.

▶ 우리나라에서는 학교 정치교육이 멀기만 한데.

우리도 학교에서 정치교육을 해야 한다. 학생 수준에 맞게 진행하면 된다. 급식 문제, 교칙 문제 등을 현안으로 해서 토론하고 학생들이 결정하게 하면 된다. 두발을 어떻게 할 것인지 아이들이 결정하게 하면 안 되나? 우리나라 아이들, 똑똑하다. 자정 능력도 상당히 있다. 입술에 뭘 바르든 놔둬도 된다. 복장도 자유롭게 해도 된다. 외모를 갖고 문제 삼는 것이 문제다. 마음속에 뭐가 들었고, 머릿속에 뭐가 들었는지가 중요한 것이지 옷과 머리카락이 왜 중요한 것인가? 머리카락이 다른 학생들에게 피해를 주는 것도 아닌 데 말이다.

▶사실 학교에서 만든 규칙은 규제를 위한 것이고, 학교에서 하는 토론은 결론을 유도하기 위한 것이 많은데.

스웨덴에서는 크게 두 가지 규칙밖에 없다. 다른 아이들을 방해해서는 안 된다. 다른 아이들에게 해가 되어서는 안 된다. 왕따와 폭력 등이 이에 해당한다. 이것 말고 다른 사람에게 피해를 주지 않는 것은 규칙 자체가 없다. 두발이나 옷차림 등등에 대한 규칙은 없다는 얘기다.

▶이런 점에서 국가가 하나의 규칙으로 교과서를 제작하겠다는 국정교과서 시도에 대해서도 할 말이 있을 것 같다.

역사는 끊임없이 다시 써야 하고 해석해야 한다. 딱 정해져 있는 역사가 있는 나라 국민은 불행하다. 다양함을 인정하지 않는 획일주의는 생각을 굳게 만든다. 스웨덴은 검정교과서도 인정교과서도 없다. 당연히 국정교과서도 없다. 출판사에서 자유롭게 교과서를 만들면 교사들이 고르면 된다. 교과서, 완전 자유발행제다. 역사 교과서도 마찬가지다. 국가 정체성이라는 것은 특정 정권이 만드는 것이 아니라 시민들이 자발적으로 구심점을 찾아 나서는 것이다.

▶2011년 귀국한 뒤 3명의 진보교육감과 함께 일했다. 진보교육감에 대해 평가한다면?

우리나라 교육은 보수화된 교육이다. 전체 17개 시도가 모두 같았다. 그런데 진보교육감이 13명이 뽑혔다. 이는 한국 교육이 바뀌어야 한다는 시민들의 사인이다. 그런 점에서 혁신학교의 탄생은 값진 것이다. 이제는 주입식·암기식 교육 갖고는 안 된다. 알파고와 이세돌의 대결을 보자. 이런 건 지식 암기로 불가능하다.

▶ 그렇다면 어떤 교육이 필요한가?

생각을 키우는 교육, 다시 말해 비판적 사고를 키우는 교육을 해야 한다. 4지선다형 문제 풀이 수업은 이제 그만해야 한다. 융합 수업을 통해 학생들의 창조적·비판적 사고를 높여야 한다.

▶ 사실 한국에서 교사에 대한 가장 큰 칭찬은 '긍정적인 교사'이고, 학생에 대한 가장 큰 칭찬은 '예절 바른 학생'이다.

날카롭게 사물을 보고 딱딱 꼬집어 주는 학생이 커서도 일을 잘한다. 위에서 시키는 것에 순응하는 자세로는 진정한 발전을 이룰 수 없다. 이래서는 혁신을 절대 못 한다. 따라서 비판적 사고는 학생에게든 교사에게든 진짜 필요한 것이다. 비판적인 학생을 '되바라지고 못됐다'고 판단하면 오산이다. 책을 한 권 읽어도 그것이 정답이라고 생각하면 발전이 없다. 문제점을 비판적으로 파악하는 학생이 발전한다. 이 같은 시각을 초등학교부터 키워 줘야 우리나라의 미래가 밝아질 것이다.

# 한국 교사들, 과감하게 교실 문 열어야

이 글은, 2012년 5월 서울시교육연구정보원에서 〈프레시안〉 박인규 대표와 한 인터뷰 내용을 이명선·성현석 기자가 정리한 것이다. 한국 교육에서 급한 과제 두 가지, 곧 '수업개방'과 '탈권위주의'를 중심으로 나눈 내용이 중심이다.(편집자)

스웨덴 국가교육청은 유·초·중·고등학생과 성인의 교육을 담당하는 중앙 행정기관이다. 스웨덴 교육부는 정치적인 기구인 반면, 교육청은 정부를 도와 교육 목표와 방향을 제시하는 역할을 한다. 그뿐만 아니라 통계, 평가, 학교발전을 관장하는 기관이다. 스웨덴 헌법에는 국가교육청과 같은 행정기관은 정부에 속하면서도 독립되어 있다고 명시되어 있다.

프레시안(이하 프)  스웨덴에서 26년간 생활하다 지난해 서울시교육연구정보원장으로 발탁됐다. 스웨덴에서 하던 일과 연관이 있나.

황선준(이하 황)  상당히 관계가 있다. 교육 정책을 연구한다든지, 교육·학습을 평가한다든지, 교육과정 지침서를 만드는 일 등은 스웨덴에서도 하던 일이다. 서울시교육연구정보원에서는 이런 일을 직접 하지 않고 용역을 맡기지만 스웨덴 국가교육청에서는 직접

한다는 점이 좀 다르다.


## 학교폭력, '선무당 사람 잡는' 식 해법은 오히려 문제 키워

프 요즘 한국은 학교폭력이 큰 문제다. 교과부와 경찰청이 얼마 전 '학교폭력 전수조사'를 했다. 전국 단위의 전수조사는 사실상 처음 있는 일이었는데, 어떻게 생각하나.

황 전국의 모든 학교를 학교폭력 문제로 전수조사한 것은 야심이 큰 프로젝트라 할 것이다. 그런데 목적이 불분명하다. 학교폭력에 대해 통계를 내는 것이 목적이라면 전수조사가 필요 없다. 통계학을 전공한 사람들은 '(교과부가) 전수조사를 한 게 이상하다'고 생각할 것이다. 표본만으로 전체를 파악할 수 있게 하는 것이 통계학이기 때문이다. 통계학을 무색하게 했다.

하물며, 응답률이 25퍼센트밖에 안 되면 통계 자료로 사용하는 데도 문제가 크다. 왜 그렇게 누락이 심한지, 어떤 부류(학교, 학생)가 응답하지 않았는지에 대한 조사와 연구가 꼭 있어야 한다. 그런데 목적이 모든 학교의 폭력 실태를 조사하는 것이었다면 차라리 학교 실정을 잘 아는 16개 시·도교육청이 조사해서 전국적으로 취합하는 것이 바람직했을 것이다.

프 스웨덴에선 학교폭력과 왕따 문제가 어떤가.

황 학교폭력이 거의 없다. 왕따도 심각하지 않다. 친구들 사이에 끼워 주지 않는다든지, 언어적으로 안 좋은 말을 한다든지 하는 정도의, 강도가 약한 학교폭력과 왕따가 있을 뿐이다.

스웨덴에서는 '폭력은 쓰면 안 된다'는 사회적 인식이 분명하다. 1979년 가정 내 '체벌금지법'을 만들었다. 부모들도 아이를 교육한다며 체벌해서는 안 된다. 그리고 '차별금지와 동등대우법'이 있다. 누구도 성, 피부 색(인종), 장애, 나이, 종교, 성소수자 문제 등으로 차별해서는 안 된다.

또한, '왕따를 당했다, 안 당했다'를 판정하는 것은 왕따당한 학생이다. 학생이 왕따를 당했다면 학교에서 그 학생이 왕따를 안 당했다고 증명하지 않는 한, 왕따를 당했다고 본다. 왕따당한 학생을 학교에서 보호하는 것이다. 성희롱법, 강간법도 마찬가지다. 여자가 성폭행을 당했다면, 여자가 그것을 증명하는 게 아니라 남자가 성폭행하지 않았다는 것을 증명해야 성폭행이 성립하지 않는다. 학교폭력과 왕따도 마찬가지로 법이 아주 단호하게 되어 있다(스웨덴은 2006년 '차별금지와 동등대우법'을 만들었다). 학교를 책임지는 지방자치단체는 학생이 왕따를 안 당했다는 것을 증명하지 못하는 한, 왕따를 당한 것이기 때문에 학교가 왕따에 대한 대책을 강구하고 이를 근절하기 위해 노력하지 않으면 왕따당한 학생이 받은 정신적·물리적 피해를 보상해 줘야 한다.

나아가 제도적으로는 학교에 상담전문가counsellor가 있다. 문제를 조사하고 문제에 따라 학생들과 대화하고 토론하고 상담한다. 또 거의 모든 학교에 간호사는 대체로 다 있고, 의사와 심리학자는 몇 학교에 공통으로 있다. 그 외 진로·진학 교사도 따로 있다. 청소년들도 활용하고 있다. 학생과 교사 모두 자주 왕따 문제에 대해 토론하고 연수를 받는다. 언제나 왕따나 학교폭력이 일어날 가능성이 있다는 자세로 미연에 방지하고자 한다.

학교에서 해결하지 못할 경우나 여러 학교 학생이나 젊은이들이 연계되어 있는 경우에는 경찰과 지방자치단체 사회국의 가족 상담전문가들이 학교 상담전문가와 협력해서 대처한다. 즉 학교폭력과 왕따 문제가 학교 밖에서 일어나면, 학교 전문 상담사와 사회국 상담사Social well-fair dept. counsellor, 경찰 등 삼자가 함께 대처한다. 왕따나 학교폭력을 체벌이라든지 더 엄한 벌로 다스리는 것이 효과가 크지 않다는 점을 많은 나라들이 보여 줬다. 가해 학생도 피해 학생도 대화와 상담을 통해 치료받고 지원받아야 한다. 그야말로 아주 장기적으로 보고 대처하지 않으면 안 된다.

프  우리는 일선 학교 선생님들이 학교폭력과 왕따에 대해 문제가 있다는 사실 자체를 인정하지 않으려는 것 같다.

황  우리나라는 학교폭력이 만연되어 있고 조직화되어 있는데도 학교 기관이 침묵하고, 이를 은폐하고 축소하는 경향이 있다. 이에 대한 연구와 실태조사가 부족하며, 사회적 인식도 크게 부족하다. 흔히들 '어릴 때 그럴 수 있다, 클 때는 다 그렇다'라고 하는데, 당해 보면 죽음과 같은 심각한 고통을 받기 때문에 학생들이 자살하는 것이다. 그런데도 문제를 너무 사소한 것으로 치부해 버린다. 심각한 문제임을 전혀 인식하지 못한다.

가해 학생이 적반하장 격이 되는 경우도 본다. 가해 학생의 부모가 '당할 짓 했으니 당했지', '문제가 있으니 왕따당했지'라고 하는 것을 보고 경악을 금치 못했다. 학교에 전문가가 제대로 없는 경우도 본다. 선무당 사람 잡는 식의 상담과 해결 방식이 오히려 문제를 더 심각하게 만드는 경우가 많다. 진짜 전문성을 갖춘 상담가가 필요하다.

왕따와 폭력에 관한 문제가 아주 복잡하고 모든 경우가 다 다르기 때문에 경험이 많은 전문가가 아니면 문제에 대처하거나 대화나 상담을 통해 문제를 해결하기가 쉽지 않다. 청소년 시기에 일어나는 이러한 문제에 적시에 대처하지 않으면 이런 청소년들이 사회에 나가서 더 큰 문제를 일으킬 수 있다. 학교 시절 재원을 투자해 이런 문제를 해결하는 것이 장기적으로 보면 비용 절감 효과가 훨씬 크고 사회 통합을 이루는 데도 역할을 할 것이다.

그뿐만 아니라 학생들 사이에서 학교폭력이나 왕따 문제를 냉철하고 합리적으로 볼 수 있는 능력을 키워 줘야 한다. 학생회, 학급회, 동아리 활동 등을 활성화하여 정신적 사고의 성장뿐 아니라 건전한 생활로 유도하는 것도 중요하다.

### 교사들, 교실 문 열고 서로의 수업을 들여다봐야

프  교육현장을 좀 둘러봤나?

황  많이 다니려고 노력했다. 그런데 일선 학교에서 부담을 많이 느낀다. 주로 수업을 참관하기 위해 학교를 방문하는데, 교사들이 수업 개방을 몹시 꺼린다. 그 이유를 이해하기 어렵다. 교육과정에 따라 교과서의 도움으로 수업을 하는데 왜 그렇게 꺼리는지 이해하기 어렵다. 나에게 교육혁신을 위해 해야 할 일로 꼭 한 가지를 꼽으라면, '완전 수업 개방'을 들고 싶다. 이것이 교육 혁신의 지름길이라고 생각한다.

프  교사들이 수업 개방을 꺼리는 이유가 뭘까?

황  교실 수업을 교사 개인의 사적인 영역이라고 잘못 생각하거나,
수업 개방을 '간섭받는다'거나 '교권이 침해된다'고 여기고 있지
않나 싶다.

'수업 개방'에 대해 많이 고민했다. 학교에서 3~4명의 동료로
구성된 과목별 교사 팀제, 학년별 팀제를 만들어 동료 교사 수
업을 보고, 듣고, 학생의 시각에서 교수학습 방법을 개선해 가야
한다. EBS〈학교란 무엇인가〉라는 프로그램에서 교사들에게 교
사 자신의 수업을 촬영해서 보여 줬더니, 한 교사는 '내가 이렇
게 강의하는구나'라며 눈물을 흘렸다. 그 교사는 그야말로 자신
의 강의를 처음으로 본 것이다. 이렇게 동료 교사가 수업을 참관
해 학생 시각에서 어떤 식으로 강의하는지를 보면서 개선해 나가
야 한다.

만약 동료가 (수업에) 들어오는 것도 부담되면, EBS에서 하듯
이 (교실에) 카메라 두 대를 설치해 한 대는 학생을 찍고 다른 한
대는 자신이 강의하는 것을 찍어서 분석해 보면 된다. 그러면 자
신의 강의와 학생의 반응을 동시에 볼 수 있다.

프  스웨덴과 한국의 교실, 어떤 차이가 있나?

황  일단 교육 내용, 교과 내용이 상당히 다르다. 한국은 '사실'을 중
심으로 가르치는 교육을 한다. 소위 주입식·암기식 교육이다. 교
재에 나온 것을 이해시키고 암기시켜서 시험을 보고 평가하는 방
식이다.

반면, 스웨덴에서는 '문제'를 중심으로 교육한다. 학생들이 문제
에 대한 자료를 읽고, 토론하게 해 교사가 준 과제를 논문 형식으
로 작성한다. 이 과제를 수업 시간에 발표하고, 서로 비판하는 방

식으로 문제를 해결해 간다.

프 김성재 한성대 교수(전 문화부 장관)에 따르면, 스웨덴에서는 구체적인 교육 내용을 가르치는 게 아니라, 교사에게 다섯 가지 정도의 가치-'평화·환경·연대' 등-를 주고 나머지 교육은 교사 자율에 맡긴다고 한다.

황 꼭 그렇지는 않다. 스웨덴 의회가 제정하고 승인한 교육법과 커리큘럼에 교육 목표와 방향이 제시되어 있다. 커리큘럼에는 '과목의 목표, 주요 내용, 평가 기준' 등이 정해져 있다. 이러한 목표와 틀 속에서 교사들은 어떻게 가르칠 것인지 고민한다. 물론 교재를 구입하든지 자신이 만들 수도 있다.

예를 들어, '혁명'이라고 하면 영국, 프랑스, 미국 혁명을 외우는 방식이 아니라, '혁명'의 사례들을 비교·분석하면서 '혁명이 왜 일어났는지, 결과가 어떻게 됐는지, 계층 간 갈등이 왜 생겼는지'를 연구한다. 학생들 나름대로 연구하고, 페이퍼 작성하고, 발표하고, 토론하면서 '혁명이 무엇인가'를 공부하는 것이다. 한마디로 한국 교육의 목적이 사실에 입각한 지식을 많이 알게 하는 것이라면, 스웨덴 교육은 방법론을 터득하게 하는 것이 목적이다. 지식 그 자체가 아니라 지식으로 가는 길을 가르친다. 그랬을 때 학생은 스스로 탐구하는 능력이 생긴다.

그래서 스웨덴 학생들에게 '프랑스 혁명이 언제 일어났느냐'고 물으면 대답을 잘 못한다. 그런데 '왜 일어났느냐'고 물으면 대답을 잘한다. 공부 자체가 한국과 다르다. 학문을 보는 시각이 다르고, 무엇을 어떻게 평가할 것인가도 매우 다르다.

## 따뜻한 밥 한 그릇의 가치

프  무상급식 논쟁, 어떻게 생각하나?

황  지난해 2월 서울시 교육청에서 특강을 했다. 한 시간 넘게 교육
에 대해 이야기하고, 마지막에 복지 문제를 얘기했다. 그때 "평등
한 사회가 사람의 건강은 물론 사회 전반의 건강에도 강한 힘을
발휘합니다. 그런데 점심 한 그릇 가지고 '낙동강 전선'이니 하는
건 좀 지나치다고 생각합니다"라고 했다. 한 일간지에 기사가 크
게 났다. 당시 오세훈 서울시장이 (무상 급식을 놓고) 사활을 건
싸움을 하지 않았나. 한국에서 일어나고 있는 무상급식 논쟁을
보면서 스웨덴 사람의 입장에서 '답답하다'는 생각을 많이 했다.

　스웨덴은 1947년에 무상급식을 시작했다. 스웨덴은 중립이라
서 전쟁에 개입되지는 않았지만, 제2차 세계대전이 끝나고 유럽
이 초토화돼 못 살 때였다. 지금의 우리나라 GDP와 비교가 안
될 정도로 어려웠을 때이고, 굶는 아이들도 많던 시절이다. 그런
데 정치하는 사람들이 "따뜻하고 영양가 있는 점심 한 그릇이라
도 모든 학생에게 주면 학생들의 성장과 학업에 그렇게 큰 지장
이 없을 것이다"라며 무상급식을 시작했다.

　그런 것을 보면, 정치하는 사람들이 존경스럽다. 그 나라의 미
래를 보고, 학생들을 생각하며 정치한다. '어떻게 그런 진취적인
생각이 가능한지' 신기하기만 하다. 우리는 지금 이렇게 잘살고
있으면서 의무교육에서 점심 한 그릇 주는 문제로 좌우가 대립해
싸우는 것을 보면 참 소모적이라는 생각이 든다. 스웨덴은 의무
교육에서는 모든 급식이 무상이다. 고등학교도 무상급식을 하는

학교가 많다.

프 학교와 교수 간 근현대사를 보는 시각 차이로, 동아대학교는 올 1학기에 한국 근현대사 과목을 개설하지 않았다. 이처럼 한국은 임의대로 해방 이후의 자유 세력을 삭제하는 등 특정 내용에 대해서 보수와 진보 간 대립이 심한데, 스웨덴은 어떤가? 역사적인 내용에 대한 보수와 진보 간 갈등이 없나?

황 스웨덴은 한국처럼 역사관을 둘러싼 대립이 그렇게 첨예하지 않다. 스웨덴의 역사적 배경이 한국과 다르기 때문일 것이다.

한국이 국정 교과서를 쓰는 이유도 여기 있다. 만약 (교과서 선택을) 자유화하면, 진보진영은 진보 측의 역사를 가르칠 것이고, 보수진영은 보수 측의 역사를 가르칠 것이다. 그러면 공정성과 객관성이 결여될 가능성이 높다. 스웨덴은 역사적으로 침해당하고 식민지를 겪은 경험이 없다. 역사 교사가 교재를 자율적으로 정해도 큰 문제가 없는 이유다.

스웨덴에서도 종교적인 문제, 난민, 이민자와의 갈등 문제 등에 대해서는 국가교육청에서 지침서를 마련하는 경우가 있다.


PISA 1~2등 하면 뭣 하나


프 한국의 교육개혁은 '부모들이 힘드니 사교육을 없애자'는 논리다. 또 교육 내용보다는 자기 아이들을 경쟁력 있게 키우는 데 더 관심이 많다. 한국에서 이야기되는 교육개혁의 방향이 맞는다고 보는지.

**황**  정부가 가려는 교육의 방향이나 추구하는 교육의 목표가 뚜렷하지 않다.

국제학업성취평가PISA에서 한국은 핀란드와 세계 1, 2위를 다투지만, 학생들의 자신감은 OECD 국가들 중 꼴찌다. 교육 효율성(투자한 시간에 대한 교육성과)은 거의 꼴찌 수준인 반면, 학생들의 스트레스 정도는 제일 높고, 학교폭력과 청소년 자살률도 아주 높다. 또 민주주의에 대한 학생들의 이론적 지식은 뛰어나지만, 민주주의를 행동으로 실천하는 측면에서 한국 학생들이 보이는 모습도 꼴찌에 가깝다. 즉, 협력하고 더불어 살고 배려하는 것을 배우지 않고 실천하지 않는 것이다. 그뿐만 아니라 사교육 때문에 학부모들의 경제적 고충이 말이 아니고, 학생들은 학생들 나름대로 너무나 힘든 학창 시절을 보내고 있다. 이렇게 문제가 심각하고, 많은 청소년이 죽어 가는데도 지금 정부는 무엇이 문제인지조차 정확히 보지 못하고 있다.

한국은 경쟁 위주 교육, 특히 초·중·고등학교 교육을 파행적으로 만드는 대학입시가 문제다. 그런데도 정부는 이러한 문제를 토론 과정을 통해 사회적 합의를 이끌어 내려는, (교육을) 정상적 방향으로 이끌고 나가려는 의지를 보이지 않는다. 아니면, 한국 교육에 아예 문제가 없다고 보는 건 아닐까.

한국 학생들은 주입식·암기식 교육에 고통을 겪고 있다. 학생들이 스스로 공부하고, 비판적 시각에서 세상을 보고 책을 읽고, 창의적으로 생각하고, 논술로 자신의 생각을 정리하는 교육이 필요하다. 그런 면에서 한국 교육은 많이 뒤떨어져 있다. 이런 문제를 문제라고 인식하지 못 하면 더 큰 문제다.

또 학교 정규수업 외에 보충수업과 사교육까지 하면서 학생들은 창의력을 저해하는 공부를 하고 있다. 우리 학생들이 불쌍하다. 강남에서도 자살한 학생이 있듯 문제점이 곳곳에서 드러나고 있다. 학교의 지식 위주 공부에 적응 못하는 학생들에게 탈출구를 제공하지 않는다. 학생들의 취미, 적성, 재능에 맞는 양질의 예체능·실습·기술 (목공 등) 교육으로의 탈출구를 마련해 줘야 한다. 어느 학생이 광화문에서 시위하며 학교폭력이 이런 지식 위주의 경쟁 교육의 한 산물이라고 했는데, 일리가 있다. 예체능, 실습, 기술 등으로의 탈출구가 없는 주입식·암기식 교육과 이에 적응 못하는 학생들이 폭력이나 왕따로 연결될 우려가 있는 것이다.

결국, 한국 교육이 엄청난 문제를 갖고 있는 것인데, 이런 문제를 완전히 공론화하고 지혜를 모아 사회적 합의를 구하면서 국가가 교육의 새로운 방향을 제시하거나 이끌어 가야 한다. 그런 역할을 소위 진보 교육감들이 하며 교육 개혁을 이끌어 가는데, 그러다 보니 진보 교육감이 하는 정책과 교과부의 정책이 마찰이 일어나 국력이 소모되고 있다.


## 교권은 세우되 권위주의는 벗어나야

프   교육개혁의 중요한 콘셉트라면?

황   '교육 민주화'와 '개방'을 꼽을 수 있는데, '개방'에는 앞서 말한 '수업 개방'이 대표적이다.

　　아직까지도 교장과 교사 간의 권위주의적 질서가 유지되고 있다. 교장과 교사의 관계, 교사와 학생의 관계가 수직적이다. 쌍방 소통이라기보다는 일방적인 소통이 행해지고 있다. 밑에서 갖고 있는 문제점이 학교 내 기획자에게 전달되기 어려운 구조다.

왜 한국에는 이런 지배구조, 수직적 지배구조가 팽배해 있을까? 이를 시정하거나 개혁할 수 있는 것이 '민주화'인데, 민주화라는 단어가 오히려 이념 논쟁을 부를 수 있어 '탈脫권위주의'라는 단어를 쓰고 싶다. 권위주의적 관계에서 탈권위주의적 관계, 수직적 관계에서 수평적 관계, 일방적 지시에서 소통하는 문화, 그리고 학교와 수업도 개방하고, 학교 내 구성원 사이의 의사결정 과정 (교무회의) 등을 민주적으로 바꾸면 빨리 개혁할 수 있다.

프 수업 개방을 비롯한 수업 평가가 잘 안 되는 데는 문화적 요인도 크다고 본다. 교사 입장에서는 '이 학생들은 내가 통제한다'는 생각이 있어 외부인을 받아들이기 꺼리는 것 같다. 이 경우, 일부 교사들은 '교권'이라는 이름으로 수업 개방을 안 한다. 물론, '교권'이 교사의 자율성을 보장하는 데 긍정적인 역할을 한 것도 사실이다. 하지만 지금은 새로운 '교권' 개념이 필요하지 않을까?

황 '권위주의'와 '권위'를 구분해야 한다. 권위주의는 부정적 단어지만, 권위는 부정적 단어가 아니다. '교권敎權'은 분명히 세워야 한다. 그런데 '교권'의 '권' 자를 '권위'로 봐야 한다. '교사가 권위주의적이어야 한다'는 말이 아니다. 그래서 학교 자체가 '탈脫권위주의'로 가야 한다.

교사가 권위를 세우려면 먼저, 자기가 가르치는 분야에 전문 지식이 있어야 한다. 초등학교의 모든 과목을 가르치더라도 전문적인 지식이 있어 교과 내용을 잘 파악하고 있어야 한다. 두 번째는 교사의 리더십이다. 학생에게 관심을 보이고 기대하며, 학생을 사랑하고 잘 돌보면서 학생에게 영감을 주고, 비판적으로 생각하게 할 수 있는 교사가 리더십이 있다고 볼 수 있다. 이런 리더십이 대단히 중요한데, 심각하게 고민하지 않는 것 같다.

요즘 학생들이 못돼서 교사들에게 반항한다고 하는데, 학교폭력과 관련한 신문에서 난 예를 하나 들어 보자.

어떤 학생이 교사 앞에서 쓰레기를 던지면, 한국 교사는 "야, 임마. 쓰레기 주워"라고 말한다. 학생은 "내가 안 그랬어요"라며 반항하고, 교사는 "내가 던지는 것 봤는데, 지금 무슨 말 하는 거냐"라며 화를 낸다. 그렇게 해서 교사와 학생 간 싸움이 일어났다.

이에 대해 어떤 신문은 체벌금지로 교권이 무너져 교사가 학생들을 지도하지 못하다고 한다. 그러나 제대로 된 리더십이 있는 교사라면, 학생 이름을 부르며 "철수야, 너 중요한 것 흘린 것 같은데"라고 말한다. 교사의 이런 말에 학생은 "쓰레기인데…"라며 오히려 당황해 할 것이다. 그러면 교사는 이어 "아, 그래. 쓰레기구나. 그럼 내가 버릴게"라며 쓰레기를 쓰레기통에 버린다. 학생을 복종시키는 것이 교사의 권위를 지키는 것이 아니다. 교사와 학생 간 힘겨루기보다는 무엇인가를 생각하게 하는 교육이 중요하다. 어른과 아이가 같은 수준에서 행동해서는 안 된다. 이런 것을 '리더십'이라고 할 수 있다.

학생들의 행동과 사회생활뿐 아니라, 학교생활에 영감을 주면서 학생들의 호기심을 자극해 공부하고 싶도록 유도하고, 전문지식을 갖고 아이들을 대하는 교사가 되면, 모든 학생에게 존경

받을 것이다. 그러나 이 중에서 하나라도 미흡하면, 전문 지식만 있고 소통을 못 한다든가 소통은 잘하는데 아이들을 잘 못 가르치면 학생들이 인정해 주지 않는다.

이 두 가지 조건이 충족되면, 교권을 따로 말할 필요 없이 모든 학생이 교사를 존중한다. 그런 차원에서 교권을 얘기해야 한다. 권위주의적 차원에서 교권을 얘기하는 시대는 이미 지났고, 학생들이 이것을 인정하지 않는다. 이런 상황에서 어른인 교사가 계속 권위주의를 고집하면 학생들과 마찰만 일어날 뿐이다.

## 위로부터의 개혁은 한계, 교사들의 자발적 혁신이 핵심

**프** 혁신학교가 교육 개혁의 한 방도인 것처럼 관심이 많다. 혁신학교에 기대를 거는 교사들도 많은 것 같다. 혁신학교 운동이 교육의 본질적인 변화에 도움이 된다고 보는가?

**황** 도움이 된다. 긍정적으로 본다. 그런데 안타까운 것은, '왜 혁신학교를 지정해서 할 수밖에 없는가'라는 것이다. 모든 학교가 혁신학교가 돼야 한다. 서울 시내 1,300여 개 학교 중 현재 59개가 혁신학교로 지정됐는데, 이렇게 느린 속도로 변하는 게 안타깝다. 교육청의 고민도 어떻게 하면 혁신학교의 긍정적 효과를 다른 학교로 빨리 전파하는가이다.

혁신학교에 대한 재정적 지원을 하는 것도 문제가 될 수 있다. 지원이 끊어지면 혁신이 멈출 수 있기 때문이다. 학교를 지정해서 재정적 또는 다른 형태로 지원하는 이런 혁신학교와 달리 모든 학교에서 두어 가지 아주 중요한 고리를 혁신하는 것도 생각해 볼 필요가 있었을 것이다. 즉 종적으로 학교를 잘라 일부 학교를 지정해 교육을 혁신시키는 것이 아니라, 횡적으로 잘라 모든 학교가 공통적으로 지닌 문제들을 혁신하는 것이다. 말하자면 앞에서 말한 수업 개방을 통한 수업혁신이나 학교 구성원 간의 관계 개선을 통한 교육민주화 등을 들 수 있다. 이런 개혁들은 그야말로 돈 들이지 않고 우리 의식구조를 변화시키며 할 수 있다.

한국에서 교육 혁신은 대체로 위에서 자극을 주어서 하고 있다. 왜 교사들 사이에서 (혁신이) 자발적으로 일어나지 않는지 의문이다. 모든 변화가 큰 힘을 가지려면 자발적으로 일어나야 한다. 밖에서, 위에서, 시켜서 하는 것보다 자발적으로 할 때 변화에 큰 속도가 붙는다.


## 교장은 서비스하는 사람


프 스웨덴의 경우, 교육청과 학교, 학교에서 교장과 교사, 교사와 학생 관계는 어떤가?

황 스웨덴에서 가장 힘든 사람이 교장이다. 그래서 교장을 하겠다는 사람이 그렇게 많지 않다. 학교가 문제가 있으니 혁신해 보고 싶다고 생각하는 사람들이 주로 교장을 한다. 교장이 책임져야 하는 일이 엄청 많다. 학교 예산 문제, 교사들에 대한 교육적 책임과 봉급 책정뿐 아니라 학생들의 성적, 학교에서 학생들의 사회생활 등 모든 것을 책임져야 한다. 학생들과 문제가 생겨서 학부모들이 건의나 항의를 하기 위해 학교를 방문하면 교장이 책임져야 한다. 그런데 교장 보수가 일반 교사들보다 그렇게 많지 않다. 스웨덴 교장들은 이렇게 힘든 일을 내가 왜 하려고 하는가 생각할 것이다. 교장이 그렇게 인기 있는 직업이 아니다.

프　그렇다면 스웨덴에서 교장 선출 방법은?

황　각 지방자치단체에서 공개모집을 한다. 교육 관련 경력이 있는 사람이 응시할 수 있다. 한국의 내부형 교장공모제와 비슷하다. 지자체나 학교에서 요구하는 일정 자격만 구비하면 교사든 교장이든 누구든 공모에 응할 수 있다.

　　교장은 교사들을 위해 서비스하는 사람으로 보일 때가 많다. 교장은 교사들을 지원해 주고 교육적 멘토가 되어야 한다. 그래서 교장과 교사의 관계가 수직적 지시 관계라기보다는 수평적 관계다. 학교 내 문제가 무엇인지 교사들과 토론하고, 의견을 수렴해 학생들의 교육을 책임지는 직위가 교장이다. 내가 근무한 국가교육청과 학교는 직접적 관계에 있지 않다. 290개의 지방자치단체 정치인들과 관료들이 교장들과 더불어 자신들의 학교를 책임지고 경영한다고 보면 된다.

프　한국이 수직적·위계적이라면, 스웨덴은 수평적·자율적이라는 생각이 든다.

황　그렇다. 스웨덴은 수평적·자율적 교육을 하고 있다. '신뢰와 자율'이라고 표현해도 좋을 것 같다.

## 명문고?… 꼭 그런 학교를 보내야만 하나

**프** 한국은 사학, 사립학교가 많다. 2004년 노무현 정부에서 사립학교법을 개정하려다 실패했다. 실제 우리나라는 '개방형 이사제'도 받아들이지 않을 만큼 사학이 많은데, 스웨덴은 어떤가?

**황** 스웨덴에는 한국과 같은 사학은 없다고 할 수 있다. 다만, 프랑스 학교나 영국 학교처럼 부모들이 학비를 내는 외국인 학교가 있다. 그 외 외교관이나 외국 기업인 자녀들이 다니는 3개의 기숙학교가 있고, 이 학교들이 일종의 사립학교라고 할 수 있을 것이다.

한국 사립학교에 대한 문제점이 계속 불거져 나오는데, 사립학교 지원을 어떻게 해 줄 것인가가 문제다. 정부가 세금으로 사립학교를 지원해 주면, 감사와 평가를 공립학교와 똑같이 받아야 한다. 사립학교가 공립학교 지원의 98% 정도를 받고 있는데, 통제도 그렇게 많이 받고 있는지 궁금하다. 사립학교의 공공성이 아주 미비하다. 교장이 몇십억 원을 집안에 숨겨 놓고 있었다는 뉴스도 있던데, 상상하기 힘들다. 세금으로 그런 부정을 하는 것을 용납해서는 안 된다.

**프** 한국에서는 특수목적고와 자율형사립고가 문제되고 있다. 공부 잘하는 아이들을 따로 만들어 가르친다는, 일종의 학교 간 우열반이기도 하다. 학교 간 서열화를 낳아서 경쟁을 부추긴다는 비판도 있어 진보 쪽에서는 반대하고, 보수 쪽에서는 찬성하는 입장이다. 스웨덴에도 몇 년 전 과학고 같은 특목고가 생겨 왼쪽 진영에서는 이를 반대했다던데.

**황** 스웨덴은 우파가 정권을 잡은 1991년부터 '학교 선택제school choice'를 만들었다. 1980년대 강한 우파 바람-신자유주의 바람에 따른 결과로 볼 수 있다. 1994년 가을 좌파인 사회민주당이 정권을 잡았으나, '학교 선택제'를 폐지하지 못했다. '학교 선택제'가 도입되면서 지방자치단체가 책임지는 공립학교와 달리 개인, 기업, 재단 등 학교 경영의 행위자들이 학교를 설립해서 국가 세금으로 운영하는 '자율학교'가 만들어졌다. 부모가 학비를 내고 다니는 사립학교와는 다르다. 세금으로 운영하는 것은 공립학교와 똑같은데 지방자치단체로부터 자유롭기 때문에 '자율학교, 인디펜던트 스쿨Independent School'이라고 부른다.

1994년 좌파가 다시 정권을 잡으면서 '학교 선택제'에 대해 크게 두 가지 고민을 했다. 하나는 자율학교를 어떻게 할 것인가 하는 것인데, 자율학교를 소유하고 경영하는 것이 하나의 경제 행위인데도 선택제를 폐지하면 이를 몰수하거나 공립화해야 하는 심각한 문제가 대두될 수 있다. 다른 문제는 '학교 선택제'에 대한 학부모들의 시각과 자세다. 대부분의 학부모가 '학교 선택제'에 찬성했다. '학교 선택제'를 직접 활용하지는 않아도, 자기 아이가 학교에 적응하지 못 하거나 학교가 마음에 안 들 경우 옮길 가능성이 있기 때문에 찬성했다. 그래서 지금까지 '학교 선택제'가 유지되고 있다.

그리고 2006년 우파가 다시 정권을 잡으면서 '수월성 교육'이라는 것을 실시했다. 스웨덴 전국을 몇 지역으로 나눠 엘리트 학교를 만든 것이다. 수학, 자연과학, 사회과학을 특성화한 학교인데, 정원 미달 사태가 나오는 학교가 있었다.

이유는 '학교 선택제' 이후, 스톡홀름의 공립학교인 쿵스홀롬 고등학교, 자율학교인 빅토르뤼드베리 고등학교처럼 입학 성적이 계속 1위인 학교들이 나왔기 때문이다. '수월성 교육'을 하려고 만든 특성화 학교보다 이런 학교에 대한 평가가 높아 부분적으로 특성화가 무색해진 것이다. 그리고 "꼭 그런 학교(엘리트 학교)를 보내야 하나"라는 스웨덴 사람들의 평등사상이 강하게 작용한 것으로 보인다. 만점을 받고도 일류 특성화 학교나 일류 학교에 가기보다는 집에서 가장 가까이 있는 고등학교에 가는 경우도 많다 (관련 기사: 스웨덴에 특목고가 생긴다?).

**황**   원장은 2시간에 걸친 긴 인터뷰를 마치면서 마지막으로 '밥상머리 소통'을 이야기했다. "강연을 가서 학부모에게 물어보면, 학생들과 같이 저녁밥을 먹는 경우가 거의 없다"며 "밥을 먹으면서 아이들과 소통해야 한다"고 강조했다. 일부 학생들은 학원에 가는 이유로 집에서 잔소리 듣기 싫어서라고 말할 정도로 부모와 자식 간 소통이 단절되어 있다는 것이다. 그는 학부모들에게 "그냥 들어라. 아무 얘기 하지 말고 들어라. 분위기를 만들어서 아이들이 이야기하도록 유도하고 어른들은 애들이 무슨 얘기를 하는지 잔소리하지 말고 그냥 들어라"라고 충고했다.


## 스웨덴 교육과 핀란드 교육, 닮은 점과 다른 점

**프**   유럽 교육을 얘기할 때 핀란드 교육을 많이 거론한다. 스웨덴은 1990년대 초 우파 정권이 집권하면서 '학교 선택제'가 만들어져

약간의 서열화가 이뤄진 반면, 핀란드는 학교 서열화가 거의 없다고 한다. 또 핀란드에서는 교사의 사회적 지위가 높은데, 스웨덴은 어떤가? 그리고 핀란드 교육에 대해 전체적으로 어떻게 평가하는지 궁금하다.

황 스웨덴의 교사 지위가 핀란드의 교사 지위보다 낮다. 교사 지위를 말할 때 각 나라 급여를 비교할 수 있는데, 스웨덴은 교직에 입문했을 때와 퇴직했을 때의 급여 차이가 그리 크지 않다. 반면 핀란드는 경력이 많을수록 급여가 스웨덴보다 많아진다. 퇴직 무렵의 교사 봉급은 한국이 핀란드보다도 많다. 그래서 고등학교의 경우 한국의 교사들이 세계에서 가장 많은 월급을 받는 것으로 안다.

핀란드 교육이 장점만 있는 것은 아니다. 스웨덴과 비교할 때, 핀란드 교육은 상대적으로 주입식 교육에 더 가깝다. 권위주의 역시 핀란드 교육에는 남아 있지만 스웨덴 교육에는 없다. 핀란드에서는 교사가 하는 이야기를 학생들이 잘 듣고 따른다. 그러나 스웨덴 교육은 1960년대 이후 급속도로 자유화된 결과, 교사와 학생 관계가 수평적이다. 따라서 스웨덴에서 교사를 한다는 것은 대단히 힘든 일이다. 한마디로 아이들이 말을 잘 안 듣는다. 교사가 "이렇게 하자"고 하면 학생들은 "왜요?"라는 말부터 한다. 하지만 스웨덴 학생들은 공부할 때는 강요에 의해서라기보다는 하고 싶어서 하는 공부를 한다. 스웨덴에서 가장 좋은 교사는 학생들이 스스로 하고 싶어서 공부하도록 유도해 내는 교사다.

이런 점에서 스웨덴 교육이 핀란드보다 나은 면이 있다고 본다. 핀란드 교육이 성취도가 높은 배경에는 역사적·지정학적 배경도 있다. 핀란드인에게는 한국인처럼 '교육받지 않으면 안 된다,' '교육이 아주 중요하다'라는 절박감이 강하게 존재한다. 핀란드가 지정학적으로 러시아와 스웨덴이라는 강대국 사이에 있기 때문에 '핀란드의 미래는 교육에 있다'는 압박감이 강하다. 그러다 보니 주입식·암기식 교육이 가능한 것이다. 그런데 스웨덴은 그런 방식이 안 통한다.

핀란드는 고등학교 성적이 상위 10퍼센트 이내인 학생들이 사범대를 간다. 교사의 사회적 지위가 높고 교직이 안정적인 직업이라는 인식이 강하다. 또 핀란드는 석사까지 공부해야 교사가 될 수 있다. 그런데 스웨덴은 고등학생들이 사범대를 지망할 때 제2지망 또는 제3지망으로 교사가 되는 경우가 적지 않다. 소명감이 낮은 학생들이 교사가 된다는 뜻이다. 그래서 교사의 지위와 질에서 핀란드와 차이가 있다.

그럼에도 나는 핀란드 교육보다 스웨덴 교육을 높이 평가한다. 학생들이 자유롭고 스스로 생각하고, 비판적 시각으로 책과 세상을 보며 창의력을 제고한다. 물론 스웨덴 교육에도 문제가 없지는 않다. 탄탄한 기초 공부가 잘 안 되어 있는 경우가 있다. 또 학생들이 외워서 하는 공부에 약하다.

# 5.

## 스웨덴 교육현장 들여다보기
### (논문 모음)

# 왜 스웨덴 학교에서는
# 따돌림과 폭력이 적은가?

## 스웨덴의 '모욕을 주는 행위'에 관한 연구

황선준·황레나

이 연구는 스웨덴 학교에서 '모욕을 주는 행위'(차별, 희롱, 따돌림, 폭력)의 현황과 그 대책에 관한 연구로 제도적 장치에 초점을 두고 있다. 어떤 조사나 연구에서도 스웨덴 학교에서 일어나는 '모욕을 주는 행위'는 그렇게 많지 않다. '모욕을 주는 행위'는 초등학교 고학년(4~6학년)에서 가장 많이 일어나며, 학생들의 나이가 많아짐에 따라 감소하고, 시간의 흐름에 따라서도 감소하는 경향을 보인다.

스웨덴에서 학교폭력이나 따돌림이 빈번하지 않은 가장 큰 원인 중하나는 가정 또는 학교에서 체벌이나 폭력은 절대금지라는 강한 사회적 인식과 문화다. 스웨덴의 진취적이고 단호한 법도 한몫한다. 특히학교폭력의 책임 소재가 가해 학생이 아니라 학교에 있다는 '역증명원칙'의 법정신은 교육의 공공성과 사회적 약자의 보호라는 국가의 강한 의지를 보여 주는 것이다. 학교 단위의 제도적 장치들-동등대우계획서, 성인팀, 학급지원학생팀, 학생건강팀-이 실질적으로 학교폭력을예방하고, 폭력이 일어났을 때 즉각 대처하는 중요한 역할을 한다.

스웨덴 전문상담사의 지위와 역할도 우리에게 주는 함의가 크다.한국의 경우 상담교사와 전문상담사로 이원화되어 있어 이들의 협력에 어려움이 있으며, 후자는 비정규직이고 전자에 비해 지위가 낮아 소신껏 일하는 데 큰 어려움이 있다.


## 1. 서론

한국에서의 학교폭력 문제는 아주 심각하다. 이 문제는 오랫동안 존재해 왔고 조직화되어 있다. 학교폭력으로 많은 학생들이 매일 아침 두려움 속에서 등교하며 심지어는 생명까지 희생당하는 사례가 나오고 있다.

문제가 이렇게 심각함에도 이 문제를 '성장과정에서 있을 수 있는 일'이라고 사소하게 취급한다든지, 아니면 오히려 가해 학생 측에서 '맞을 일을 했으니 맞았겠지'라는 적반하장 격의 자세도 있다. 이 문제를 적극적으로 책임지고 근절해야 할 학교기관들은 침묵, 은폐 또는 축소하기에 급급하며 무책임하고 소극적인 경우가 많다. 학교폭력에 대한 대처 또한 문제 해결은커녕 '선무당이 사람 잡는 식'으로 비전문적이고, 오히려 사건을 악화시키는 경우가 많다. 한국에서 학교폭력 문제는 지식 위주의 주입식·암기식 경쟁 교육과 일과 삶 사이의 첨예한 불균형에 의한 가정환경과 강하게 연계되어 있음에도 주요 원인에 대한 심층적 연구와 분석도 부족한 상태다.

이와 같이 학교에서 학생들의 사회적 문제는 단순한 것이 아니라 한국 교육이 안고 있는 총체적 문제의 한 단면이다. 앞으로 학교폭력과 그 원인에 대한 많은 연구와 이 문제에 대한 적극적 대처, 즉 전문가 양성, 법적·제도적 장치 고안, 학부모들의 인식 변화, 인간존중 사회로의 성장 등으로 문제 해결에 노력해야 한다.

이 연구는 한국이 안고 있는 학교폭력이나 학교에서 다른 사회적 문제인 따돌림 또는 모욕을 주는 행위에 대한 문제의식으로 출발하여 이런 문제에 대해 잘 대처하고 있는 스웨덴의 사례를 조사하여 우리 교육에 주는 함의를 찾는 데 목적이 있다. 그런 의미에서 이 연구는 스웨덴의 사례에 대한 탐구적 형태를 띤다.

연구의 주요 질문은 다음과 같다. 즉 학교폭력이나 따돌림에 대한 스웨덴의 현황은 어떤가? 이 문제를 근절하기 위하여 스웨덴은 어떤 노력을 하고 있는가? 스웨덴 사례가 한국에 주는 함의는 무엇인가?

그러나 이 연구는 스웨덴과 한국의 비교연구가 아니다. 이 분야에 대한 한국의 현황은 다른 나라와 비교할 정도로 정리가 잘되어 있지 못하다. 그뿐만 아니라 사회적 배경의 분석이나 비교 없이 몇몇 통계나 제도를 단순 비교하는 것은 위험하다. 따라서 이 연구는 스웨덴 사례를 깊이 있게 분석하여 가능한 범위 내에서 한국에 주는 함의를 도출해 내고자 한다. 스웨덴에서의 오랜 실무 경력을 바탕으로 관련된 문헌과 보고서를 위 연구문제에 따라 정리 분석하고, 특히 스웨덴 학교에서의 사회적 문제에 대한 능동적이고 적극적 대처를 가능하게 하는 법적·제도적 장치에 초점을 두고 위 연구 목적과 연구문제에 답하고자 한다.


## 2. 스웨덴에서의 '모욕을 주는 행위kränkande behandling'에 대한 현황

한 나라의 학교폭력이나 학교에서의 다른 사회적 문제, 즉 '차별

discrimination', '희롱harassment', '따돌림bullying', '모욕infringement을 주는 행위'의 현황을 파악하는 것은 쉽지 않다. 한국에서는 현재 전수조사를 하고 있는데 응답률이 낮아 과학적 근거로 사용하는 데 문제가 있다. 문제 파악의 어려움은 스웨덴도 마찬가지다. 한국과 같은 전수조사도 없다. 그래서 이 연구는 스웨덴 학생들의 따돌림 및 학교폭력 문제의 현황을 파악하기 위해 세 기관의 자료를 주로 사용한다. 즉 하나는 국가교육청Skolverket에서 학생, 학부모, 교사 대상으로 3년마다 실시하는 학교에 대한 행태 조사이고, 다른 하나는 교육감사청Skolinspektionen의 아동 및 학생 옴부즈맨[1]BEO, Barn och elevombudet이 매년 발표하는 이 분야에 대한 통계 자료다. 그리고 마지막으로 스웨덴 범죄예방연구소BRÅ, Brottsförebyggande rådet가 2009년에 조사한 '심각한 학교폭력'에 대한 자료다. 이 세 자료도 초점을 두는 개념이 동일하지 않아 상호 비교가 어렵다. 한 가지 더 언급할 것은, 학교에서 학생들 사이에서 일어나는 차별, 희롱, 놀림, 따돌림, 모욕을 주는 행위, 폭력 등 모든 사회적 문제를 교육법이나 다른 교육 관련 법령에서는 공식적으로 '모욕을 주는 행위'라는 포괄적 개념으로 사용하고 있다는 점이다.[2] 따라서 이 연구에서도 '모욕을 주는 행위'라는 개념을 주로 사용하고 꼭 차별성을 둘 필요가 있을 때 '따돌림'이나 '학교폭력'이란 다른 개념을 사용하거나 이 개념과 병행해서 사용한다.

---

1. 아동 및 학생 옴부즈맨(BEO)은 아동 옴부즈맨(Barnombudsman, BO)과는 다른 기관이다. 전자가 학교에서 일어나는 아동(유아학교) 및 학생들의 사회적 문제에 대해 학교와 지방자치단체에 맞서서 학생들의 권리를 대변하고 도와주는 기관이라면, 후자는 학교와 관계없이 모든 아동들의 권리를 대변하고 도와주는 사회적 기관이다. 후자의 경우 가정폭력에 대한 아동 보호가 더 전형적인 업무라 할 수 있다.
2. '모욕을 주는 행위'란 개념은 교육법에 의하면 '누가 의도적으로 다른 사람에게 상처를 주거나 불편하게 하는 반복되는 부정적 행위'라고 정의하고 있다.

## 2.1 국가교육청의 학교에 대한 인식 및 행태 조사

교육 분야의 가장 중요한 기관인 국가교육청은 3년마다 학생, 교사, 학부모 대상으로 '학교에 대한 인식 조사'를 실시한다. 이 인식 조사의 한 장chapter 전체가 '모욕을 주는 행위'를 다루고 있다.[3]

[표 1] 세분화된 '모욕을 주는 행위'의 학교급별 현황(2012)

(%)

| | 적어도 1주일에 한 번 | | | 적어도 한 달에 한 번 | | | 전혀 없음 | | |
|---|---|---|---|---|---|---|---|---|---|
| | 4~6 | 7~9 | 고교 | 4~6 | 7~9 | 고교 | 4~6 | 7~9 | 고교 |
| 부당취급[1] | 6 | 2 | 2 | 13 | 10 | 4 | 45 | 58 | 66 |
| 놀림[2] | 5 | 2 | 3 | 8 | 4 | 5 | 60 | 69 | 79 |
| 따돌림[3] | 5 | 1 | 1 | 5 | 1 | 2 | 68 | 82 | 84 |
| 때림[4] | 2 | – | – | 4 | – | – | 80 | 93 | 96 |
| 인터넷[5] | 2 | – | – | 3 | 1 | – | 86 | 90 | 91 |

출처: Skolverket, *Attityder till skolan 2012*, pp. 102~105에서 학교급별로 나뉘어 있는 통계를 이 연구를 위해 한 도표로 모아서 만듦.

1. 부당취급: 자기가 하지 않았는데 했다고 부당하게 취급당하는 행위
2. 놀림: 놀리거나, 자기에 대해 남들이 속삭이거나, 농담하는 행위
3. 따돌림: 같이 있지 않거나 같이 놀지 않는 행위
4. 때림: 밀치거나, 때리거나 육체적으로 고통을 주는 행위
5. 인터넷: 핸드폰이나 인터넷을 통해 '모욕을 주는 행위'

전체적으로 초등학교 고학년(4~6학년) 학생들 사이에서 '모욕을 주는 행위'가 가장 빈번하게 일어나고 있다. 초등학교 4~6학년 학생들의 6%는 적어도 1주일에 한 번 자기가 하지도 않은 일을 했다는 부당한 취급을 당하고 있고, 13%는 적어도 한 달에 한 번 부당한 취급을 당한다고 했다. 우리나라의 중학생에 해당되는 기초학교 7~9학년 학생들의 경우는 이것이 각각 2%와 10%로 감소되었다. 고등학생의 경우에는 더욱 감소하여 2%와 4%가 적어도 1주일에 한 번 또는 한 달에 한

---

3. 제9장 모욕을 주는 행위의 현황은 Skolverket(2013), *Attityder till skolan 2012*, Skolverkets rapport 390 참조.

번 부당하게 취급당한다고 했다. 부당한 취급을 전혀 당하지 않은 학생은 초등학교 4~6학년 학생이 45%, 중학생이 58%, 고등학생이 66%였다. 놀림, 따돌림, 폭력이나 인터넷을 통한 '모욕을 주는 행위'는 부당취급보다 빈도가 낮고 고학년으로 올라갈수록 줄어든다. 예를 들어 때리거나 육체적으로 고통을 가하는 행위는 초등학교 4~6학년 사이에서만 일어나며, 약 2%와 4%의 학생들이 적어도 1주일에 한 번 그리고 1달에 한 번 그런 일을 당한다고 했다.[4] 반면 초등학교 4~6학년의 80%, 중학생의 93%, 고등학생의 96%는 한 번도 그런 일을 당한 적이 없다고 했다.

[표 2] 세분화된 '모욕을 주는 행위'의 시기별 현황: 적어도 1주일에 한 번 (%)

|  | 2003 | | | 2006 | | | 2009 | | | 2012 | | |
|---|---|---|---|---|---|---|---|---|---|---|---|---|
|  | 4~6 | 7~9 | 고교 | 4~6 | 7~9 | 고교 | 4~6 | 7~9 | 고교 | 4~6 | 7~9 | 고교 |
| 부당취급 | 11 | 무 | 무 | 9 | 3 | 1 | 8 | 4 | 2 | 6 | 2 | 2 |
| 놀림 | 6 | 무 | 무 | 9 | 4 | 2 | 7 | 4 | 2 | 5 | 2 | 2 |
| 따돌림 | 7 | 무 | 무 | 5 | 1 | 1 | 5 | 2 | 2 | 5 | 1 | 1 |
| 때림 | 5 | 무 | 무 | 4 | 0 | 0 | 3 | 1 | 0 | 2 | 무 | 무 |
| 인터넷 | 5 | 무 | 무 | 4 | 0 | 무 | 3 | 0 | 1 | 2 | 무 | 무 |

출처: Skolverket(2013), *Attityder till skolan 2012*, pp. 104-106.
무: 해당 자료 없음

'모욕을 주는 행위'의 시기별 현황도 학교급별 현황과 비슷한 경향을 보인다. 초등학교 고학년(4~6학년)에서 '모욕을 주는 행위'가 가장 많이 일어나고 중학교와 고등학교로 올라갈수록 이런 행위가 줄어드는 것을 보인다. 비교 가능한 2006년을 보면 적어도 1주일에 한 번 부

---

4. Skolverket(2013), *Attityder till skolan 2012*, p. 102.

당취급을 당한 비율이 초등학교 4~6학년의 경우 9%인데 중학생의 경우 3%, 고등학생의 경우 1%였다. 또 시간의 흐름에 따라 '모욕을 주는 행위'도 줄어드는 것을 볼 수 있다. 2003년 조사에서보다 2012년 조사에서 '모욕을 주는 행위'의 빈도가 낮다. 이는 스웨덴의 학교가 학교에서 일어나는 학생들의 사회적 문제를 끊임없이 예방하고, 일어났을 때 즉각 대처하기 때문으로 추측할 수 있다. 예방과 즉각 대처를 위한 법적·제도적 장치들은 뒤에서 논한다.

학교에서의 사회적 문제는 학생들 사이에서 일어나는 것뿐 아니라 학생들과 교사들 사이에서도 일어난다. 2012년 조사에 의하면 초등학교 4~6학년 학생 중 1%는 1주일에 적어도 한 번은 교사들로부터 따돌림bullying을 당한 적이 있다고 했고, 중학생과 고등학생의 경우 약 4%가 1주일에 적어도 한 번은 교사로부터 따돌림을 당한 적이 있다고 했다. 교사들도 학생들과 학부모로부터 협박 또는 위협을 느끼거나 신체적 폭력을 당한다고 했다.

[표 3] 직장에서 위협을 느끼거나 신체적 폭력을 당한 교사 비율의 학교급별 현황 (%)

| | 아니오 | 학생 | 교직원 | 학부모 | 전체 |
|---|---|---|---|---|---|
| 초 1~3 교사 | 77 | 20 | 0 | 2 | 23 |
| 초 4~6 교사 | 77 | 21 | 1 | 2 | 23 |
| 중학교 교사 | 78 | 18 | 1 | 5 | 22 |
| 고교 교사 | 89 | 7 | 2 | 1 | 11 |

출처: Skolverket(2013), *Attityder till skolan 2012*, p. 108.

위 통계에 의하면 초등학교 교사(1~6학년 교사 전체)의 약 20%가 지난 한 해 학생으로부터 위협을 느끼거나 신체적 폭력을 당한 적이 있다고 한 반면, 다른 교직원으로부터는 1%, 학부모로부터는 약 2%

정도가 위협과 폭력을 당한 적이 있다고 했다. 이런 경향은 중학교에서도 대체로 지속되고 있으나 고등학교에서는 그 비율이 반 이상 줄어들었다.

## 2.2 아동 및 학생 옴부즈맨BEO에 제출된 민원

아동 및 학생 옴부즈맨(이후 BEO로 표기)은 교육감사청Skolinspektionen에 있는 독립된 작은 기관으로, 학교에서의 아동 및 학생의 권리를 지키고 대변한다. 스웨덴의 모든 유아학교와 학교에서는 차별, 희롱, 따돌림, 모욕을 주는 행위 또는 어떠한 폭력도 절대 용납되어서는 안 된다는 원칙Zero-tolerance이 있고, 이에 대한 책임은 학교에 있다는 것이 잘 인식되어 있다. 학교와 학교가 속한 지방자치단체의 책임이 크다. BEO의 역할은 학교에서 일어나는 아동 및 학생들의 사회적 문제를 규정하는 관련 법에 대한 홍보와 자문을 하고, 이런 사회적 문제에 대해 조사하며 아동과 학생들을 대신하여 학교나 지방자치단체에 보상금을 요구하고 소송을 한다. 학교에서 일어나는 학생들의 사회적 문제는 일차적으로 교사나 교장 아니면 전문상담사에게 신고하여 해결한다. 그런데 학교 차원에서 해결이 잘 안 되거나 아예 안 되리라고 판단하거나 학교에서 문제를 방치하면 학부모나 학생은 교육감사청에 신고한다.[5] 교육감사청에 들어오는 민원은 학생들의 사회적 문제만 다루는 것은 아니다. 민원은 특별한 지원이 필요한 학생에게 학교가 충분히 지원하지 않는다든지 성적, 학생회, 모국어 수업, 학교의 조직이나 학급의 크기 등 학교 문제 전반에 걸쳐 들어온다. 이 연구에서

---

5. 한국에서는 스웨덴의 이러한 신고가 '민원'이란 개념으로 통용되고 있다. 그래서 특별한 이유가 없는 한 이 연구에서도 민원이란 개념을 사용한다.

는 이런 전체 민원에서 '모욕을 주는 행위'에 대한 통계만 재정리했다.

학부모들의 민원은 사안에 따라 교육감사청에서 조사한다. '모욕을 주는 행위'도 교육감사청의 일차적 조사를 거쳐 BEO로 넘어온다. 사안에 따라 BEO는 심층조사를 하고, 조사 결과에 따라 여러 형태의 경고, 벌금, 보상금 등을 결정한다. 연도에 따라 다르긴 해도 '모욕을 주는 행위'에 대한 민원은 교육감사청에 들어오는 전체 민원의 약 30%를 차지한다.

[그림 1] BEO에 제출된 연도별 '모욕을 주는 행위'(모욕감으로 축약)에 대한 민원

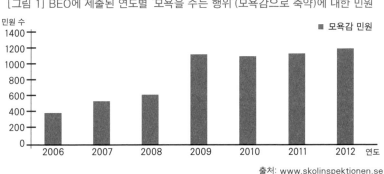

출처: www.skolinspektionen.se

위 [그림 1]에서 보듯이 학생들의 사회적 문제에 대한 민원은 2009년 이전에는 매년 500개 정도였으나 2009년 1,000개 이상으로 갑자기 증가했다. 이런 현상에 대해 교육감사청은 교육감사청이 2008년 국가교육청으로부터 독립된 기관이 된 것에 일부 기인하며, 다른 일부는 2009년부터 신설된 BEO 홈페이지를 통해 민원을 제기하는 것이 이전보다 훨씬 쉬워진 데 기인한다고 설명했다. 교육감사청은 또 언론이 이런 문제에 대해 여론을 형성한 결과 학부모의 민원 제기가 많아졌다고 설명했다. 즉 실제로 모욕을 주는 행위가 2009년부터 갑자기 증가한 것이라고 보지 않는 것이다. 그뿐만 아니라 이 통계도 모욕을 주

는 행위가 실제로 학교에서 얼마나 일어나는지를 보여 주는 것은 아니라고 교육감사청은 덧붙였다.[6]

위 국가교육청 통계에서도 마찬가지지만 BEO 통계에서도 여학생보다 남학생이 학교에서의 사회적 문제에 더 많이 연루되어 있다. 국가교육청 통계에서 초등 4~6학년 학생 중 한 번도 폭력(때리거나 그와 유사한 행위)에 노출된 적이 없다고 한 학생 80% 중 여학생이 85%, 남학생이 74%였다. BEO 통계에서는 '모욕감을 주는 행위'의 민원 절반은 남학생, 30%가 여학생, 나머지는 여러 명의 학생이 공동 연루되어 있는 것으로 나타나 있다.

실제로 학교에서 일어나는 학생들의 사회적 문제는 BEO의 민원에서 보는 숫자보다는 많다. 왜냐하면 일부 문제는 이미 학교 차원에서 해결했기 때문이다. '모욕을 주는 행위'가 실제로 얼마나 많이 일어나는지 정확히 알 수는 없지만 위 국가교육청의 설문조사가 그래도 사실에 가장 근접한 통계일 가능성이 크다. 학생들이 실제로 느끼고 경험한 것을 조사한 통계이기 때문이다.

## 2.3 스웨덴 범죄예방연구소BRÅ의 조사

2007년 핀란드의 요껠라학교Jokelaskolan에서 한 학생이 총기로 8명의 동료 학생을 살해하는 대참사가 일어났다.[7] 이러한 '심각한 학교폭력grova skolvåld'은 이웃 나라 스웨덴이나 노르웨이에서는 아주 드물

---

6. http://www.skolinspektionen.se/sv/Statistik/Statistik-om-anmalningar/Anmalningar-och-beslut-2012/

7. 학교뿐만 아니라 학교 밖에서도 핀란드에는 총기에 의한 사건들이 많이 일어나는데 그 이유 중 하나는 전통적 사냥문화와 이를 가능하게 하는 총기 소유의 용이함을 들고 있다. 그러나 이웃 나라 스웨덴이나 노르웨이도 유사한 사냥문화권이지만 총기 소유와 관리체계가 핀란드보다 훨씬 엄격하다.

다. 그러나 이 사건이 이웃 나라에 경각심을 불러일으킨 것은 분명하고, 스웨덴 교육부는 범죄예방연구소(이후 BRÅ로 표기)에 스웨덴에서의 학교폭력 현황과 학교폭력 예방에 대한 국제적 경험 등을 연구, 조사하라는 과제를 주었다.[8] BRÅ는 '심각한 학교폭력'이란 개념을 '육체적 상처를 주는 학교폭력'으로 정의하며 무기(총기, 칼, 몽둥이 등)에 의한 폭력 외에 때리고 발로 차는 폭력도 포함시켰다. BRÅ가 사용한 자료는 대체로 세 가지다. 즉 1984~2007년 사이에 일어난 학교폭력에 대한 법원의 판결, 2007년 한 해 동안의 경찰에 신고한 학교폭력 그리고 BRÅ의 자체 조사.

A) 1984~2007년 사이에 일어난 학교폭력에 대한 법원의 판결

1984~2007년 사이, 즉 24년 동안 15~17세 청소년들 사이의 '심각한 폭력'으로 약 700건에 해당되는 법원의 판결이 내려졌다. 이 중 22건이 학교에서 일어난 폭력이다. 22건의 학교폭력 중 17건은 심한 상해, 5건은 살인미수 또는 과실치사미수로, 목숨을 앗아간 폭력은 한 건도 없었다.[9] 그러나 칼을 사용한 폭력은 12건, 몽둥이를 사용한 폭력이 4건, 나머지 6건은 주먹으로 때리거나 발로 찬 폭력이었다. 이들 22건의 심한 폭력을 분석해 보면 첫째, 중학교에서 일어난 폭력이 22건 중 15건으로 가장 많고, 나머지 7건은 고등학교에서 일어난 폭력이다. 둘째로 가해자는 거의 남학생이고 이들은 이미 잘 알려져 있는 문제 학생들이며 이들 중 일부는 정신질환을 앓고 있었다. 셋째로 폭력의 동기는 대체로 개인적 문제였다. 즉 가해자와 피해자는 서로 아는 사이였고

---

8. BRÅ(2009), *Grövre våld i skolan*, BRÅs rapport 2009: 6.
9. BRÅ(2009), *Grövre våld i skolan*, BRÅs rapport 2009: 6, p. 25.

따돌림이나 '모욕을 주는 행위'로 인해 적대감을 가지고 있는 경우가 많았다. 그뿐만 아니라 학교공부를 따라가지 못하거나 집중하지 못하는 데서 오는 좌절감도 폭력으로 나타난 경우가 있다.

### B) 2007년 경찰에 신고된 학교폭력

법원의 판결이 내려진 학교폭력보다 훨씬 많다. 2007년 336건의 학교폭력 사건이 경찰에 신고됐는데 그중 20건이 '심각한 폭력'으로 분류되었다. 즉 절대다수는 경미한 학교폭력 사건이었다. '심각한 폭력' 20건 중 19건은 학생 간 폭력으로 가해자 한 명과 피해자 한 명이었다. 나머지 한 건은 학생과 교직원 사이의 폭력이었다. 학교폭력은 대체로 주위에 교사가 없을 때(75%) 복도나 운동장에서 일어났고, 등하굣길에서 일어난 경우도 제법 있다. 주위에 어른이 없을 때 일어난 폭력은 대체로 상해 정도가 더 심했다.

### C) BRÅ의 자체 조사

BRÅ는 이제까지 있어 온 연구들을 종합하거나 자체 조사를 한다. BRÅ가 참조한, 1994년 실시한 어느 연구에 의하면 최근 약 2%의 중학교 3학년 학생(그중 남학생 3%, 여학생 1%)이 학교에서 폭력을 당해 병원을 찾은 적이 있다고 했다.[10] BRÅ는 또 매년 학생들을 대상으로 학교폭력에 대한 설문조사를 하는데, 이 설문조사에서의 '폭력'은 위 법원의 판결이나 경찰의 신고 자료의 '심각한 폭력'보다 범위가 훨씬 넓어 경미한 폭력도 포함되어 있다. BRÅ 자체의 설문조사에 의하면

---

10. Lindström, P.(1995), Våld I skolan in Hagerman, M (ed) *Det obegripliga våldet: forskare om ungdomar och våld*. Stockholm, Forskningsrådsnämnden.

1995~2005년 사이 중학교 3학년 학생의 약 20%가 경미한 폭력에 노출됐고, 11%는 심각한 위협을 느꼈으며, 5.6%는 병원을 방문하는 폭력을 당했다고 한다. 이 중 약 40%의 폭력은 학교에서 일어났고 나머지는 거리에서나 가정 등에서 일어났다고 한다. 1995~2005년 법원과 경찰의 '심각한 폭력' 개념과 일치하는 폭력을 경험한 중학교 3학년 학생은 약 2%이고, 이는 전국에서 2,000명 정도에 해당하는 숫자다.[11]

이들 2,000명을 분석해 본 결과 몇 가지 특징을 보여 준다. 위 다른 조사에서도 보았듯이 학교폭력에 연루된 학생들은 대체로 남학생이다. 남학생의 비율이 여학생의 두 배에 가깝다. 학교폭력은 또 고등학생보다는 중학생 사이에서 더 많이 일어난다. 사회계층으로 나눠 볼 때 노동자의 자녀들이 공무원의 자녀들보다 학교폭력에 더 많이 연루되어 있다. 따돌림이나 학교환경이 학교폭력을 설명하는 주원인 중 하나다. 즉 따돌림을 자주 당한 학생이 학교폭력에 더 많이 노출되어 있고, 좋은 교사가 있다고 믿거나 학교 분위기가 좋다고 여기는 학교에서 학교폭력 빈도가 훨씬 낮다. 즉 교사에 대한 신뢰와 학교문화가 중요하다는 뜻이다.[12]

BRÅ는 스웨덴 학교에서 일어나는 '심각한 폭력'은 아주 드문 현상이며, 스웨덴의 대부분의 학교는 안전하고, 따돌림이나 '모욕을 주는 행위'는 줄어들고 있다고 한다. 스웨덴에서의 학교폭력이 낮은 이유를 BRÅ는 다음과 같이 설명한다. 첫째, 스웨덴 청소년들의 범죄행위는 대체로 음주와 연관되어 있어 음주와 거리가 먼 학교에서는 폭력도 낮다. 둘째, 범죄와 연루되어 있는 청소년들은 대체로 학교공부에 문

---

11. BRÅ(2009), *Grövre väld i skolan*, BRÅs rapport 2009: 6, p. 34
12. op.cit. pp. 36-39.

제가 있는데, 범죄가 일어난 시점엔 이미 학교를 중퇴한 경우가 많다. 셋째로 학교가 학생들의 사회적 문제인 따돌림이나 학교폭력을 잘 대처하고 있다.[13] 그래서 BRÅ는 학교폭력은 따돌림이나 '모욕을 주는 행위'와 밀접한 상관관계에 있으며, 평소 따돌림이나 '모욕을 주는 행위'가 학교에서 일어나지 않도록 예방하고 일어났을 때 전문적 지식으로 즉각 대처하는 것이 중요하다는 결론을 내린다.

스웨덴 학교에서 학생들의 사회적 문제가 학업을 방해할 정도의 심각한 수준이 아니라는 조사도 있다. 190명의 중·고교 교장을 대상으로 한 설문조사에서 '안전하고 좋은 학습환경에 방해가 되는 요소'라는 질문에 교장들은 '부모의 무관심', '적은 교직원 수', '학생들의 공부 동기'의 순서로 대답했고, 네 번째로 '따돌림과 모욕을 주는 행위'라고 했다. 신체적 폭력은 거의 무시할 정도로 언급이 없었다.[14] '심각한 폭력'이나 싸움에 의한 신체적 폭력은 대부분의 스웨덴 학교에서는 극히 드물게 일어나지만 그렇다고 이것을 절대 당연하게 받아들이지 않는다고 했다.


## 3. 학교폭력 예방과 근절을 위한 스웨덴의 법들

무기를 사용한 '심각한 폭력'이나, 육체적 상처를 줄 수 있는 주먹으로 때리고 발로 차는 행위가 스웨덴 학교에서는 결코 흔하지 않다는 것을 앞에서 보았다. 그뿐만 아니라 폭력보다는 훨씬 경미한 학생들

---

13. op.cit. p. 41.
14. op.cit. p. 59.

의 사회적 문제인 '모욕을 주는 행위'(따돌림, 놀림, 희롱, 농담, 차별 등)
도 그렇게 심각하지 않다. 스웨덴 학교가 이와 같이 다른 많은 나라들
과 달리 폭력이나 따돌림 문제로부터 상당히 자유로운 것은 여러 가
지 원인이 있을 수 있다. 여기서는 법적·제도적 측면에서 스웨덴이 이
런 문제에 어떻게 대처하는지 살펴본다.

### 3.1 체벌금지Agaförbud

영국 속담에 "회초리를 아끼면 아이를 망친다"는 말이 있듯이 많은
나라에서는 아직도 체벌이 사람을 바르게 키운다고 믿고 있다. 스웨덴
을 비롯한 북유럽에서는 이와 정반대다. 스웨덴은 1960년대 이미 체벌
의 문제점에 대한 논의가 활발했다. 요약하면, 체벌로 아이들의 나쁜
버릇을 고친다기보다는 체벌은 오히려 아이들에게 평생 씻지 못할 마
음의 상처를 주고, 복수심을 불러일으키고, 체벌당할 위험이 없는 상
황에서는 더욱 나쁘게 행동한다는, 체벌에 대한 부정적 관점이 비등
했다. 체벌이나 폭력은 또 사회적으로 권위주의적 관계를 유지하며, 대
화로 문제를 해결해야 하는 민주주의적 발전을 저해한다고도 했다.

체벌에 대한 지난 60년 동안의 과학적 연구를 총체적으로 분석한
Gershoff (2002)의 연구에 의하면, 체벌 당시 즉각 복종하게 하는 것
외에 체벌은 어떠한 장점도 없으며 단점만 많다고 했다.[15] 가정에서의
체벌은 현재(2014) 38개국에서 금지되어 있고, 더 많은 나라에서 학교
에서의 체벌이 금지되어 있다.[16] 즉 체벌이 학교에서는 금지되어 있지

---

15. Gershoff E.T.(2002), "Corporal punishment by parents and associated child behaviors
    and experiences: a meta-analytic and theoretic review", Psychological Bulletin, 2002,
    Vol. 128, No. 4, 539-579.
16. http://sv.wikipedia.org/wiki/Aga

만 가정에서는 금지되어 있지 않은 나라가 많다는 얘기다.

스웨덴은 이 분야에서 선구적 역할을 했다. 1966년 부모가 아이에게 체벌할 수 있는 권리를 폐지하고 1979년 3월 15일 법으로 모든 형태의 체벌을 금지했다. 가정에서의 체벌을 폭력으로 간주한 것이다. 스웨덴의 부모법föräldrabalken 제6장 1절에 의하면 "모든 아동은 보호되고 안전하고 좋은 양육을 받을 권리가 있다. 아동의 개성과 인격은 존중되어야 하고 아동에게 체벌이나 다른 형태의 '모욕을 주는 행위'를 해서는 안 된다"고 명시하고 있다.[17] 만약 이를 어기면 스웨덴 형법 brottsbalken 3장 5조에 의해 '상해misshandel'에 해당하는 처벌을 받는다고 규정하고 있다.[18] 스웨덴에 이어 핀란드(1983), 노르웨이(1987), 덴마크(1997)가 가정에서의 체벌을 금지했고 일부 다른 나라들도 이를 따랐다. 아시아에서는 아직 한 나라도 가정에서의 체벌을 금지하고 있지 않다.

### 3.2 교육법Skollagen

스웨덴 교육법 제6장은 전적으로 '모욕을 주는 행위'를 다룬다. 학생들에게 안전한 학교를 만들겠다는 강한 의지를 보여 주는 부분이다. 처음 몇 절은 '모욕을 주는 행위'에 대한 개념과 법의 적용 범위 등을 다루지만 제5, 6, 7절에서는 '모욕을 주는 행위'에 대한 책임과 임무를 다룬다. '모욕을 주는 행위'에 대한 책임은 지자체와 학교에 있고, 각 학교에서 이러한 행위가 발생하지 않도록 목표 지향적으로 일

---

17. http://www.riksdagen.se/sv/Dokument-Lagar/Lagar/Svenskforfattningssamling/
Foraldrabalk-1949381_sfs-1949-381/
18. https://lagen.nu/1962:700

하고 체계적으로 예방해야 한다고 한다. 즉 책임이 가해 학생에게 있지 않고 학교나 지자체에게 전적으로 있다는 것을 명확히 하고 있다.[19]

제8절은 모든 학교가 '모욕을 주는 행위'가 발생하지 않도록 매년 '대책계획서'를 작성하고 이 계획서에 어떤 대책을 강구하는지를 기록하며 다음 해에 이 대책들이 어떻게 실행됐는지 명기할 것을 규정한다. 제9절은 교직원의 모욕행위 절대금지 조항으로, 교직원은 아동들과 학생들에게 '모욕을 주는 행위'를 해서는 절대 안 된다고 명시하고 있다. 제10절은 신고 의무와 즉각적 대처를 규정하는 것으로, 교직원은 '모욕을 주는 행위'가 일어난 것을 보거나 알면 즉시 교장에게 신고하고 교장은 지자체에 신고해야 하며, 신고(민원)가 들어오면 당일 아니면 늦어도 다음 날 조사하고 대책을 강구하여 다시는 그런 일이 재발하지 않도록 해야 한다고 한다.

제11절은 보복행위 금지 사항으로, 지자체나 학교가 조사에 참여하여 증언하는 아동과 학생들에게 어떠한 형태의 보복행위도 금지한다고 규정한다. 제12절은 보상금 제도로, 지자체나 학교가 자신의 임무를 다하지 않았을 때 피해 아동(학생)에게 보상금을 지불해야 된다고 명시한다. 이 보상금 제도는 피해자의 상처를 치유하는 역할을 할 뿐만 아니라 지자체나 학교의 책임을 확실히 함으로써 재발 방지 역할을 한다고 한다.

끝으로 '모욕을 주는 행위'에 관한 규정에서 가장 흥미 있는 원칙

---

19. 책임이 학교나 지자체 중 어느 한 곳에 있는 게 아니라 두 군데에 있다고 하면 책임소재가 불명확하게 들릴 가능성이 있다. 그래도 교육법에서 그렇게 하는 이유는 자율학교제도의 도입 때문이다. 대체로 하나의 지자체가 여러 학교를 책임지거나 재단이나 기업 등이 여러 자율학교를 책임지는 성우에는 '모욕을 주는 행위'에 대한 궁극적 책임이 지자체나 재단에 있다. 한 학교가 하나의 법인인 경우에는 그 책임이 학교에 있다. 그래서 지자체나 학교에 책임이 있다고 한다.

중 하나는 14절의 '역증명원칙'으로, 한 학생이 모욕이나 따돌림을 당했다고 민원을 넣으면 이 학생이 이런 행위가 일어난 것을 증명해야 하는 것이 아니라 지자체나 학교가 이런 행위가 일어나지 않았고 지자체나 학교가 최선을 다했다는 것을 증명해야 한다고 규정하고 있다. 역증명원칙은 사회의 약자를 보호하기 위한 것으로, 학교에서 모욕을 당한 학생뿐만 아니라 가정폭력, 성추행, 강간 사건 등에도 적용되어 여성을 보호하고 있다.

### 3.3 차별금지법Diskrimineringlagen

마지막으로 여기서 언급하고 싶은 법은 2008년 제정된 차별금지법이다.[20] 이 법은 성, 인종, 종교, 장애, 성적 지향, 성초월 정체성 및 표현, 나이로 인한 어떠한 차별도 금지하는 것으로, 모든 교육기관이 이 법의 적용 대상이 된다. 교육법과 같이 이 차별금지법도 모든 교육기관은 목표 지향적으로, 적극적으로 대처하여 위에 언급한 분야에서 차별이 일어나지 않도록 예방함과 동시에 아동과 학생들의 권리를 신장해야 한다고 규정한다. 교육법이 학교 단위에서 '모욕을 주는 행위'에 대한 대책계획서를 매년 작성하도록 했듯이, 이 차별금지법도 학교에서 매년 차별금지계획서를 작성할 것을 요구한다. 대부분의 학교는 이 두 법이 요구하는 계획서를 따로 작성하는 것이 아니라 하나의 계획서로 두 법의 요구사항을 충족시키고 있다. 또한 이 차별금지법도 학교가 적극적으로 예방하거나 대처하지 않고 차별금지법이 규정하는 것을 어길 경우 보상금과 벌금을 무는 조항도 있다. 교육법과 유사하

---

20. http://www.riksdagen.se/sv/Dokument-Lagar/Lagar/Svenskforfattningssamling/Diskrimineringslag-2008567_sfs-2008-567/. 이 법은 이제까지 있어 온 차별에 관한 여러 법들을 하나의 법으로 집대성한 법이다.

지만 교육법보다는 훨씬 구체적이고, 위 7개 분야의 직간접 차별과 희롱에 대해 상세히 규정하고 있다. 이 차별금지법은 스웨덴 제도로 전세계에 퍼져 있는 옴부즈맨ombudsman제도의 근간을 이룬다.


## 4. 학교폭력 예방과 근절을 위한 제도적 장치들

스웨덴의 학교를 따돌림이나 폭력 없는 안전한 학교로 만들려는 노력은 여러 측면에서 관찰된다. 가정에서든 학교에서든 체벌이나 폭력은 절대 금물이며, 모든 갈등은 대화로 해결해야 한다는 사회적 인식이 뿌리 깊다. 이런 사회적 인식을 뒷받침하는 것이 위에서 본 스웨덴의 단호한 법들이다. 문제는 이 법을 어떻게 실행하는가이다. 아무리 좋은 법이 있다 할지라도 옳게 실행하지 않으면 빛 좋은 개살구다. 이 장에서는 위에서 언급한 법들을 살리는 제도적 장치들은 살펴본다.

스웨덴의 교육 분야에서 '모욕을 주는 행위'에 관여하는 중앙정부 차원에서 몇 개의 중요한 기관이 있다. 우선 국가교육청Skolverket을 언급할 수 있다. 교육부 산하의 가장 중요한 기관으로, 국가교육청은 학생들의 사회적 문제에 대한 현황 및 조사와 연구를 통해 이 분야에서 실질적으로 학교가 어떻게 대처할 것인지에 대한 지원을 한다.[21] 현황 및 연구보고서뿐만 아니라 권고서를 통해 모든 학교가 적극적이고도 즉각적으로 대처하도록 한다.[22]

---

21. 예를 들어 Skolverkets stödmaterial(2009), Grövre våld I skolan-Vad man vet och vad man kan göra.

이[22] 분야에 중요한 역할을 하는 또 다른 중앙기관인 교육감사청 Skolinspektionen은 스웨덴의 모든 학교를 3년마다 감사하는 일을 한다.[23] 교육감사청의 평가업무 중 하나는 안전한 학교에 대한 평가로, 학생들의 사회적 문제를 어떻게 다루었는지 평가한다. 위 교육법과 차별금지법에서 요구하는 계획서에 대한 평가도 교육감사청에서 이루어진다.

셋째로 중요한 중앙기관은 교육감사청에 소속되어 있지만 하나의 독립기관인 아동 및 학생 옴부즈맨(BEO)이다. 이 기관이 '모욕을 주는 행위'에 대한 학생/학부모의 민원을 처리하는 기관으로, 사안에 따라 지자체와 학교에 경고하거나 피해 학생에 대한 보상금 지불을 결정한다. 지자체나 학교가 이 결정에 승복하지 않아 법원으로 이송될 경우 BEO는 피해 학생들의 법정대리인 역할을 한다.

중앙 기관들의 역할이 아무리 중요하고 좋아도 따돌림이나 학교폭력을 실질적으로 예방하고 근절하는 것은 학교현장이다. 즉 학교 차원에서 이 문제를 잘 돌보지 않으면 해결할 수 없다. 그래서 이 연구에서는 학교에서 학생들의 사회적 문제에 능동적이고 효과적으로 대처하기 위해 학교 차원에서 발전시킨 세 가지 제도적 장치를 살펴본다. 하나는 '차별금지 및 동등대우계획서'이고, 다른 하나는 차별금지법과 교육법이 요구하는 차별금지와 동등대우, 따돌림과 폭력 없는 안전한 학교를 만들기 위하여 각 학교가 꾸려 낸 성인팀과 학급지원학생팀이다. 물론 모든 학교가 이런 팀을 만들어 내어 일을 하는 것은 아

---

22. Skolverkets allmänna råd(2009), För att främja likabehandling och förebygga diskriminering, trakasserier och kränkande behandling.
23. 한국에서는 이것을 '학교평가'로 부르고 있다. 그래서 이 연구에서도 '평가'로 부른다.

니다. 조직이 다를 수 있고 이름도 다를 수 있다. 그러나 학생들의 사회적 문제 발생을 예방하고 적극 대처하기 위해서는 이와 같은 조직들을 만들어서 일하고 있다. 마지막으로 교육법이 요구하는 '학생건강Elevhälsan' 업무와 이와 연관된 전문가 집단인 '학생건강팀'이다.

### 4.1 동등대우계획서Likabehandlingplan

교육법은 '모욕대책계획서', 차별금지법은 '차별금지계획서'를 각 학교가 작성하도록 하고 있다. 대부분의 학교는 이 두 종류의 서류를 하나의 서류로 한 '동등대우계획서likabehandlingsplan' 만들어 학교에서 일어나는 차별, 희롱, 따돌림, 모욕행위, 폭력 등에 대처하고 있다.[24]

학교에서 작성하는 대부분의 동등대우계획서는 서두에 이 계획서의 법적 근거, '모욕을 주는 행위', 차별, 희롱 등의 주요 개념을 정의하고 학교 비전을 제시한다.[25] 이 연구서가 참조한 멀비중학교 Mörbyskolan의 계획서는 이어서 교장, 성인팀vuxenteam, 학급지원학생팀klasstödjarna(각 학급의 학생 대표 2명으로 구성된 팀) 사이의 역할 분담을 기술하고 있다. 특히 흥미로운 부분은 현황에 대한 파악과 분석으로, 이 학교는 일부 학생들이 따돌림을 받고 있고 학생들 사이에 강한 그룹이 형성되어 있다고 기술하고 있다. 이러한 현황을 파악하기 위하여 학교는 매 학기 학생들을 대상으로 설문조사를 한다. 이러한 현황과 분석을 기초로 멀비중학교는 목표와 대책을 세운다. 예를 들

---

24. 국가교육청이 이 두 가지 법의 요구를 하나의 서류로 만들 것을 권고한다. Skolverkets allmänna råd(2009), För att främja likabehandling och förebygga diskriminering, trakasserier och kränkande behandling.
25. 이 연구에서는 스톡홀름 근교에 있는 Mörbyskolan(중학교)의 동등대우계획서를 중심으로 서술한다. http://www.kommun.danderyd.se/upload/M%C3%B6rbyskolan/pdf/planen%202013.pdf

어 그룹 형성을 최대한 막기 위해 학생들을 학급 편성이나 그룹 편성 시 어떻게 떼어 놓는지를 기술한다. 또한 학생그룹의 리더 격인 학생들과 정기적으로 상담한다는 계획도 세운다. 이 외에 계획서는 민주주의 가치교육värdegrundsarbete을 학생들과 교사 대상으로 어떻게 할지, 학생들의 따돌림 문제를 전담할 학교 내 교직원으로 구성된 '성인팀vuxenteam'을 어떻게 구성할지, 쉬는 시간에 누가 학생들을 돌볼지, 이 분야 교직원 연수를 어떤 내용으로 1년에 몇 번이나 할지 등의 내용을 담고 있다. 그뿐만 아니라 이 계획서 작성과 따돌림 근절 업무에 학생들과 학부모들을 어떻게 참여시키는지, 이 모든 내용을 교직원과 학생 및 학부모들에게 어떻게 홍보하고 숙지시키는지도 담고 있다.

끝으로 이 계획서를 학생들은 봄 학기 초, 학부모들은 가을 학기 중에 평가하고 모든 교직원도 학년 말에 평가한다고 한다. 전문상담사가 주축인 성인팀은 학생, 학부모, 교직원들의 의사를 반영하고, 학생들을 대상으로 실시한 설문조사를 참조하여 다음 해를 위한 동등대우계획서를 작성한다.

## 4.2 성인팀과 학급지원학생팀Vuxenteam & klasstödjarna

잘 운영되고 조직된 몇 개의 팀 없이는 한 학교에서 따돌림이나 학교폭력을 실질적으로 예방하고 대처하는 업무는 불가능하다. 전문상담사가 주축인 성인팀vuxenteam과 각 학급에서 남녀 2명의 대표로 구성된 학급지원학생팀klasstödjarna(한국의 또래 멘토링과 유사한 역할)이 중추적 역할을 한다. 성인팀은 전문상담사와 교사팀arbetslag[26]들의 대

---

26. 한국의 학교 차원에서 부와 같은 조직 형태를 띠지만 학년 및 교과별 혼합으로 구성되어 주로 학습발전과 학생들에 대한 정보를 공유하는 교사 간 상호 지원 조직이다.

표로 구성되며, 이들의 주역할은 학급지원학생팀을 지원하고 동등대우 계획서에 제시된 임무를 수행하는 것이다. 매주 한 번씩 있는 회의를 통해 학교에서 일어나는 학생들 사이의 문제에 대해 정보를 교환하고, 대책을 논의하고, 계획을 수립한다. 그뿐만 아니라 따돌림 예방을 위한 연수와 연습도 이 팀에서 결정한다. 성인팀의 교사 대표는 각 학급에서 일어나는 일을 성인팀과 공유하고, 성인팀의 결정을 각 교사팀과 학급에 전파하는 역할을 한다.

학급지원학생팀은 각 학급에서 리더십 있는 2명의 남녀 학생 대표로 구성된다. 이들은 좋은 학급 및 좋은 학교 분위기 형성에 아주 중요한 역할을 하며, 학생들 간의 따돌림을 예방하고, 이런 일이 발생했을 때 즉각 개입하여 중지시키는 역할을 한다. 학생팀은 3주에 한 번씩 성인팀을 만나 학교 상황에 대해 논의하고, 학교폭력 근절에 대한 연수도 받으며, 이 연수를 자신들의 학급 동료들을 대상으로 연습한다.

성인팀과 학급지원학생팀은 여러 형태의 연수와 연습을 통해 따돌림이나 폭력 상황에 대처할 수 있도록 훈련되어 있으며, 회의와 논의를 통해 이러한 일이 학교에서 일어나지 않도록 사전에 예방하는 데 주력한다. 그럼에도 학교에서 그런 일이 일어났을 때 학교는 '모욕을 주는 행위'가 학생들 사이에서 일어났을 때와 학생과 교직원 사이에서 일어났을 때를 나눠 다음과 같이 대처한다.[27]

A) 학생 사이에 모욕행위가 일어난 경우

학생들 사이에서 일어나는 '모욕을 주는 행위'는 여러 통로를 통해

---

27. http://www.kommun.danderyd.se/upload/M%C3%B6rbyskolan/pdf/planen%202013. pdf 참조.

성인팀에 접수된다. 매 학기에 한 번씩 하는 설문조사, 멘토(담임)교사, 성인팀 및 학급지원학생팀의 관찰, 학생 및 학부모의 민원 또는 익명의 메일, 편지, 전화 등을 통해 성인팀에 전달된다. 성인팀에 알려지면 즉시 조사하고 가해 및 피해 학생과 대화한다. 대화는 우선 멘토교사가 해당 학생들과 하고, 이 대화로 해결되지 않으면 성인팀이 해당 학생들과 대화하며, 그래도 해결되지 않으면 전문상담사와 여러 차례에 걸친 심층적 대화와 상담을 한다. 이렇게 해서도 문제가 해결되지 않으면 이 문제는 마지막으로 교장에게 이송되어, 교장은 학생의 학급을 바꾸는 등의 대책을 마련한다. 사안의 중요성에 따라 학생이 부모에게 알릴지 학교가 즉각 부모에게 알릴지 결정한다. 학교는 지자체의 사회국이나 경찰에 알리고 협력할 것인지도 결정한다. 피해 학생 및 학부모는 학교의 대책과 노력에 만족하지 않으면 지자체나 최종적으로는 교육감사청의 BEO에 민원을 제기할 수 있다. 이 모든 과정에서 전문상담사가 중추적이고 총체적 역할을 한다.

B) 교(직)원이 학생을 모욕한 경우

스웨덴 학교에서 체벌은 절대적으로 금지되어 있으나 가끔 교직원이 학생을 모욕하는 경우가 있다. '넌 비대해서 체육수업에 방해가 된다' 등의 인신공격성 모욕을 주는 언사를 교사가 의식적·무의식적으로 하는 경우가 있을 수 있다. 교사의 이런 모욕행위는 심각한 결과를 초래한다. 교사의 모욕적 언사를 들은 학급의 학생들이 십중팔구 해당 학생을 놀리거나 따돌리기 때문이다. 그래서 교사는 각별히 언행을 조심해야 된다. 바로 이런 이유에서 교육법이 학생들에 대한 교직원의 모욕행위를 절대적으로 금지하고 있다.

교사가 학생을 모욕하는 행위가 발생했을 때 이 문제는 바로 교장에게 넘어간다. 교장은 해당 교사와 모욕당한 학생과의 대화를 통해 즉각 문제의 심각성을 판단하고 대책을 강구한다. 해당 교사가 계속 해당 학생의 수업을 맡을 경우 교장은 해당 교사 및 학생과 정기적으로 대화하며 추이를 평가한다. 물론 학생의 학부모와도 대화한다. 교장의 해당 교사나 학생/학부모와의 대화에 전문상담사가 배석하는 경우가 많다. 학생/학부모가 학교의 대책에 만족하지 못할 경우 지자체나 최종적으론 교육감사청의 BEO에 민원을 제기할 수 있다.

### 4.3 학생건강 Elevhälsan

교육법 제2장 25~28절은 학생건강증진에 관한 규정이다.[28] '학생건강'이란 개념에 의료, 심리, 사회심리, 그리고 특수교육적 지원을 포함한다. 그래서 유·초·중·고등학교의 모든 학생은 의사, 간호사, 심리학자, 전문상담사와 '접근 가능tillgång till'해야 한다고 규정하고 있다. 이 '학생건강'이란 개념은 학생들의 정신적·육체적 건강을 모두 포괄하는 개념으로, 학교가 학생들의 건강을 돌보고 건강 증진에 최선을 다함으로써 교육 목표를 달성하는 데 목적이 있다. 학생들의 육체적 건강을 담당하는 의사와 간호사뿐만 아니라, 심리적 문제를 담당하는 심리학자와 학생들의 사회적 문제(따돌림, 희롱, '모욕을 주는 행위', 폭력)를 책임지는 전문상담사를 학교에 두어 학생들의 건강문제를 총체적으로 돌보게 하는 것이다. 이 전문가들을 '학생건강팀'이라고 부르며 교장이 이 팀을 주도한다. 학생건강팀은 정기적 건강진단, 학습환경에

---

28. http://www.riksdagen.se/sv/Dokument-Lagar/Lagar/Svenskforfattningssamling/
   Skollag-2010800_sfs-2010-800/

대한 조사, 민주주의 가치교육, '모욕을 주는 행위' 근절, 흡연 음주 마약 사용의 위험성에 대한 연수, 양성 평등 및 성교육 등을 책임진다. 그래서 교육법에 의해 꼭 있어야 하는 '학생건강팀'은 학생들의 안전한 교육환경과 성장 조건을 책임지는 특별한 임무를 띤다고 할 수 있다.

교육법의 이러한 취지에 따라 모든 학교는 1년에 정기적으로 여러 번 만날 수 있는 의사가 있고, 상주하는 간호사와 전문상담사가 있다. 특수교사는 지자체에 따라 학교에 상주하거나 지자체 교육국에 상주하는 경우가 있다. 이런 전문가들 외에 거의 모든 학교는 진로진학상담사를 두어 학생들의 진로와 진학을 책임지고 있다.

앞의 여러 부분에서 살펴보았듯이 학교에서 학생들의 사회적 문제에 핵심적 역할을 하는 사람은 전문상담사이다. 이들이 학생건강팀과 성인팀에서 '모욕을 주는 행위'라든지 폭력 등을 예방하고, 이런 문제가 일어났을 때 즉각 대처하며, 교직원과 학생들의 연수와 연습을 통해 끊임없이 이 문제에 대한 의식을 제고한다. 그뿐만 아니라 가해 학생과 피해 학생과의 상담과 대화를 통해 문제를 장·단기적으로 해결한다. 전문상담사는 스웨덴의 경우 가해 학생을 다른 학교로 전학 보내는 것이 금지되어 있기 때문에 학교 내에서 학급을 바꾸는 등의 대책은 강구할 수 있지만 결국은 가해 학생도 대화와 상담을 통해 다시는 그런 문제를 일으키지 않도록 한다. 교장과 함께 전문상담사는 좋은 학교문화 및 학습 분위기와 안전한 학교를 만드는 데 핵심적 역할을 한다.

## 5. 결론과 시사점

### 5.1 결론

이 연구는 스웨덴에서의 '모욕을 주는 행위'에 대한 현황과 이에 대한 대책을 조사·연구하였다. 즉 스웨덴 학교에서 일어나는 학생들 간의 사회적 문제(따돌림, 차별, 희롱, 폭력 등)에 어떻게 대처하는지 살펴보았으며, 따돌림이나 학교폭력으로부터 대체로 자유로운 스웨덴 사례 연구를 통하여 한국 교육에 주는 시사점을 도출하고자 한다.

여러 조사와 연구에서 스웨덴 학교에서 일어나는 '모욕을 주는 행위'는 그렇게 많지 않은 것으로 보고된다. 중학교나 고등학교보다 초등학교 고학년(4~6학년)에서 따돌림 등의 '모욕을 주는 행위'가 가장 많이 일어나고 있다. 약 4~5%의 초등 고학년 학생이 일주일에 적어도 한 번 정도 '모욕을 주는 행위'를 당한다고 한다. 주먹으로 때리거나 발로 차는 등의 폭력은 약 2%, 이것도 초등학교 이후에는 거의 일어나지 않는다. 유·초·중·고교 전체 학생 200만 명 중에서 아동 및 학생 옴부즈맨BEO에 제출된 민원이 일 년에 1,000건 남짓하니 0.05%밖에 되지 않는다. 범죄예방연구소BRÅ에 의하면 1995~2005년 사이 약 5~6%, 다른 연구는 1994년 한 해 약 2%의 중학교 3학년 학생들이 학교폭력에 의해 병원을 찾은 경험이 있다고 하니 흔히 말하는 '심각한 학교폭력'도 결코 빈번하다고는 볼 수 없다.

따돌림이나 학교폭력이 심각하지 않은 데는 여러 가지 원인이 있을 수 있다. 스웨덴의 경우 학교에서나 가정에서 체벌이나 폭력은 절대금지라는 강한 사회적 인식과 문화가 가장 중요한 원인 중 하나일 것이다. 그뿐만 아니라 스웨덴은 학교폭력 예방과 근절을 위해 다각도로 노력하고 있다. 그중 이 연구에서는 체벌금지법, 교육법 그리고 차별금지법 등을 조사했다. 이 법들은 학교에서 일어나는 학생들의 사회적 문제에 대하여 몇 가지 점에서 아주 명확하고 단호하다. 즉 '모욕을 주는 행위'에 대한 책임은 학교나 지자체에 있다. 지자체나 학교가 최선을 다하지 않았을 때 벌금이나 보상금을 지불하게 한다. 나아가 학교나 지자체는 예방하는 데 최선을 다해야 하고 만약 이런 일이 일어나면 즉각 대처하고 해결해야 한다. 교직원이 학생들에게 '모욕을 주는 행위'를 할 가능성이 있는 것에 대해서도 명시하며, 이의 절대적 금지를 규정한다.

끝으로 매우 진보적인 '역증명원칙'이라는 법정신의 적용으로 약자를 보호한다. 각 기관들 그리고 학교 내에 존재하는 성인팀, 학급지원상담팀, 학생건강팀과 이와 연계된 제도적 장치들에 초점을 맞춰 스웨덴 학교가 구체적으로 어떻게 일을 하는지 살펴보았다. 그리고 이러한 법과 제도에 힘입어 따돌림이나 학교폭력을 근절하겠다는 학교현장의 의지와 노력 또한 과소평가할 수 없다. 특히 교장의 리더십과 전문상담사의 전문성과 노력 없이는 학생들의 학교에서의 사회적 문제를 해결할 수 없을 것이다.[29]

## 5.2 시사점

스웨덴 사례는 한국 사회에 많은 함의를 준다. 그중 몇 가지만 요약한다. 우선 가장 중요한 것은 학생들과 교사들의 좋은 관계와 신뢰다.

---

29. 반따돌림(anti-bullying) 프로그램을 전문상담사들은 학교 실정에 따라 여러 형태로 많이 사용한다. BRÅ는 약 30개 프로그램을 평가한 결과, 이들 프로그램은 상당히 효과적이며 이의 전문적 사용이 따돌림 가해 학생의 23%와 따돌림 피해 학생의 17%를 줄이는 효과를 발휘한다고 평가했다. BRÅ(2009), *Effekter av anti-mobbningsprogram-vad säger forskningen?* 참조.

학생들의 설문조사나 인터뷰는 교사가 학생에게 관심을 가지고 따돌림이나 학교폭력이 일어나면 절대 방관하지 말고 즉각 대처하기를 원한다.[30] 특히 교사들이 학생 개개인을 알고 그들과 신뢰를 쌓아 가는 것이 학교에서 따돌림이나 폭력을 막는 지름길이라고 교사와 학생이 이구동성으로 외친다. 또 학교폭력 같은 상황에 잘 준비되어 있는지가 중요하고, 이런 상황에 대비하여 어떻게 대처할지에 대하여 학교 내에서의 합의가 중요하다고 한다. 중구난방으로 교사들이 각자 다르게 대처하는 것은 문제를 크게 할 소지가 많다는 것이다. 합의된 대처 방안이 있다는 것은 다른 말로 하면 학교에서 많은 협의와 연수를 했다는 얘기다.

교장의 역할 또한 빼놓을 수 없다. 스웨덴의 경우 교장의 학교폭력 근절에 대한 의지와 추진력 및 이 문제에 대한 지속적인 관심이 학교폭력 없는 좋은 학교문화를 만든다는 연구가 많다. 경찰 또는 다른 기관과의 협력도 중요하다. 즉 학교 안팎에서 일어나는 학생들의 사회적 문제는 학교 혼자의 힘으로 해결하지 못할 때가 많고 가정, 시 및 도의 사회국과 경찰이 아주 긴밀하게 협력하여 대처할 때 좋은 결과를 보여 준다. 한국에서 학생들의 사회적 문제를 해결하기 위해서는 사회 각 부분들이 더 체계적이고 능동적이고 즉각적인 대처를 요구한다고 할 수 있다.

스웨덴의 교육법과 차별금지법은 우리에게 많은 시사점을 준다. 특히 학교보다는 가해 학생에게 따돌림이나 폭력에 대해 책임을 무는 한국의 경우와 크게 비교된다. 한국에서도 교사의 언행이 학생들 사

---

30. BRÅ(2009), *Grövre våld i skolan*, BRÅs rapport 2009: 6, p. 63.

이에서 따돌림이나 폭력으로 발전하는 것이 비일비재할 텐데, 이에 대한 경각심은 아주 낮다. 실질적으로 얼마만큼 예방에 주력하는지, 문제가 발생하고 땜질하거나, 은폐, 축소하려고 하지는 않는지? 사회적 약자를 위한 역증명원칙은 한국이 앞으로 필히 도입해야 할 원칙이다.

끝으로 제도적 측면에서 한국 상황에 비추어 한 가지 더 언급하고 싶은 것은 전문상담사의 지위와 역할이다. 스웨덴의 전문상담사는 정규직이고 청소년들의 정체성, 사회 심리적 갈등, 교우관계 등의 문제에 대한 전문가들이다. 그뿐만 아니라 이 연구에서도 살펴보았듯이 이들이 교장과의 긴밀한 협력을 통하여 학교에서 제도화되어 있는 '학생건강팀' 또는 '성인팀' 등에서 연결고리의 중추적 역할을 한다. 또 가해 및 피해 학생들과 그들 부모들과의 대화와 상담을 통하여 따돌림이나 학교폭력 문제를 예방하고 근절하는 데 아주 중요한 역할을 한다. 한국의 경우 전문상담사에게 이런 지위와 역할을 제공하지 못하는 실정이다. 우선 상담교사와 전문상담사로 이원화되어 있고, 후자의 경우 정규직도 아닐 뿐 아니라 지위도 전자에 비해 열등하다. 이러한 전문상담사가 소신과 힘을 가지고 일하기는 쉽지 않다.

● 참고 문헌

BRÅ(2009), *Effekter av anti-mobbningsprogram–vad säger forskningen?*

BRÅ(2009), *Grövre våld i skolan*, BRÅs rapport 2009: 6.

Gershoff E. T.(2002), "Corporal punishment by parents and associated child behaviors and experiences: a meta-analytic and theoretic review", *Psychological Bulletin*, 2002, Vol. 128, No. 4, 539–579.

Lindström, P.(1995). Våld I skolan in Hagerman, M (ed) *Det obegripliga våldet: forskare om ungdomar och våld*. Stockholm, Forskningsrådsnämnden.

Skolverkets allmänna råd(2009), *För att främja likabehandling och förebygga diskriminering, trakasserier och kränkande behandling*, 2009.

Skolverkets stödmaterial(2009), *Grövre våld I skolan–Vad man vet och vad man kan göra.*

Skolverket(2013), *Attityder till skolan 2012*, Skolverkets rapport 390.

http://sv.wikipedia.org/wiki/Aga

http://www.kommun.danderyd.se/upload/M%C3%B6rbyskolan/pdf/planen%202013.pdf

http://www.riksdagen.se/sv/Dokument-Lagar/Lagar/Svenskforfattningssamling/Foraldrabalk-1949381_sfs-1949-381/

http://www.riksdagen.se/sv/Dokument-Lagar/Lagar/Svenskforfattningssamling/Diskrimineringslag-2008567_sfs-2008-567/

http://www.riksdagen.se/sv/Dokument-Lagar/Lagar/Svenskforfattningssamling/Skollag-2010800_sfs-2010-800/

http://www.skolinspektionen.se/sv/Statistik/Statistik-om-anmalningar/Anmalningar-och-beslut-2012/

https://lagen.nu/1962:700

www.skolinspektionen.se

# 스웨덴 국가교육청의 위상과 역할

한국교육법학회, 홍익대 법학연구소 2017년 춘계 공동학술대회 발표 자료

## 1. 서론

스웨덴 교육에서 가장 중요한 중앙행정기관은 국가교육청Skolverket, National agency for Education이다. 국가교육청 외 특수교육을 담당하는 특수교육청Specialpedagogiska institutet, 학교 평가를 담당하는 교육감사청Skolinspektionen 그리고 대학교육을 담당하는 고등교육청 Hogskoleverket이 있다. 이 외에도 작은 행정기관들이 몇 있다. 이들 행정기관 중 국가교육청은 교육감사청이나 특수교육청같이 특정 분야를 담당하는 게 아니라 유아교육, 초·중등교육 및 성인교육 전체를 담당한다. 스웨덴의 행정기관들은 대체로 장기적 안목으로 일할 수 있는 여건이 갖춰져 있다. 기관장은 임기 6년으로, 정부와 당사자가 원하면 몇 번의 중임도 가능하고 ,정치적 상황에 크게 좌우되지 않으며 일할 수 있기 때문이다. 한국에서 현재 논의되는 '국가교육위원회'가 실은 스웨덴과 핀란드 국가교육청의 이런 점으로부터 받은 아이디어다.

이 글에서는 스웨덴 교육의 핵심 기관인 국가교육청의 위상과 역할에 대해 논하고, 한국에서 논의되고 있는 국가교육위원회에 대한 시사

점을 얻고자 한다. 정부와 국가교육청의 법적 관계와 필자가 14년 동안 국가교육청에서 근무한 경험을 토대로 이 글을 쓴다.


## 2. 스웨덴의 민주주의 원칙: 국민주권주의folksuveranitetsprincip


민주국가의 정치형태는 크게 두 가지로 나눌 수 있다. 의원내각제와 대통령제다. 물론 이 두 정치형태를 혼용한 나라도 많다. 대통령제는 입법부, 행정부, 사법부 사이의 권력분립의 정치철학에 의해 세워진 제도다. 견제와 균형을 통해 민주주의를 창달한다는 것이다. 의원내각제는 반대로 권력집중의 철학이 뒷받침하고 있다. 즉 국민주권주의에 기초한 권력집중적 정치체제다. 모든 권력은 국민으로부터 나온다. 국민은 선거를 통해 의회를 구성하고 의회는 의회를 구성하는 정당들 간의 세력관계에 따라 정부를 구성한다. 따라서 정부는 국민주권주의의 가장 높은 기관이라 할 수 있으며, 의회의 신임이 없으면 즉각 해체되는 기관이다.

정부는 자신의 업무와 결과에 대해 의회에 책임을 진다. 따라서 의원내각제에서 가장 중요한 기관이 바로 국민의 직접선거에 의해 구성된 의회와 그 의회에 의해 구성된 정부다. 스웨덴 감사원이 정부에 속한 것, 독립된 헌법재판소가 없고 의회의 상임위원회(헌법상임위원회) 형태로 존재하는 것, 또는 행정 문제의 시비에서 행정대법원의 법률적 판결은 정부가 내린다거나 하는 것들이 바로 권력집중에 의한 국민주권주의의 대표적 예라 할 수 있다.

의원내각제는 국민의 대의기관인 의회와 의회의 신임에 의해 구성되는 정부로 권력의 소재와 책임이 명료한 반면, 대통령제는 행정부의 수반인 대통령과 입법부인 의회가 서로 다른 선거에 의해 선출됨으로써 의회의 다수당이 집권(행정부 구성)을 하지 못하는 경우가 생기기도 한다. 그래서 대통령제는 처음부터 행정부와 입법부의 갈등이 예견된 제도라 할 수 있다.

예를 들어 최근 우리나라 대통령 탄핵은 입법부와 행정부의 첨예한 갈등을 보여 주었고, 그 갈등을 제3자인 사법부가 최종적으로 판단을 내리게 하여 견제와 균형 원칙 그리고 법치주의에 의한 민주주의의 실현을 보여 줬다 할 것이다. 그러나 그 대가는 엄청난 국력 소모와 오랫동안의 정치적 혼돈이었다. 만약 내각책임제였다면 의회의 신임을 잃은 (국회의 대통령 탄핵 소추) 정부(내각)는 바로 해산되며 총선에 돌입했을 것이다.

## 3. 국가교육청의 위상

### 3.1 작은 정부와 큰 행정기관

스웨덴의 정부는 정치적 기구다. 장차관뿐만 아니라 차관보, 장차관을 보좌하는 정무직 등 많은 정치인이 각 부에서 일하고 있다. 현재 정부에 고용된 전체 인원이 4,500명 정도인데 정무직에서 일하는 사람은 약 200명으로 4~5%에 이른다. 이들은 각 부를 이끌어 가는 위치에 있고, 장차관을 보좌하는 정무직들은 대체로 각 분야에서 전문성을 키우기 위해 열심히 학습하며 보좌하는 정치 신인들이라 할 수 있다. 장차관을 비롯하여 정무직에 종사하는 정치인들은 정권이 바꿔면 모두 교체된다. 물론 각 부에는 정권과 관계없이 바뀌지 않는 행정 관료들이 있다. 이들은 정부 제안 자료 작성, 주요 정책 제안 및 수립의 실무 역할을 하거나 각 부 및 부가 책임지는 분야의 예산 수립에 실무 역할을 한다. 이들 관료들은 각 부에 속한 중앙행정기관과의 가교 역할도 하며, 매년 '업무지시서regleringsbrev' 초안을 작성하여 장관의 재가를 얻어 정부가 결정하게 한다.

헌법(RF 7:3)에 의하면 스웨덴 정부는 집단결정체제 또는 공동결정체제라고 천명하고 있다. 정부는 매주 목요일 수상을 의장으로 열리는 '국무회의'에서만 결정을 내리는데, 이 결정을 '정부결정'이라 부른다. 각 부 수장인 장관이 자기 업무 분야의 독립적인 정책결정자가 아니라 장관이 발의하고 수상을 의장으로 하는 국무회의에서 공동으로 결정한다는 의미다. 즉 전체 장관의 집단체제가 정부이고, 정부는 하나의 행정기관으로 간주되고 행세한다. 반면 각 부는 장관을 수장으로 하는 독립된 조직이지만 행정기관이 아니다. 이런 특이한 정부 또는 정부결정체제를 갖춘 나라는 세계에서 스웨덴과 핀란드밖에 없다.

각 부의 안건은 수상을 의장으로 하는 국무회의에서 최종 결정되지만 그 전에 각 부에서 실무자들이 장관에게 보고하며 결재를 받는다. 그러나 이 결정은 임시 결정이다. 어느 안건이 여러 부와 관련될 때는 해당 장관들의 사전 논의와 합의를 거쳐 국무회의에 안건을 상정한다. 예산에 관한 안건은 재무부와 각 부 사이에 여러 단계를 거쳐 합의에 도달한다. 여러 당에 의한 연립정부일 경우 당과 당 사이에 사전 합의를 거쳐 국무회의에 안건으로 상정된다.

정부의 가장 중요한 업무 중 하나는 정부 제안이다. 이는 대체로 현재 일어나고 있는 사회적 문제에 대한 대책으로, 여러 단계를 서쳐 인구·조사하고 의견을 수렴한 안이다. '합의에 도달하는 정치'라는 스웨덴 민주주의 모델의 주요한 두 축의 하나는 정부연구조사위원회 kommittevasendet이고 다른 하나는 의견수렴remissvasendet 제도다. 정부는 사회적 문제가 되는 하나의 사안에 대해 연구나 조사가 필요하다고 판단할 경우 각 당, 관련 단체, 기관의 대표와 사회 전문가들로 구성된 정부연구조사위원회를 설치하여 일정 기간 연구·조사하게 하고, 그 결과인 정부연구조사보고서SOU를 모든 기관 및 단체에 보내 의견을 수렴한다. 이때 개인도 자신의 의견을 문서로 제출할 수 있다. 연구조사와 의견 수렴 과정을 거쳐 하나의 정부 제안이 만들어지고 이것을 의회에 제출한다. 이 모든 과정을 거치려면 상당한 시간이 걸린다. 한 사안에 대한 심층적 연구조사와 의견 수렴, 이런 과정을 통해 합의에 도달하는 정치, 이것이 바로 스웨덴 민주주의의 꽃이라 할 수 있다.

스웨덴 정부는 규모가 작다. 현재 수상부터 말단 직원까지 중앙정부에 고용되어 있는 전체 직원이 4,500명 규모다. 우리나라는 중앙부처의 본부에 속하는 직원만 24,000명 정도니 인구 대비를 감안하더라도 스웨덴보다 복지가 훨씬 작은 우리나라 중앙부처 공무원의 수가 많은 편이다. 유럽의 다른 나라에 비해 스웨덴 정부의 규모가 작은 것은 이미 잘 알려져 있다. 이렇게 작은 정부가 위에서 언급한 정부의 모든 업무 및 광범위한 복지를 수행하는 데는 어려움이 크다. 작은 정부는 크게 두 가지 형태로 보완되고 있다. 하나는 중앙행정기관이고 다른 하나는 정부연구조사위원회다.

스웨덴 정부는 작지만 중앙행정기관은 작지 않다. 교육부 직원이 200명 남짓한 데 비해 교육부 소속의 주요 중앙행정기관은 모두 교육부보다 크다. 국가교육청 약 350명, 교육감사청 약 350명, 특수교육청 약 1,200명 그리고 고등교육청 약 200명 정도로 중앙행정기관의 직원이 2,000명이 넘는다. 이 외에도 교육부 산하에 다른 군소 행정기관들이 있다. 작은 정부에 큰 중앙행정기관을 둔 이런 체제를 스웨덴에서는 이원체제dualism라고 부른다. 작은 정부를 보완하기 위해 스웨덴 중앙행정기관이 우리나라의 교육부가 하는 역할을 많이 할 것이라는 것을 추측하기는 어렵지 않다. 중앙행정기관인 국가교육청의 역할은 아래에서 상세하게 논한다.

작은 정부를 보완하는 두 번째 제도가 정부연구조사위원회다. 스웨덴의 정부연구조사위원회는 400년이 넘는 역사를 지닌 스웨덴 정치와 뗄 수 없는 제도다. 가장 전성기인 1970년대에는 매년 350~400개의 각종 위원회가 설치되어 운영되었다. 현재는 그 수가 절반으로 줄어 매년 약 150개의 위원회가 가동되고 있다. 한 위원회에서 일하는 위원 및 전문가들이 10~15명 정도니 줄잡아 1,500~2,000명 이상의 전문 인력이 정부에 고용된 공무원이 아니면서 매년 정부의 업무를 떠맡아 일하고 있다고 볼 수 있다. 정부의 기존 인력이 부족하거나 전문 인력이 없을 때 각 부에서 이런 위원회를 설치하여 문제가 되고 있는 사안에 대해 심층적이고 과학적인 연구·조사를 한다.

## 3.2 정부와 행정기관의 법적·실질적 관계

스웨덴 헌법 제12조 1항(RF 12:1)에 의하면 "중앙행정기관은 정부에 속한다. 또한 정부의 지시에 따른다(lyder)"라고 되어 있다. 바로 그 다음 조항(RF 12:2)은 중앙행정기관의 독립성sjalvstandighet을 다음과 같이 천명한다. "어느 기관도 (의회, 정부, 지자체 등) 중앙행정기관이 개인이나 지자체를 대상으로 법을 집행하는 구체적 사안에 대해 어떠한 결정을 내려야beslutа, decide 할지 (관여하거나) 결정해서는bestamma, determine 안 된다." 즉 중앙행정기관인 국가교육청은 교육부가 아닌 정부에 '속하는' 동시에 '독립적'이라는 것이다. 정치적 기구인 정부와 관료기구인 중앙행정기관의 관계는 '장관통치금지ministerstyreforbud'라는 하나의 정치문화 형태로 오랫동안 행해져 왔다. 즉 장관은 중앙행정기관이 하는 구체적 사안에 대해 관여하거나 결정해서는 안 된다는 것이다. 하나의 좋은 예로 필자가 국가교육청에서 근무할 때, 국가교육청 정책평가국에서 '사범대 교육을 수료한 교원과 학생들의 학업성취도' 사이에 유의미한 상관관계가 없다는 연구보고서를 발표했다. 사범대 교육 수료가 학생들의 학업성취도에 중요하다며 사범대 수료를 강조한 교육부 장관의 주장을 무색하게 하는 연구 결과가 나온 것이다. 이에 대해 교육부 장관은 TV에 출연하여 '이런 식의 연구보고서는 나오지 말았어야 한다'고 국가교육청을 비판했다. 이 발언으로 해당 장관은 의회의 헌법상임위원회에서 징계를 받았다. 즉 정부 또는 각 부는 중앙행정기관이 수행하는 구체적 업무에 관여하면 안 된다는 것이다. 스웨덴의 오래된 정치 전통이다.

중앙행정기관인 국가교육청의 위상이 법적으로 실질적으로 어떤지 보여 주는 대목이다. 국가교육청의 독립성을 보장하는 다른 요인은 6년이라는 국가교육청 수장의 임기다. 특별한 일이 없는 한 정권이 바뀌어도 임기를 보장한다. 한번은 대학교수를 역임한 국가교육청장이 젊은 교육부 장관을 무시한 일이 있다. 사민당 정권하에 일어난 일이고 청장도 잘 알려진 사민당 당원이며 지지자다. 분노한 교육부 장관은 청장을 해임시키는 대신 국가교육청을 두 동강 내고, 작고 힘없는 기관의 수장으로 임명하여 청장으로서 수모를 겪게 했다. 중앙행정기관에게 독립성은 보장해 주지만 정부의 방침이나 결정에 반하는 행위는 위험하다는 것을 보여 주는 사례라 할 것이다.

정부와의 법적·실질적 관계 외에 국가교육청의 위상을 보여 주는 다른 예는 정부의 의견수렴 과정이다. 정부(교육부)는 정부연구조사위원회 보고서, 국가교육청의 연구조사보고서 또는 다른 통로를 통해 얻은 정보와 지식을 토대로 정부 제안을 만든다. 이 과정에서, 앞서 언급했듯이 정부가 각계각층의 의견을 수렴하기 위해 교육 관련 사안에서 국가교육청은 가장 중요한 의견수렴 기관tung remissinstans이다. 국가교육청의 의견으로 인해 잠정적 정부 제안은 수정, 보완, 폐지되기도 한다.


## 4. 국가교육청의 역할

법을 집행하고 나라를 통치할 권한을 국민으로부터 위임받은 정부가 직접 중앙행정기관을 통치styra하지 못하면 어떻게 통치하는가?

정부는 매년 12월 중앙행정기관이 그다음 해에 무슨 일을 할 것인지를 하나의 문서를 통해 결정한다. 이 문서를 '업무지시서 regleringsbrev'라 할 수 있다. 이 업무지시서가 정부와 국가교육청의 관계 및 위상은 물론 국가교육청의 역할도 보여 준다. 각 행정기관은 이 지시서에 따라 다음 해의 업무를 계획 및 집행하고 정해진 기간에 그 결과를 정부에 보고해야 한다. 그래서 업무지시서는 아주 중요한 서류다. 이 지시서의 초안은 각 부 관료들이 많은 사람들과 조율을 통해 만든다. 각 부 수장인 장관과 정무직의 행정기관에 대한 요구는 무엇인지, 지난해 행정기관의 업무 및 연구보고서들에 나타난 교육현장은 어떤지, 업무지시서 초안에 대한 해당 행정기관의 의견은 어떤지 등을 종합하여 각 부 관료들은 업무지시서 초안을 만들고 장관의 결재를 얻어 국무회의에서 최종 결정을 받는다. 일부 업무는 다른 부의 요청에 의해 업무지시서에 포함되는 경우가 있다. 학생들의 흡연에 대한 연구조사 같은 것은 사회부에서 교육부를 통해 국가교육청의 업무지시서에 포함되는 업무다.

## 4.1 정부의 업무지시서를 중심으로

국가교육청에 대한 정부의 2017년 업무지시서를 좀 더 구체적으로 살펴보면 다음과 같이 세 가지 요구 형태로 나눌 수 있다.

1) 국가교육청의 목적과 관련된 업무 및 보고로 업무지시서 초반부에 나온다. "국가교육청은 자신의 업무영역 내에서의 … 목표 달성을 보고하라." "국가교육청은 국가교육청의 책임으로 분배하는 국가교육보조금의 집행에 대한 전체 비용을 심도 있게 분석하여 보고하라." "국가교육청은 언어교육을 시작할 때, 다양한 배경의 학생들에게 교육의 조직형태가 미치는 영향을 보고하라." "국가교육청은 유아교육 및 자유시간교육의 교육과정에서 2016년 7월 1일 새로이 수정·보완된 부분을 유아학교와 자유시간학교가 실행하도록 하기 위해 어떤 대책을 강구했는지 보고하라." 국가교육청의 목적 부분과 관련된 요구보고가 이 외에도 4개나 있다.

2) 정부가 국가교육청에 내린 사업이나 연구/평가 보고 중 매년 반복되는 사업이나 2~3년에 걸쳐 소요되는 사업에 대한 보고가 11개 있

다. "국가교육청은 전에 내린 과업 중 초·중학교 국가시험에 대한 분석은 2017년 3월 31일까지, 고등학교 국가시험에 대한 분석은 2017년 6월 29일까지 보고하라." "국가교육청은 고등학교가 어떻게 발전되고 있는지 분석·보고하라. 고등학교 각 프로그램의 현황과 문제, 남녀 학생들의 졸업 후 취업 또는 대학 진학 현황에 대해 보고하라." "국가교육청은 유아학교 어린이, 학생 그리고 교사들의 IT 사용과 유아학교, 학교, 성인교육 그리고 학교 행정업무에서 IT 역량이 어느 정도인지 지속적으로 보고하라." "국가교육청은 모든 학교 교육의 디지털화를 위한 업무를 수행하고 각 학교와 지자체가 교육과 행정에서 디지털화하는 것을 용이하게 하라." 하나같이 쉬운 업무와 보고가 아니다. 이 외에도 굵직굵직한 업무와 보고에 대한 요구가 7개나 있다.

3) 매년 새로운 업무에 대한 지시가 30개나 된다. "국가교육청은 고등학교에서 영어로 하는 수업이 어느 정도인지, 어떤 과목을 영어로 수업하는지 보고하라. 전체 수업 중 50% 이상 영어로 하는 학교를 특별히 보고하라. … 영어로 하는 수업을 평가하라. 이 분야를 발전시키기 위해 어떤 대책을 강구해야 할지 제안하라(2018-02-01 보고). 또 국가교육청은 몇 지자체에서 영어로 하는 수업이 난민자 자녀들에게 도움이 되는지 파악하여 보고하라(2017-03-31 보고)." "국가교육청은 특수고등학교가 일반 고등학교와 통합하여 교육하는 것을 모두 파악하라. 어떤 프로그램, 과목, 과목 영역에서 통합교육이 일어나는지 파악하라. 국가교육청은 통합교육을 평가하고 통합교육을 발전시키기 위해 어떤 대책을 강구해야 할지 제안하라. 이 제안에서 남녀평등에 영향을 미치는지도 판단하라(2018-05-30 보고)." "국가교육청은 직업교육의 질과 매력을 높이도록 하라. 이 업무는 WorldSkills Sweden과

대화를 통해 하라(2017-10-16 보고). 국가교육청은 직업교육에 대한 총체적 보고를 하라(2018-10-16 보고)."

4) 끝으로 정부에서 국가교육청에 내려온 기존 업무 중 수정이 필요한 것도 이 업무지시서에 포함되어 있다. 수정은 대체로 최종 보고 기간에 대한 것이 많다.

연말에 정부로부터 업무지시서가 내려오면 국가교육청은 청 내 어느 부서가 어떤 업무와 보고를 책임질지 결정하고, 각 부서는 최종적으로 누가 책임질지를 결정하여 정해진 시간에 정부에 보고한다.

## 4.2 업무지시서 외의 역할

이와 같이 정부가 국가교육청에 내린 업무와 보고 요구는 1년에 50개 전후로 방대한 분량이고, 현황에 대한 파악, 연구나 평가, 문제에 대한 대책 그리고 국가교육청이 직접 수행해야 하는 업무로 구성되어 있다. 이런 보고나 업무들이 하나같이 쉬운 게 아니라 상당한 시간과 인력을 투자해야 하는 연구와 평가 그리고 직접 수행해야 하는 것들이다.

정부의 특별 지시로 국가교육청이 몇 년에 걸쳐 수행한 중요하고 큰 업무 중 하나는 2011년 가을부터 적용된 새로운 국가교육과정을 만들어 낸 것이다. 교사, 연구자 등 많은 인력을 동원하여 국가교육청이 교육과정을 만들고 이것을 정부가 일부 수정·보완한 뒤 의회의 최종 승인을 얻어 2011년 7월부터 스웨덴의 모든 유·초·중·고교에 적용하고 있다. 새로운 교육과정을 만들어 내는 이런 중요한 업무는 전문 지식이 축적된 국가교육청 없이는 불가능하다.

정부로부터 연말에 내려오는 정규 업무 지시서나 특별 지시에 의한 것 외에도 국가교육청은 자체적으로 필요하다고 생각하는 연구와 평가들을 수행한다. 대표적인 예가 10년마다 하는 스웨덴 초·중·고교생들의 학업성취도 측정과 학업성취도 변화에 대한 분석 및 연구인데, 많은 연구자와 예산이 드는 사업이다. 필자가 책임을 맡았던 국립정책평가과의 업무가 대체로 자체적으로 결정한 업무들이다. 국가교육청의 자체 사업이 얼마나 되는지는 자료 부족으로 파악하기가 어렵다.

위에서 언급한 것 외에도 국가교육청은 국가교육청령 및 권고안, 성취도 기준, 국가시험 등을 만든다. 국가교육청은 통계청과 협력하여 교육 관련 모든 통계를 책임지고 만들어 홈페이지에 탑재한다. 이 통계는 많은 기관과 연구자들이 follow-up이나 연구 및 평가를 위해 다각도로 사용된다. 그뿐만 아니라 국가교육청은 PISA 등 스웨덴이 참가하는 국제학력테스트를 관장한다. 나아가 교사자격증을 심사·발급하고 교사 연수를 책임진다. 국가교육청은 전국의 직업교육센터를 운영하고 전국의 수학 및 과학체험관에 국가보조금을 분배하는 역할도 한다.

이러한 모든 업무를 종합하여 국가교육청은 스웨덴의 모든 유아와 학생들이 안전한 환경에서 양질의 교육을 받을 수 있도록 하고, 교육이 전국 어디서 이루어지든 평등한 교육이 되도록 최선을 다하며, 모든 어린이의 자기 발전과 배움에 좋은 환경을 제공함과 동시에 아이들의 학업성취도 향상에 기여한다고 표방하고 있다.


5. 결론 및 시사점

스웨덴 교육 분야에서 가장 중요한 중앙행정기관인 국가교육청은 정부에 속하며 정부의 지시에 따르지만 독립성이 보장되어 있다. 정권이 바뀌더라도 기관장의 6년 임기는 보장되고 중임이 가능하여 장기적 안목에서 일할 수 있는 여건이 갖춰져 있다. 정부는 연말에 내려보내는 업무지시서를 통해 국가교육청이 무엇을 할 것인지 결정하지만 구체적 사안에 대해서는 관여하지 못한다. 그렇다고 국가교육청이 정부와 대등한 위치인 것은 결코 아니다. 내각책임제에서 정부는 국민을 대표하는 최고 권력기관이며, 정권이 바뀌면 중앙행정기관은 변화된 정권에 맞춰 간다. 교육계의 다른 중앙행정기관에 비해 국가교육청은 가장 중요한 기관이라 할 수 있지만, 그렇다고 이들 중앙행정기관 사이에 서열이 있는 것은 아니다. 맡은 임무가 다를 뿐이다. 교육 문제에 관한 한 국가교육청은 방대한 지식을 보유한 전문행정기관으로 그 권위가 인정된다 할 것이다.

스웨덴 정부는 규모가 크지 않다. 국가교육청 같은 중앙행정기관이나 정부연구조사위원회 등이 이 작은 정부를 보완한다. 즉 국가교육청은 축적된 전문 지식을 통해 정부를 보완하는 역할을 한다. 우리나라의 교육부, 교육개발원, 교육과정평가원이 하는 역할의 상당 부분을 국가교육청이 해낸다고 할 수 있다. 그럼에도 스웨덴 교육에서 정치적 결정은 교육부 몫이다.

필자가 알기로는 현재 한국에서 일어나고 있는 '국가교육위원회'에 대한 논의는 스웨덴과 핀란드의 국가교육청에서 아이디어를 얻은 것이다. 특히 국가교육청의 독립성과 장기적 안목에서 일할 수 있는 환경을 높이 산 것이다. 다른 말로 하면 한국의 교육부가 정권의 시녀 역할을 하느라 장기적 안목에서 한국 교육을 이끌지 못하고 졸속 행정을 펴는 데 대한 반대급부라 할 수 있다.

'국가교육위원회'에 대한 대선 후보들의 논의를 면밀히 검토해 보면 현재와 같은 상황에서 장기적인 국가교육정책을 만들어 내고 교육을 안정적으로 이끌어 가는 교육기관의 필요성에는 동의하나 그 외는 다들 생각이 다르고 구체적 안이 없다. 국가교육위원회가 하나의 기관으로 설립되려면 다음 여섯 가지가 명확해져야 한다. 1) 국가교육위원회를 두면 교육부를 폐지할 것인지 아니면 투트랙으로 병행할 것인지, 이럴 경우 이 두 기관의 관계는 2) 국가교육위원회가 정권으로부터 자유로운 의회 직속기관으로 둘지 아니면 대통령 직속기관으로 둘지 3) 국가교육위원회 구성원을 어떻게 선발하고 대표성은 어떻게 확보할 것인지 4) 국가교육위원회 내부의 이념적·정책적 갈등은 어떻게 해결할 것인지 5) 국가교육위원회의 업무가 정당성을 얻지 못하거나 만족한 결과를 내지 못할 때 누가 책임을 지게 할 것인지 6) 아니면 현재의 교육 문제는 국가교육위원회를 두지 않고 교육부를 완전 축소·개혁하여 교육 선진국들처럼 학교 단위에서의 자치 형태로 나아갈지, 이 모든 문제에 대해 어느 하나 구체적으로 뚜렷한 답을 주는 제안이나 합의된 사항이 없는 상태다.

　이런 상황에서 스웨덴/핀란드의 국가교육청으로부터 시사점을 얻기란 쉽지 않다. 스웨덴 국가교육청은 정부에 속하는 행정기관으로, 정부의 지시에 따라 장기적 정책을 만들어 낼 수는 있지만 어디까지나 관료집단에 의한 전문행정기관이며 국가교육청의 정책이나 제안, 권고 등의 채택 여부는 전적으로 정부(교육부)에 달려 있기 때문이다. 그럼에도 장기적 안목에서 국가 교육정책을 펴고 교육을 안정적으로 이끌어 갈 기관이 필요한 것은 분명한데, 이 일을 왜 교육부가 못 하는지 안타깝다.

# 학교 단위에서의 스웨덴 교육자치

해외교육 Share Vol.226. 봄호

## 1. 서론

2017년 1월 북유럽교육탐방 팀과 함께 덴마크, 스웨덴, 핀란드의 학교와 교육기관을 다녀왔다. 탐방 중 스웨덴의 한 학교에서 상당히 충격적인 이야기를 들었다. 학생 수가 1,200명이나 되는 큰 학교에 행정직원이 1~6학년 담당 한 명, 7~9학년 담당 한 명, 통틀어 두 명밖에 없다는 것이다. 그 학교가 속한 지자체의 인구가 10만 명에 초·중학교 학생 수가 14,000여 명에 이르는데도 지자체에서 교육을 담당하는 공무원이 교육국장을 포함하여 10명밖에 되지 않는다고 했다. 교사를 제외한 학교의 행정 직원과 지자체 교육담당 공무원의 수가 우리나라와 비교하여 터무니없이 적다.

그렇게 적은 행정 인원으로 학교가 어떻게 운영되는지 궁금하지 않을 수 없다. 이는 분명 교육자치Education autonomy와 관련이 있고 우리나라 학교가 하는 많은 행정업무를 그곳에서는 하지 않는다는 것이다.

우리도 교육자치에 대한 논의는 많이 해 왔다. 그러나 어떤 의미로 이 개념을 사용하는지도 분명하지 않다. 교육과정의 내용을 결정할 수 있는 권한인지, 교수·학습 방법이나 교재 선택의 자율권인지, 교육의 진행 속도를 결정할 수 있는 권한인지, 교육재정 사용에 대한 교육지원청 또는 학교의 재량권을 의미하는지, 교육부의 권한을 축소하고 교육청의 권한을 확대하는 것을 의미하는지 분명하지 않다. 그러나 상급 기관이 하급 기관의 활동에 대해 지나치게 세부적인 것까지 지시하고 통제하여 하급 기관의 자율성을 심각하게 훼손하는 현실을 타개해야 한다는 문제의식에서 교육자치라는 개념을 사용하는 데는 대체로 동의하는 것 같다. 교육부-시·도교육청-지역교육지원청-학교 간 위계질서가 엄격하고 하급 기관의 자율성 이 제약되어 있는 현재 상황에 대한 대안으로 교육자치라는 개념을 사용한다고 볼 수 있다.

사실 교육감을 직선제로 선출하는 오늘과 같은 상황에서도 교육 문제의 대부분은 교육부에서 결정한다. 그뿐만 아니라 교육이 실제로 이루어지는 단위 학교에서의 교육자치는 아주 미미한 실정이다. 따라서 일찍부터 교육자치를 실현하고 있는 스웨덴의 사례를 살펴봄으로써 한국의 교육자치 발전에 도움이 되기를 바라며 이 글을 쓴다. 여기서 한 가지 언급해 둘 것은, 스웨덴과 핀란드의 행정체제가 대동소이하고 교육도 같은 틀 속에서 이루어지기에 이 내용의 대부분이 핀란드에도 적용된다.


## 2. 스웨덴의 교육자치

스웨덴의 교육자치는 두 가지 측면에서 살펴볼 수 있다. 첫째는 교육에서 역할 분담을 통한 교육자치이고, 둘째는 예산 배분에 의한 교육자치이다.

## 가. 역할 분담에 의한 교육자치

스웨덴의 행정체제는 3개 차원으로 나뉘어 있다. 의회와 정부 그리고 중앙관료기관들로 이루어진 중앙기관들과 우리나라 시·도 차원인 21개의 란스팅Landsting, 그리고 290개의 지방자치단체인 코뮌Kommun이다. 여기서 두 번째 시·도 차원은 도립병원과 도 차원의 교통만을 책임지고 있어 교육 문제는 중앙기관들과 290개의 지자체가 책임지고 있다.

중앙기관인 의회, 정부, 국가교육청은 교육의 목표와 방향을 제시하는데 이것은 교육법, 교육시행령법, 커리큘럼과 실러버스curriculum and syllabus에 잘 나타나 있다. 중앙기관들은 집권당의 교육정책과 민의를 반영하고 연구와 평가들을 통해 나온 결과들을 활용하여 스웨덴 교육이 어떤 목표를 가지고 어떤 방향으로 나아갈지를 위의 법과 커리큘럼에 담는다. 물론 이 세 중앙기구의 역할은 서로 다르다.

그러나 실질적인 교육 집행은 전적으로 290개 지자체와 각 지자체에 속하는 학교에서 이루어진다. 달리 표현하면 중앙기관들이 세운 교육 목표를 어떻게 달성할지는 전적으로 지자체와 학교에 달려 있다는 이야기다. 지자체는 소속 학교에 예산을 배분하고 학교를 새로 설립하거나 학교의 문을 닫는 중요한 일과 학교시설에서 생기는 큰 문제들을 관리하고 책임진다. 교장, 교사 및 행정 직원들은 지자체에 속하는 지방공무원이라 할 수 있으며 공모를 통해 선발된다. 학교 단위에서는 교장과 교사가 교육 목표를 어떻게 달성할지를 책임진다. 어떠한 교수·학습 방법을 사용할 것인지, 어떤 교재를 선택할 것인지, 학교 내에서 동료 교사들과 어떻게 협력할지 등은 해당 학교 교장과 교사가 전적으로 책임지는 것이다. 이런 점에서 스웨덴 교육은 세계에서 가장 지방분권화decentralization 또는 자치autonomy가 잘되어 있다고 할 수 있다.

스웨덴의 교육과정curriculum & syllabus이 어떻게 구성되어 있는지를 보면 교장과 교사의 역할이 얼마나 큰지 알 수 있다. 스웨덴의 교육과정은 세 영역-교육 목표, 주요 내용, 성취도 기준-이 순서대로 구성되어 있고, 짧고 포괄적인 용어로 기술되어 있다. 중학교 3학년 국어(스웨덴어) 교육과정을 예로 각 부분의 핵심만 여기서 언급한다.

### 교육 목표Syfte

말과 글로 표현하고 소통한다. 다양한 문학 작품과 글text을 읽고 분석한다. 여러 목적, 대상, 상황에 맞춰 언어를 구사한다. 언어구조를 분석할 줄 알고 문법에 맞게 언어를 구사한다.

### 주요 내용Centralt innehåll

1) 독해와 작문 영역-여러 언론 매체의 글text을 이해, 해석, 분석한다. 문장의 구조와 형태, 언어적 특성에 맞는 여러 종류의 글을 짓는다.

2) 발표, 경청 및 대화 영역-토론을 이끌고 자기주장을 펴고 토론의 주요 내용을 요약한다. 여러 형태의 주제, 내용, 대상에 맞춰 구두로 발표한다. 발표를 위해 컴퓨터 등 보조수단을 사용한다.

3) 문학 영역-스웨덴·북구·세계문학을 탐독하고 문학 속의 인간의 조건과 정체성을 공부한다. 문학 작품에서의 언어구소, 작가의 시각,

사건 전개, 회고, 인물 묘사, 내·외적 대화 기법을 분석하고 배운다.

위 세 가지 영역 외에도 언어구사, 정보 찾기, 자료비판 등이 있으나 여기서는 생략한다.

### 성취도 기준kunskapskrav에서 A성적

독해 영역-시대상황, 인과관계를 파악하고 다른 작품과의 비교를 통해 뛰어난 서평을 한다. 자신의 경험, 철학, 관점에 기초하여 작품 속에 명확하게 또는 은유적으로 표현되어 있는 메시지를 해석하고 고도의 논리를 편다. 작품이 어떻게 사회에 역사·문화적으로 영향을 미쳤는지에 대해, 그리고 작품과 작가의 관계에 대해 뉘앙스를 살리는 수준 높은 논리를 편다. 독해 영역을 예로 들었지만 이 외에도 작문 영역, 대화 및 토론 영역에서도 성취도 기준이 주어져 있다.

위에서 볼 수 있듯이 스웨덴 교육과정은 상당히 포괄적인 언어로 중3 국어 교과의 목표와 주요 내용을 담고 있으며, 이러한 목표와 주요 내용에 기초하여 요구되는 학력과 평가 기준을 제시하고 있다.

즉, 우리나라 교육과정처럼 구체적이지 않다. 중앙기관들이 결정하는 것은 교육 목표와 주요 내용 그리고 성취도 기준을 담고 있는 교육과정과 교육법 부록에 제시되어 있는 초·중학교 의무교육 9년 동안의 교과 이수시간이다. 예를 들어 의무교육 9년 동안 스웨덴어(1490h), 영어(480h), 수학(900h), 사회과학(885h), 자연과학(800h), 체육과 건강(500h) 등 교과별 이수시간 외에 학생 선택과목(382h) 및 학교가 특성화할 수 있는 선택시간(600h) 등 9년을 통틀어 6,665시간을 이수해야 함을 규정하고 있다. 학교에서는 이 규정에 맞추어 각 학년에서 가르칠 과목과 시수를 교장과 교사가 의논하여 결정한다.

교사는 교육과정의 목표와 주요 내용의 취지에 따라 교육과정을 재구성한다. 즉 '다양한 문학작품과 글을 읽고 분석한다'라는 교육 목표를 달성하기 위하여 어떤 수업 방식과 교재를 사용할지 구체적으로 고민하고 선택하여 학생들을 가르치게 된다. 수업이 시작되는 첫 시간에 모든 교사는 의무적으로 교육과정의 목표와 주요 내용을 어떻게 이해하고 해석했는지, 그에 따라 자신의 수업을 어떻게 편성했는지를 학생들에게 안내하고 학생들의 의견을 듣는다. 그뿐만 아니라 각 성적의 성취도 기준을 학생들에게 알리고 학력평가를 언제 어떻게 할지를 학생들과 상의하여 결정한다.

학력평가의 종류에는 과정을 중시하는 수행평가와 단원이 끝날 때 치르는 단원평가가 있으며, 교사별 수시평가 형태로 실시된다. 물론 '국가시험'이라는 일제고사 형태의 학력평가가 스웨덴에도 있지만 이 시험도 교사가 하는 여러 수행평가 중 하나로 성적에 반영된다. 학생들의 서열을 매기는 평가는 없고, 학교 간 서열을 매기지도 않는다.

학력평가 방식은 교사들의 교수 방법뿐만 아니라 학생들의 학습 방식에도 크게 영향을 미친다. 스웨덴에는 5지선다형 같은 표준화된 선택형 시험이 전혀 없고 서술형/논술형 평가와 작문/논문 형식의 평가가 주를 이룬다. 평소 일정 기간 동안 과제로 제시되는 주제(프랑스 혁명, nationalism, 미국과 남미의 관계 등)에 대한 논문essay 작성이 학력평가의 주된 형태다. 논문essay 작성뿐만 아니라 논문essay 발표 및 학급에서의 토론 등도 평가항목에 포함된다.

결론적으로 교육 목표와 방향은 중앙기관(의회, 정부, 국가교육청)들이 세우지만 교육의 집행은 290개 지자체와 학교에서 이루어진다. 어떻게 교육을 시킬 것인가는 교사의 고유 영역으로, 교수·학습 방법이나 교재를 선택하여 학생들과 의논하며 교육한다. 이런 의미에서 스웨덴에서의 교육자치는 학교 단위에서 이루어진다고 할 수 있다.

### 나. 예산 배분에 의한 교육자치

교육에서 예산 규모와 투자는 학생들의 학업성취도와 연관되어 있기 때문에 아주 중요한 문제다. 예산과 학업성취도 사이에 직접적인 상관관계가 없다는 연구도 있지만, 예산을 많이 투자하면 저학년 학생들과 가정환경이 좋지 않은 학생들에게 효과가 더 긍정적이라는 연구가 많다. 학교 단위에서 예산을 어디에 사용할지는 해당 학교 교장과 교사가 가장 잘 안다고 볼 수 있으며, 그런 의미에서 예산 사용 문제는 교육자치에서 중요한 영역이다.

### 교육예산 분배 형태

앞에서 다룬 교육의 역할 분담에서 보았듯이 교육재정에서도 중앙기관과 지자체의 역할 분담이 뚜렷하다. 중앙정부는 대학교육과 국가교육청 같은 중앙교육기관에 대한 예산을 책임지고 배분한다. 290개 지자체는 자신의 지자체에 속하는 유·초·중·고등학교와 성인교육에 필요한 예산을 세금을 통해 확보하고 이를 각 학교에 배분한다.

스웨덴에서 소득세를 제외한 모든 세금(국세)―간접세, 법인세, 특별세 등―은 중앙정부가 거두고 소득세는 지자체가 거둔다. 지자체의 정치적 색깔이나 필요에 따라, 어디에 사는가에 따라 주민들이 내는 소득세의 규모도 조금씩 차이가 난다.

스웨덴의 전체 교육예산은 대체로 GDP의 8~9%에 이르고 우리 돈으로 환산하면 50조 원 정도가 된다. 여기서 약 20%는 대학교육 예산이고 그 외에는 지자체가 편성하는 유·초·중·고등학교와 성인교육에 드는 예산이다. 전체 국가예산에서 교육예산은 15% 정도로 큰 변화가 없다.

### 교육재정이 열악한 지자체를 위한 제도

위에서 보았듯이 유·초·중·고등학교 및 성인교육 재정은 290개 지자체가 전적으로 책임지고 있다. 스웨덴은 국토 면적이 넓은 반면 인구가 적어 인구밀도가 낮을 뿐만 아니라 지역에 따라 아주 불균형하게 분포되어 있다. 예를 들어 제일 큰 지자체인 스톡홀름Stockholm은 주민 수가 100만이 넘는 데 비해 가장 작은 지자체인 북부지방의 뷰르홀름Bjurholm은 주민 수가 2,700명 정도밖에 되지 않는다.

지자체 주민 수의 큰 차이는 조세부담 능력의 큰 차이를 의미한다. 작은 지자체는 비록 복지혜택을 받을 주민이 적더라도 자신이 거두는 세금만으로는 주민들에게 다른 큰 지자체와 같은 양질의 복지혜택을 제공하기 어렵다. 그러나 스웨덴은 어디서 사는가에 따라 복지혜택이 차이가 나서는 안 된다는 것을 각 법(교육법, 사회법 등)에서 규정하고 있다.

그래서 정부는 국세의 일부와 소위 부자 지자체로부터 갹출한 지방세의 일부를 재정자립도가 낮은 지자체로 재분배한다. 즉 살고 있는 지역에 상관없이 모든 국민이 양질의 교육 및 복지혜택을 받을 수 있도록 하는 것이다. 이렇게 부자 지자체로부터 갹출하여 열악한 지자체로 나눠 주는 세금을 로빈후드Robinhood 세금이라고도 하나, 실제 이름은 재원평준화이고, 이는 소득평준화와 비용평준화로 나누어 산출

한다. 이렇게 해서 정부가 한 해 재분배하는 평준화재원은 약 12조 원 정도로, 정부 전체 지출의 약 8%다.

### 지자체의 교육재정 분배

지자체의 전체 재원은 소득세(지방세라고 부르기도 함)로 거둬들이는 세금과 정부로부터 받는 평준화재원 그리고 자체 사업에 의한 수익이다(물론 재원평준화 제도에 의해 정부에 지출하는 부분이 큰 지자체도 있다). 각 지자체는 이렇게 확보되는 재원으로 국가가 정하는 복지를 주민들에게 베푼다. 교육에서는 앞에서 언급한 바와 같이 290개 지자체가 유·초·중·고등학교와 성인교육에 필요한 재원을 마련해서 분배한다. 국가교육청의 보고서에 의하면 각 지자체가 학교에 재원을 배분하는 방식은 다르나 크게 세 가지로 구분할 수 있다.

1) 전 해 예산에 준하나 일부 수정하여 예산을 배분하는 방법
2) 학생 수에 비례하여 예산을 배분하는 방법
3) 학생 수에 비례하여 기본 예산을 정하고 특별히 예산이 더 필요한 부분에 특별보충예산을 추가하는 방법

세 번째 방법의 특별보충예산은 주로 다음과 같은 학생들을 위해 추가로 주어지는 예산이다. '특별한 지원이 필요한 학생'(지적 장애, 교육 숙지가 느린 학생 등), '장애 학생', '부모의 교육정도가 낮은 학생', '이민 배경의 학생', '부모가 실업자인 학생' 등.

지자체가 위와 같은 방법으로 학교에 예산을 배분하면 학교에서는 교장의 책임하에 예산을 집행한다. 학교로 내려오는 예산은 '한 뭉치

의 돈(총액)'으로 내려오지 우리나라처럼 아주 상세하게 어디에 얼마만큼 사용하도록 규정하지 않는다. 이것을 학교 단위에서의 '예산총액제'라 할 수 있는데, 이것이 바로 교육자치를 이루는 데 큰 역할을 한다. 이 예산이 인건비, 시설비, 운영비 등으로 사용되는데, 학교 상황에 따라 교사 한 명을 더 채용할지, 특수교사 한 명을 더 채용할지, 학급 편성을 달리할지 등은 전체 예산 범위에서 교장이 교직원 회의를 통해 결정한다. 즉 주어진 예산으로 학교를 어떻게 운영하며 교육 목표를 어떻게 달성할지는 교장의 결정과 책임하에 있다. 지자체가 어떤 원칙에 따라 예산을 배분하는지와 관계없이 예산 사용은 전적으로 교장 재량에 달려 있다. 예산을 어떻게 사용할지를 가장 잘 아는 것은 학교현장이라는 원칙하에 예산총액제가 운용되는 것이다.

교육자치가 학교 단위의 예산총액제를 통해 구현된다고 할 수 있는데, 대부분의 학교는 한 걸음 더 나아가 교장이 각 교사들에게 1년 예산을 배분하여 각 교사의 책임하에 예산을 사용하게 한다. 물론 1년 동안 각 교사는 어떤 사업을 하고 얼마나 많은 예산이 필요한지 미리 계획을 세우고 교장으로부터 예산을 받아야 한다. 예산이 필요할 때마다 교장에게 예산을 청구하거나 집행을 승인받을 필요가 없다. 예산 사용은 당연히 투명하게 하고 증빙서를 첨부해야 하나 많은 부분은 합리적인 선에서, 이해할 수 있는 범위에서 증빙하면 된다. 예를 들어 자신의 자동차로 출장을 갔다 오면 거리에 따라 여비를 산정하지 우리나라처럼 증빙서류로 톨게이트 영수증을 첨부하지 않아도 된다는 뜻이다. 이것은 신뢰사회와 그렇지 못한 사회의 차이이고, 신뢰하지 못하는 사회에서는 그만큼 행정업무도 많아진다.

예산 배분 결과

스웨덴 교육법은 아주 명쾌하게 다음과 같이 선언한다. 교육이 스웨덴 어디에서 행해지든 그 질은 동등해야 한다. 수업(강의)은 모든 학생의 여건과 필요에 따라 이루어져야 한다. 동등한 교육이라는 것은 수업이 획일적으로 이루어지는 것을 의미하거나 예산이 똑같이 배분되는 것을 의미하지 않는다. 학생들이 처한 여건과 필요에 따라 수업이 이루어지고 예산이 배분되어야 한다.

스웨덴의 교육예산은 교육법의 이런 정신을 기반으로 배분된다. 그래서 학생 수가 같더라도 학교가 처한 환경에 따라 예산 규모는 아주 다르다. 스톡홀름 지자체의 경우 교육 여건이 좋은 학교와 열악한 학교에 배분되는 예산 규모의 비율은 1:1.5 정도다. 교육 여건이 좋은 학교가 1억의 예산을 받는다면 열악한 학교는 1억 5,000만 원의 예산을 받는다는 뜻이다. 주로 전쟁 난민의 자녀들이 많은 학교가 가장 열악한 학교로 간주되고, 장애 학생이 많은 학교도 당연히 예산을 많이 받는다. 예를 들어 지적 장애 학생에게 주어지는 예산은 일반 학생보다 4~5배로 많고, 시청각 및 언어 장애 학생에게는 보통 학생의 10배 이상의 예산이 주어진다.


3. 결론


스웨덴의 교육자치는 크게 두 가지 형태로 구현되고 있다. 하나는 정부-지자체-학교의 역할 분담 형태로, 다른 하나는 이들 사이의 예산 배분과 사용의 형태로 이루어진다.

첫째, 교육에서의 역할 분담에서 중앙기관(의회, 정부, 중앙행정기관)은 교육 목표와 방향을 제시하고 290개 지자체는 중앙에서 세운 교육 목표와 방향에 따라 교육을 집행하는 역할을 한다. 우리와 같은 특별교부금에 의한 사업이 거의 없다. 교육 목표를 어떻게 달성할지의 문제는 전적으로 지자체와 학교에 달려 있다. 즉 교사가 교육과정을 어떻게 재구성하고 어떤 교수·학습 방법을 사용하고 교재를 선택하는지는 교사의 자율성과 재량권에 맡겨져 있다. 이것이 가능하려면 우리나라도 교육과정을 목표 위주로 구성하고 포괄적 언어로 기술할 필요가 있다. 너무 구체적인 교육과정은 교사들의 창의성을 제한한다.

예산 배분 및 사용도 이러한 구조와 조화를 이룬다. 유·초·중·고등학교 및 성인교육의 예산은 전적으로 지자체의 책임하에 있다. 소득세를 통해 거둬들이는 지방세는 지자체의 정치적 색깔이나 의지에 따라 분야별로 분배되고, 교육예산은 학교의 여건과 학생들의 필요에 따라 학교에 배분된다. 대체로 전체 학생 수와 그 학교 학생들의 사회·경제적 배경(부모의 교육, 직업, 소득 수준 등), 이민 배경 및 특별지원을 받아야 하는 학생의 수에 따라 보충예산이 주어진다. 비록 이렇게 예산이 산정되고 배분되었다 할지라도 그 예산을 어떻게 사용하는지는 학교장 재량에 달려 있다. 즉 예산 항목이 세부적으로 나뉘어 있지 않고 총액으로 내려오기 때문에 이를 학교 단위에서의 '예산총액제'라 부른다.

한 걸음 더 나아가 학교 내에서도 예산이 각 교사에게 배분되어 집행되므로 예산 사용에서 교사들의 자율성이 크다. 이렇게 학교 단위에서 예산 사용에 대해 학교장 및 교사의 재량권을 확대한 이유는 학교 실정을 가장 잘 아는 학교장과 교사에게 예산 사용의 자율성을 주어 필요에 따라 예산을 사용하게 하기 위함이다. 예산을 얼마나 받느냐보다는 예산을 어떻게 사용하느냐가 더 중요하기 때문이다.

우리나라에서 교육자치를 더욱 발전시키고 공고히 하려면 스웨덴 사례에서 본 것같이 정부-교육청-학교의 교육 역할 분담뿐만 아니라 교육재정 부분에서도 학교장과 교사에게 지금보다는 훨씬 큰 자율성과 재량권을 주어 양질의 교육을 이끌어 내는 책임을 지도록 해야 할 것이다.

# 스웨덴의 방과후활동과 시사점

〈스칸디나비아 연구〉 2013. vol. no. 14. pp. 245-272

## 1. 들어서며

이 글은 스웨덴에서 정규 교과시간 외에 학생들을 어떻게 돌보고 있는지를 다룬다. 통칭 학교아동돌봄Skolbarnomsorg이라고 할 수 있는 부분으로, 맞벌이 부부와 공부하는 부부를 위해 발전된 제도다. 특히 6~9세의 어린 아동들이 많이 이용하고 있으며, 이 제도는 유아교육제도Förskola(1~5세 어린이를 위한 유아학교)와 마찬가지로 정규교육을 보완하고 아이들의 사회적 발달과 취미활동에 크게 기여한다. 유급육아휴직제도, 유아교육제도, 아동보조금제도와 더불어 학교아동돌봄은 스웨덴의 보편적 복지제도에서 부모들에게 직장생활과 보육을 양립할 수 있게 하는 아주 중요한 제도다. 이러한 제도가 발전되어 있지 않은 나라에서의 육아는 대체로 여성의 몫이란 것을 감안하면, 스웨덴의 이러한 제도는 여성의 사회 진출과 양성 평등에 필수적이다. 스웨덴이 세계적인 양성 평등 국가가 된 것은 이런 제도적 뒷받침이 없었으면 불가능했다. 그런 의미에서 한국에서도 이러한 제도들을 다각적으로 검토하며 한국 실정에 맞게 발전시키는 것은 시대적 요구라 할 것이다.

이 글은 스웨덴의 학교아동돌봄에 관한 제반 사항에 대해 탐구적 측면에서 정리한 것이다. 학교아동돌봄의 여러 형태, 역사적 변천과 법적 근거, 이용률과 비용, 질적 문제, 자유시간의 개념과 그에 따른 방과후활동 프로그램 그리고 끝으로 한국에 주는 시사점에 대해 정리하고자 한다.


## 2. 학교아동돌봄Skolbarnomsorg의 여러 형태

스웨덴의 '학교아동돌봄'은 교육법, 교육과정의 목적과 요구의 기준을 토대로 운영, 통제, 질 관리가 되고 있다. 교육법에 의하면 모든 코뮌(지방정부)은 6세에서 12, 13세까지의 학교아동 중 부모가 직장을 다니거나 공부를 함으로써 정규 수업 시간 외에 가정에서 돌볼 수 없는 아동 또는 가정 사정에 의해 아동 스스로 필요하다고 느끼는 아동에 한해 의무적으로 학교 정규 교육과정 후 돌봄을 제공해야 한다고 규정하고 있다.

이 학교아동돌봄은 크게 세 가지 형태로 나뉘어 있으며, '방과후활동Fritidshem', '개방된 방과후활동Öppen fritidsverksamhet' 그리고 '교육적 돌봄Pedagogisk omsorg'이라고 부른다. 뒤의 것부터 개념과 이용 정도를 간단히 살펴보자.

### 1) 교육적 돌봄Pedagogisk omsorg
교육적 돌봄은 이전엔 가정돌봄Familjdaghem이라고 불렸으나, 2009

년부터 명칭을 바꾸었다. 대체로 어느 한 가정이 방과후 자기 자녀를 돌봄과 동시에 다른 아동도 돌봐 주는 여러 형태를 통틀어 일컫는 개념이다. 코뮌으로부터 돌봐 주는 아동의 수에 따라 일정한 급료를 받는다. 돌봄의 질을 확보하기 위해 코뮌은 아동을 돌보기에 적합한 장소인지, 교육 프로그램 등이 있는지에 대해 조건을 제시하고 있다. 교육적 돌봄을 이용하는 아동은 1980년대 중반 15만 명이 넘을 정도로 성장했으나, 현재는 무시할 정도로 적은 아동이 이용하고 있어 이 글에선 제외한다.

### 2) 개방된 방과후활동 Öppen fritidsverksamhet

교육법에 의하면 코뮌은 초등학교 고학년인 10세에서 12세 학교 아동들에게는 이 개방된 방과후활동을 제공할 수 있다고 규정하고 있다. 즉, 이 나이의 학생들에 한해 정규 방과후활동 Fritidshem이 아닌 개방된 방과후활동을 제공해도 된다는 의미다. 이 나이의 아동들은 대체로 부모가 퇴근할 때까지 스스로 지낼 수 있는 나이이기 때문에, 방과후활동에 대한 수요가 그리 크지 않다. 그러나 일부 아동들은 여가 선용을 위해 외부에서 제공하는 체계적 활동이 필요한 경우도 있다. 개방된 방과후활동은 등록하지 않고 필요할 때 참석할 수 있기 때문에 출석 여부도 체크하지 않을 정도로 유연한 형태로 운영된다. 1990년대 초까지는 이 개방된 방과후활동이 비교적 잘 보급되어 있었으나, 90년대 초의 경제위기로 인한 비용 절감 대책으로 많은 코뮌은 이 업무를 중단했고, 오늘날 290개 코뮌 중 이 업무를 제공하는 코뮌은 70여 개뿐이다.

2005년에 있은 부모설문조사에 의하면, 이 개방된 방과후활동을 이용하는 10~12세 아동은 이 나이 전체 아동의 7%정도로 추정된다. 여기에 정규 방과후활동에 참여하는 이 나이의 아동이 약 10%인 것을 감안하면, 이 나이의 대부분 아동은 방과후 어떤 외부의 도움 없이 시간을 보내고 있는 것이다. 이 분야의 사업을 평가한 스웨덴 국가교육청은 비용 절감이라는 단기적 안목으로 많은 학생이 혼자 지내게 내버려 두는 것이 바람직한 것인지 우려된다고 결론 내렸다(Skolverket, 2010a).

이 개방된 방과후활동도 목적은 정규 방과후활동과 같다. 즉 이 나이의 아동들도 의미 있는 자유시간과 활동이 필요하고, 가정과 학교 밖에서 다른 아동들 및 성인들과 교류가 필요하다는 것이다. 전체적으로 이용률이 낮고 등록하지 않기 때문에 공식 통계도 없고, 지방정부에 따라 장소나 제공되는 프로그램이 다양하여, 이 개방된 방과후활동도 교육적 돌봄과 마찬가지로 이 글에서 제외한다.

### 3) 방과후활동Fritidshem

이 정규 방과후활동에 대한 초등학교 저학년 학생(6~9세)들의 이용률은 매우 높다. 앞에서 언급했듯이 코뮌은 학생 수요가 있으면 의무적으로 제공해야 하기 때문에 모든 학교에서 정규교육과정이 끝난 후엔 이 방과후활동을 제공한다. 이 글에서 다루는 방과후활동은 바로 이것을 의미한다.

우선 개념에 대해 잠시 언급할 필요가 있다. Fritidshem을 위에서 개방된 방과후활동Öppen fritidsverksamhet과 구분하기 위해 정규 방과후활동이라 했는데, 이것을 직역하면 '자유시간의 집 또는 가정'이라고 번역할 수 있다. 집이라고 번역할 때도 건축물로서의 집이라기보다는 가정이라는 의미에서의 집이다. 스웨덴에서는 이런 의미에서의 집이라는 단어를 공공 분야에서 사용하는 전통이 있다. 'Folkhem'(국민의 집 또는 인민의 집)이란 개념은 이미 한국에도 알려져 있다. 유아학교Förskola의 명칭도 이전엔 Daghem이라 불렸다. 직역하면 '낮의 집'으로, 낮에 부모들이 직장을 다닐 때 부모를 대신하여 유아들을 집에서 돌봐 주는 것같이 돌봐 준다는 뜻이다. 즉 hem(집, 가정)이란 개념을 사용하며, 가정의 중요성을 부각하고 공공 업무를 집에서 하는 것같이 사랑과 관심으로 함으로써 양질을 보장해야 한다는 의미로 사용하지 않았나 싶다. 방과후활동을 영·미 국가들에서처럼 'After school activity'라 부르지 않고, 자유시간의 집이라 부른 것도 정규교육과정 외의 자유시간을 집에서 해 주는 것같이 아동이 참여하고, 선택하며, 자신의 취미에 따라 활동할 수 있도록 잘 돌봐 주기를 바라는 마음에서 사용한다. (뒤에서 이 개념의 내용에 대해 자세히 언급한다.) 그러나 이 글에서는 국제적 개념과 호흡을 맞추기 위해 방과후활동으로 의역해서 사용한다.

## 3. 방과후활동Fritidshem의 역사적 변천과 법적 근거

방과후활동에 대한 담론은 간단히 얘기하면, 학교수업이 없는 시간에 어떻게 학교 아동들을 돌볼 것인가 하는 문제를 다룬다. 현재의 방과후활동이라고 할 수 있는 이 업무는 1880년대 말 스톡홀름에서 연 '노동의 집Arbetsstugan'에서 기원을 찾을 수 있다. 이 노동의 집은 많은 부모가 가정 밖에서 일을 함으로써 아이들이 방치되는 것을 방지하기 위해 설립됐다. 대체로 가난한 가정의 아동을 위한 것으로, 점심이 제공되고, 간단한 수공업적 기술을 배워주는 동시에 아이들이 거칠어지지 않게 도덕·순화교육을 했다. 스웨덴의 노동운동은 이 노동의 집이 부르주아 사회 관점에 의해 만들어진 것으로, 잘 훈련된 노동력의 필요를 충족시키기 위한 수단으로 사용된다고 비판했다. 1800년대 말과 1900년대 초에 스톡홀름에는 이러한 노동의 집이 15개 정도 있었고, 1,500명의 아동을 돌봤다고 한다(Ursberg).

노동의 집은 1940년대 중반 '오후의 집Eftermiddagshem'으로 이름이 바뀌었으며 매일 열렸다. 노동의 집이 수공업적 기술 전수와 열심히 일하는 도덕을 가르치는 데 가치를 부여했다면, 오후의 집은 아동들에게 휴식과 레크리에이션recreation을 제공하고, 자유시간을 이용한 취미활동을 가능하게 하며, 숙제를 할 수 있게 하는 데 초점을 두었다. 가정을 보완하고 지원하는 역할을 한 것이다.

1950년대에 들며 초등학교 어린 아동들의 돌봄에 대한 수요가 컸으나, 경제적 형편이 좋은 가정은 보모Barnflicka를 두어 스스로 해결해 전체 아동 수에 비해 오후의 집에 대한 수요는 그리 크지 않았다. 당연히 보모를 둘 수 있는 가정은 한정돼 있어 많은 아동은 외부의 돌봄 없이 혼자 지냈다.

1960년대의 경제발전에 의해 여성의 노동력에 대한 수요가 급증하며, 코뮌이 아동을 돌보는 일에 적극적으로 뛰어들며 시설을 확장해 갔다. 이때 오늘날 사용하는 '자유시간의 집Fritidshem'이라는 개념도 정착되었다. 이 자유시간의 집은 아침부터 늦은 오후까지 열렸으며, 목적 또한 오후의 집과 같이 가정을 보완하는 것으로, 부모와 협력하여 아동을 양육하는 것이었다. 교육학적인 내용이 더욱 첨가되어 휴식 외에 자연을 체험하고, 운동과 놀이를 통해 레크리에이션을 체험하도록 했다(Haglund 2004).

종합하면, 현재의 방과후활동은 사회 분야에서 시작되어 발전해 왔고, 노동의 집에서는 양육과 교육이 핵심적 내용이었다. 오후의 집에선 사회적 발전과 배움에 초점을 둬 사회교육학socialpedagogik 분야로 이동되었다. 1990년대부터는 완전히 교육학 분야로 옮겨 방과후활동은 사회성 제고와 배움에 초점을 두었다(Rohlin 2011, Skolverket 2011).

이렇게 발전되어 온 방과후활동은 교육 분야에서 아주 중요한 사업 중 하나로, 교육법 14조는 방과후활동에 대해 이렇게 언급하고 있다. 즉 방과후활동은 정규 교육을 보완하며, 아동의 발전을 도모하고, 배움을 자극함과 동시에 의미 있는 자유시간과 레크리에이션을 제공해야 한다. 나아가 방과후활동은 다방면의 사회적 교류와 공동체 의식을 제고해야 한다. 모든 코뮌은 부모가 직장을 다니거나 공부를 할 경우, 또는 가정 상황에 의해 아동 스스로가 필요할 경우, 방과후활동을 제공해야 한다. 방과후활동은 아동이 13세가 되는 봄학기까지 제공해야 하며, 아동이 10세가 되는 가을학기부터는 방과후활동 대신 개방된 방과후활동을 제공할 수 있다. 방과후활동은 학교 정규과정 이후와 방학 중에 제공하나, 저녁이나 밤, 주말이나 연휴에는 제공하지 않아도 된다.

이 외에도 교육법은 방과후활동이 아동의 취미와 요구에서 출발하고, 아동의 서로 다른 여건에 맞춰 행해져야 한다고 규정하고 있다. 방과후활동에 종사하는 교사나 방과후활동이 일어나는 장소 및 방과후활동의 내용은 학교와 연계해서 세공해야 한다고 못 박고 있다

(Skollagen 14조).

위에서 정규교육을 보완한다고 했는데, 부연 설명하면, 대체로 두 가지 방법으로 보완한다. 하나는 시간적 보완으로, 학교 정규과정이 끝나거나 방학 중 보완하는 것이고, 다른 하나는 내용적 측면에서 아동들에게 학교 정규과정에서 제공하는 것과는 부분적으로 다른 형태의 체험과 지식을 제공함으로써 학교 정규교육과정과 함께 방과후활동이 아동의 전인적 발전에 기여해야 한다는 것을 의미한다. 다른 말로 표현하면, 방과후활동도 학교가 추구하는 것과 같이 근본적인 민주주의 가치 위에서 차별이나 왕따, 폭력, 모욕감을 주는 모든 행위를 근절해야 하며, 아동의 사회적 배경과 관계없이 평등, 양성 평등, 인권을 제고해야 한다고 한다. 또한 아동 개개인이 사회생활에 참여할 수 있고 책임감 강한 시민이 되도록 해야 한다고 강조하고 있다 (Läroplan för det obligatoriska skolväsendet, förskoleklassen och fritidshemmet).

## 4. 방과후활동의 비용

방과후활동의 이용료는 아주 저렴하다. 이용료 계산 방법은 가정의 전체 수익과 방과후활동에 참여하는 자녀 수에 따라 다르다. 현재 모든 코뮌(지방정부)은 방과후활동에 대한 이용료 상한선제도를 도입하고 있다. 예를 들어 스톡홀름 코뮌인 경우, 가계의 전체 수익이 4만 2,000kr(크라운, 한국 돈으로 월 700여만 원)이 넘으면 상한선제도를 적용한다고 한다. 스웨덴에서 맞벌이 부부일 경우, 월 수익이 거의 모든 가계가 42,000kr이 넘는다. 이 말은 거의 모든 가정이 상한선제도에 적용된다는 의미가 된다. 이 상한선제도 외에 한 가정에서 몇 명의 자녀가 방과후활동을 이용하는가도 비용 산정에 영향을 미친다.

한 가정에서의 방과후활동 비용은 다음과 같이 산정한다.

첫째 자녀: 가계 전체 수익의 2% 또는 최대 월 840kr
둘째 자녀: 가계 전체 수익의 1% 또는 최대 월 420kr
셋째 자녀: 가계 전체 수익의 1% 또는 최대 월 420kr
넷째 자녀부터 무료

즉 어느 한 가정이 두 자녀를 방과후활동에 보내면 월 1,260kr 이상을 지방정부에 지불할 필요가 없다는 것이다. 만약 가계의 월 소득이 25,000kr일 경우 750(500+250kr)kr을 지불하고, 부부가 실업자일 경우엔 방과후활동비용이 무료다. 어느 가계가 가계수익에 대한 정보를 제공하지 않거나, 수익을 계산하기 힘들 경우에는 이 상한선제도의 최대요금을 지불해야 한다(cf. Skolverket, 2007b). 이런 형태로 부모가 내는 비용은 전체 방과후활동 비용의 17% 정도가 된다. 나머지 83%는 지방정부 예산에서 충당된다. 이는 스웨덴 방과후활동이 무상에 가깝다는 것을 의미한다.

## 5. 방과후활동의 이용률

다음 표에서 보는 것과 같이 스웨덴의 방과후활동은 1970년대 중반부터 아주 빠른 속도로 성장해 왔다. 2012년 현재 전국에는 4,316 개의 방과후활동 학교가 있다. 그 가운데 약 90%는 초등학교·중학교와 연계되어 있고, 나머지는 특수학교·유아학교학급(Förskoleklass, 유아학교와 초등학교 사이에 있는 6세 아동들을 위한 1년짜리 학교)·북부지방의 샘 족 학교와 연계되어 있다.

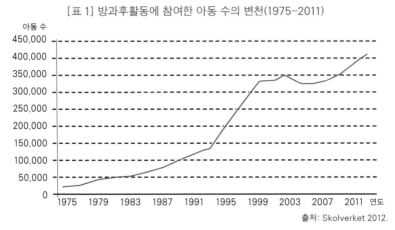

[표 1] 방과후활동에 참여한 아동 수의 변천(1975-2011)

출처: Skolverket 2012.

특히 1990년대 초부터 방과후활동이 급속도로 성장한 이유 중 하나는 '교육적 돌봄'의 한 형태인 '가정돌봄Familjdaghem'이 상대적으로 크게 줄어들었기 때문이다. 가정돌봄은 1975년에 방과후활동보다 훨씬 많은 7만여 명의 아동이 이용했고, 1980년대 중반엔 15만 명 이상의 아동이 이 형태의 돌봄을 선택해 절정을 이루었으나, 그 후 차츰 감소했고, 1990년대 초에는 방과후활동과 역전되어 현재는 거의 무시해도 될 정도로 이용률이 낮다. 즉 아동돌봄은 오랜 시간을 거치며 체계적이고 제도화된 정규 방과후활동으로 완전 대치되었다고 할 수 있다.

2012년 현재 방과후활동을 이용하는 전체 아동 수는 41만 1,300여 명이고, 이는 6~12세 전체 아동의 56%에 이른다.

그러나 방과후활동을 이용하는 대부분의 아동은 6~9세에 속한다. 즉 초등학교 1~4학년 아동들이 가장 많이 이용한다는 뜻이다. 현재 이 나이 아동들의 83%가 방과후활동을 이용하고 있다. 아래 도표에서 보듯이 10세 아동들의 경우엔 30% 조금 넘게, 11세 아동들은 10% 남짓, 12세 아동은 5~6% 정도가 방과후활동을 이용하고 있다. 초등학교 고학년인 10~12세 아동들의 방과후활동에 대한 수요는 그리 크지 않으며, 부모가 아직 퇴근하지 않았어도 혼자 하교하여 지낸다는 것을 보여 준다. 이 나이의 아동들은 방과후활동에 참여하는 것 외에도 원하면 개방된 방과후활동을 이용할 수 있다. 앞에서 언급했듯이 10~12세 아동들의 약 7%가 개방된 방과후활동을 이용하고 있다.

10년 전과 비교하면 모든 나이에서 방과후활동 이용이 늘어난 것

[표 2] 방과후활동에 참여하는 아동의 나이에 따른 비율(2002년과 2012년)

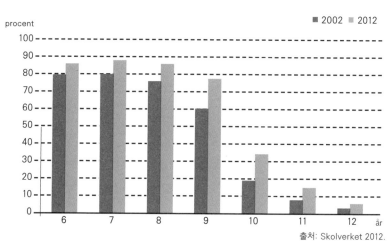

출처: Skolverket 2012.

을 볼 수 있다. 10년 전 방과후활동을 이용한 6~9세 아동은 73%로, 10년 동안 10%가 늘어났다.


## 6. 방과후활동의 질: 실내외 환경 및 그룹의 크기와 성향

스웨덴에서 유아학교나 방과후활동의 질을 논할 때 대체로 다음과 같은 세 가지 형태의 질을 언급한다. 즉 구조적 질, 과정적 질 그리고 결과의 질이다. 1) 구조적 질은 활동의 외적 조건, 조직 및 자원 resources을 의미하는 것으로, 교육법과 같이 활동의 근거가 되는 법령, 교사의 교육 정도, 아동 그룹의 성향, 실내외 여건, 시설, 예산 등이다. 2) 과정적인 질은 방과후활동에서 일어나는 활동과 내용에 대한 질로, 교사와 아동의 교감, 활동에 대한 아동들의 호응도, 자료 활용, 활동 내용과 환경 등이다. 3) 결과의 질은 아동들이 뭘 배웠는지, 숙련 정도가 어떤지 등을 재는 것으로, 그룹의 크기, 교사 한 명당 아동 수 등이 아주 중요하다(Sjöberg, Persson). 당연히 구조적 질의 수준이 높아야 과정 및 결과에서도 좋은 질을 확보할 가능성이 높다. 물론 구조적 질이 좋다고 해서 과정과 결과에서 좋은 질로 저절로 연결되는 것은 아니다. 이는 구조적 질을 활용하는 교사들의 역량과 노력에 달려 있다.

위에서 보는 것같이 방과후활동의 질을 결정하는 데는 여러 변수가 있다. 실내외 장소도 중요하고, 내부 시설 및 교육 자료들도 아주 중요하다. 특히 많은 아동들이 뛰노는 실내엔 소음장치가 아동들의 정서 안정에 필수적인 요소다.

그러나 이러한 실내외 환경이나 시설보다 더 중요한 게 교사이고, 교사들이 자신의 교육철학에 따라 잘 활동할 수 있도록 여건을 만들어주는 것이 중요하다. 이런 의미에서 시설 및 물질적 여건 외에 꼭 염두에 두어야 하는 것이 교사의 역량, 아동 그룹의 크기, 교사 한 명당 아동 수, 각 그룹에 속하는 아동들의 성향 등이다. 즉 위 세 가지로 분류한 모든 질에 큰 영향을 미칠 수 있는 변수들이다. 이런 요소들을 잘 분석하여 아동 개개인의 필요에 맞게 그룹을 구성해야 한다. 특히 아동들의 나이, 특별한 지원이 필요한 아동(예, 장애 아동)의 비율, 다문화가정 아동의 비율, 아동들의 사회·경제적 배경 등을 고려하여 그룹을 구성해야 한다고 스웨덴 국가교육청은 각 지방정부에 권고하고 있다(Skolverket, 2007a).

이렇게 여러 측면을 고려해야 하는 이유는 교육법(Skollagen 14조)과 교육과정에서 아동 그룹의 크기가 적정 수준이어야 하고, 방과후활동이 아동 개개인의 필요에 부응해야 한다고 명시하며, 나아가 방과후활동이 아동들의 사회화에 매우 중요하고, 아동은 아동이 속하는 그룹 속에서 발전한다고 분명히 하고 있기 때문이다. 아동들의 자존감과 정체성은 다른 아동들과 교사들의 관계 속에서 발전한다는 것이다. 그래서 교사가 감당할 수 없을 정도로 그룹이 크면, 아동의 발전에 오히려 역효과를 초래할 가능성이 높다. 예를 들어, 그룹이 너무 크면 교사가 아동 한 명 한 명의 필요를 파악하기 어렵고, 대화시간이 부족하여 아동이 좌절감을 느끼거나, 위협적인 행태를 표출할 가능성이 높다. 그래서 스웨덴에서는 그룹의 크기와 그룹에 속하는 아동들의 성향이 그룹을 구성하는 데 아주 중요한 것이다.

[표 3]은 1980~2012년 스웨덴의 방과후활동의 그룹 규모에 대한

[표 3] 방과후활동의 그룹 규모 등(1980~2012)

| | 그룹의 아동 수 | 교사 한 명당 아동 수 | 전체 교사를 풀타임으로 환산했을 때 교사 한 명당 아동 수 |
|---|---|---|---|
| 1980 | 17.8 | | 7.4 |
| 1995 | 23.7 | | 11.4 |
| 2003 | 30.1 | 11.1 | 18.2 |
| 2004 | 31.0 | 10.8 | 18.2 |
| 2005 | 30.6 | 10.9 | 18.6 |
| 2006 | 31.7 | 11.1 | 18.9 |
| 2007 | 33.5 | 11.1 | 19.5 |
| 2008 | 34.0 | 11.8 | 20.5 |
| 2009 | 36.0 | 12.0 | 20.9 |
| 2010 | 38.1 | 12.3 | 21.5 |
| 2011 | 38.8 | 12.3 | 20.4 |
| 2012 | 40.1 | 12.4 | 20.1 |

출처: Skolverket 2012.

통계다. 여기서 그룹이라는 개념은 몇 명의 교사 팀이 돌보는 아이들의 규모로, 각 방과후활동학교가 통계청에 보고하는 숫자를 의미한다.

2012년 현재 한 그룹의 평균 아동 수는 40.1명이다. 1980년대 초 18명이 채 되지 않은 것과 비교하면, 지난 30여 년 동안 그룹 규모는 두 배 이상 늘었다. 통계에 나와 있지 않지만, 1990~2000년 사이 10년 동안 교사 한 명당 아동 수는 7.5명에서 10.9명으로 증가했고, 2012년 현재 12.4명으로 증가했다. 2002~2004년 사이 잠시 감소 현상을 보였으나, 2004년 이후 다시 계속 증가했다. 2004~2012년 사이 방과후활동에 참여하는 아동 수는 20% 증가했지만, 교사 수는 7%만 증가한 것과 일맥상통한다.

2012년 현재 방과후활동에 참여하는 교사 수는 33,000여 명으로, 2011년의 32,200명에 비해 약 2% 증가한 것이다. 이 교사 수를 풀타임으로 환산하여 계산하면 약 5% 증가한 것을 의미한다. 이는 고용된 교사의 수만 늘어난 것을 의미하는 것이 아니라 교사의 근무량도 늘어났음을 의미한다. 풀타임으로 환산했을 때 2011년에는 19,400명이었으나, 1년 후 20,500명이었다. 그래서 위 통계에서 보듯이 풀타임 교사 한 명당 아동 수를 보면, 2011년에 20.4명이던 것이 2012년에는 20.1명으로 줄어 조금 호전되었다.

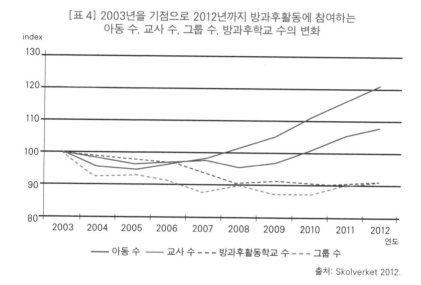

[표 4] 2003년을 기점으로 2012년까지 방과후활동에 참여하는 아동 수, 교사 수, 그룹 수, 방과후학교 수의 변화

출처: Skolverket 2012.

그룹 규모가 커진 이유는 위 그래프에서 보듯이 2003년을 기점으로 방과후활동에 참여하는 아동 수는 2005년 이후 가파르게 증가했지만, 방과후활동 학교 수와 그룹 수는 계속해서 줄어들었다. 2010년 이후에야 줄어드는 게 멈췄다. 이와 같은 발전은 앞에서 개방된 방과후활동을 언급할 때 잠시 언급했듯이 1990년대 초의 경제위기 이후에 많은 코뮌이 비용 절감으로 방과후활동학교 및 그룹을 통폐합하거나, 늘어나는 아동을 기존의 그룹에 포함시켜 돌본 결과이다. 코뮌의 방과후활동에 대한 감독기관인 국가교육청은 이렇게 그룹이 크면 교육적 활동이 불가능하다고 매년 코뮌에 대해 비판했지만(Skolverkets lägesbedömning 2001~ ) 개선이 잘되고 있지 않다.


## 7. 교사의 역량

위에서 언급했듯이 방과후활동의 질을 규정하는 데는 물질적 여건(실내외 환경, 시설, 교육자료 등)이 중요하다. 더욱 중요한 것은 그룹의 규모와 그룹에 속하는 아동들의 성향이다. 그러나 방과후활동의 질을 규정하는 가장 중요한 요소는 교사의 역량Competence이다. 방과후활동에 근무하는 교사들의 역량 중 가장 중요한 것은 이 나이의 아동들이 어떻게 발전하고 어떻게 배우는지 아는 것이고, 이에 대한 지식이 풍부해야 한다. 교사들은 개개 아동들의 필요와 요구뿐만 아니라 그룹의 필요와 요구도 충족시킬 수 있는 교육 프로그램을 개발하고 실행해야 한다. 그리고 이러한 프로그램을 비판적 시각에서 보며 지속적으로 발전시켜 가야 한다. 특히 그룹 내에서 무슨 일이 일어나는지 잘 알고 있어야 하며, 아동들이 그룹 내에서 어떻게 자존감과 정체성을 형성해 가는지에 대해 풍부한 지식이 있어야 한다. 이러한 역량을 갖추려면 교사가 대학 수준의 교육을 받는 것이 필수적이라고 한다(Skolverket, 2007a).
물론 관련 분야의 공식적인 대학교육도 중요하지만, 그에 못지않게 중요한 것이 현장의 문제점에서 출발하는 학습과 연수다. 코뮌은 교사에게 연수 등을 통해 지속적으로 역량을 강화할 수 있도록 해 줘야 한다고 교육청은 권고한다. 특히 각 아동과 그룹의 특수한 상황과 필요에 따른 역량을 갖추려면 이 분야의 평가와 연구 등을 학습하고, 이를 자신의 업무에 반영할 수 있도록 시간과 기회를 주어야 한다고 한다. 그뿐만 아니라, 동료 교사들과 대화를 통해 자신들의 업무를 평가하며, 지속적으로 발전시킬 수 있도록 해야 한다고 한다(Skolverket, 2007a).

방과후활동에 종사하는 교사는 어떤 교육을 받았는가에 따라 대체로 네 가지로 분류할 수 있다. 즉 자유시간교사fritidspedagog, 유아교육교사förskollärarexamen, 초중등교사lärarexamen, 자유시간리더교육교사fritidsledarutbildning. 앞의 세 부류는 대학 교육을 받은 교사이고, 넷째는 고등학교 수준의 교육을 받았거나 일부 대학교육을 수료했지만 졸업장을 받지 못한 교사다. 이 외에도 사회적 돌봄social omsorg 분야나 교육학 분야에서 교육받은 사람들이 많다.

2012년 현재, 교육 형태에 따른 방과후활동의 교사들의 비율을 보면 자유시간교사(27%), 유아교육교사(15.8%), 초중등교사(10.9%), 사회적 돌봄분야교사(10.2%), 교육학분야교사(5.3%), 자유시간리더교육교사(4%) 그리고 기타(27%)이다.

2012년 현재, 방과후활동에 종사하는 교사 중 대학 교육을 받은 교사는 약 54%이다. 1년 전만 해도 56%이던 것이 2% 감소한 것이다. 이와 같이 지난 3~4년간 대학 교육을 받은 교사의 비율이 조금씩 감소했다. 대학 교육을 받은 교사들의 비율은 지역에 따라 아주 큰 차이를 보인다. 예를 들어, 인구밀도가 낮은 북부지방의 코뮌의 경우, 대학교육을 받은 교사의 비율이 75%나 되지만, 대도시나 대도시 주변의 코뮌의 경우 그 비율이 38~39%밖에 되지 않는다.

방과후활동의 운영 주체가 누구인가도 교사들의 교육 정도에 영향을 미친다. 나이에 따라 조금씩 차이가 있지만, 현재 6~9세 아동의 83~84% 정도가 방과후활동에 참여하고 있는데, 이 중 8~9%는 자율 방과후활동에 참여하고, 나머지 75~76%는 공립 방과후활동에 참여한다. 자율인가 공립인가의 차이는 학교나 유아학교 체제에서와 마찬가지로 누가 경영하는지에 따라 다르다. 그러나 부모가 지불하는 비용은 자율과 공립에 상관없이 똑같이 상한선제도를 적용하며, 나머지 비용은 세금으로 충당한다. 경영자는 공립일 경우 코뮌(지방정부), 자율일 경우에는 개인, 재단, 조합, 기업 등 다양하다. 학교나 유아학교에서와 마찬가지로 자율 방과후활동도 비용 절감을 위해 급료가 높은 대졸 교사를 채용하기 꺼리는 경향이 있다. 이런 경향은 교사 한 명

[표 5] 공립과 자율 방과후활동에서 교사들의 대학교육 비율(1999~2012, %)

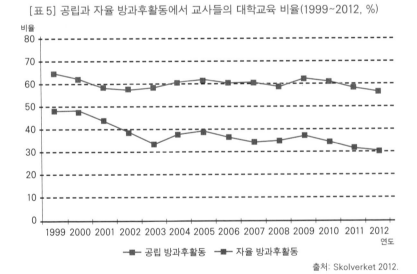

출처: Skolverket 2012.

당 아동 수에도 마찬가지로 나타나, 자율 방과후활동의 그룹 규모가 공립 방과후활동보다 크고, 교사 한 명당 아동 수도 많다. 즉 질을 규정하는 많은 변수에서 자율 방과후활동이 공립 방과후활동보다 나쁜 수치를 보이고 있다. 교사들의 대학 교육 정도도 아래 그래프에서 보듯이 공립과 자율 방과후활동에서 차이가 크다.

## 8. 자유시간의 개념과 프로그램

스웨덴의 방과후활동을 직역하면 '자유시간의 집 또는 가정 Fritidshem'이라고 했다. 이는 자유시간이라는 개념을 어떻게 보는가에 따라 방과후활동의 내용과 활동이 달라질 가능성이 있다. 여기서는 스웨덴에서 논의되어 온 '자유시간'이라는 개념을 정리하며, 두 코뮌의 방과후활동을 살펴본다.

교육법과 교육과정에서 방과후활동은 "아동에게 의미 있는 자유시간을 제공해야 한다"고 명시하고 있다. 이에 대한 해석을 어떻게 하느냐에 따라 각 방과후활동의 형태나 교육 내용이 달라질 수 있다. 간단히 예를 들어 '의미 있는'은 무엇을 의미하는가, 누가 의미 있다고 결정하는가─아동이 아니면 교사가, 모든 아동이 똑같이 의미 있다고 느끼는가 아니면 아동마다 취향과 요구가 달라 방과후활동 내용이 다양해야 하는가 등 많은 질문을 낳는다. '제공한다'는 단어도 마찬가지다. 즉 제공하는 활동에 대해 아동들은 어떻게 느끼는가, 제공하는 내용과 활동에 대해 아동이 참여하고 결정할 여지가 있는가, 제공하는 활동에 대해 아동들은 의무석으로 아니면 원히면 참여할 것인가 등

그러나 여기서 가장 중요한 개념은 무엇보다도 '자유시간'이다. 이 개념에 대한 정의가 방과후활동의 방향을 제시할 수 있기 때문이다.

그러나 자유시간에 대해 위에서 언급한 교육법이나 교육과정은 이 개념의 정의를 내리지 않는다. 구체적으로 정의를 내리면 전국의 방과후활동이 획일화될 가능성이 커서 그렇게 하지 않았을지도 모른다. 즉, 내용에 대해서는 현장에 맡겨 두고자 한 현명한 판단일지도 모른다.

몇몇 연구자의 연구를 종합하면, '자유시간'이라는 개념을 다음 네 가지 의미로 해석하고 사용해 온 것을 볼 수 있다. 물론 서로 중복되는 내용도 있다.

1) 자유시간이라는 개념이 개개 아동의 자유시간에 대한 경험에 초점을 두어 개인이 자유시간에 대해 어느 정도 자기 맘대로 할 수 있는가로 해석.

2) 의무적인 일이 끝났을 때 남는 시간의 의미로 자유시간이란 개념을 해석.

3) 개인이 자신의 자유시간에 참여하는 활동에 방점을 두어 활동시간으로 해석.

4) 자유시간이 단지 재미있는 것을 넘어 유익한 활동시간으로 해석. 이 경우 뭔가 배운다는 의미가 강하고, 그래서 자유시간의 활동이 개인뿐만 아니라 사회에도 유익해야 한다고 해석.

(Haglund 2009, Skolverket 2011)

만약 방과후활동을 첫째와 같이 개인의 체험으로 이해하면 개별 아동이 방과후활동에서 뭘 할지 스스로 결정해야 한다는 결론을 도출할 수 있다. 둘째 해석과 같이 남는 시간으로 이해하면 방과후활동은 부모가 일하는 동안 아이들을 맡는 장소로 전락할 위험이 있다. 셋째와 같이 활동 시간으로 보면 아동들은 활동에 대한 참여가 의무적이라기보다는 선택적인 것이고, 자신을 위해 참여한다는 결론을 도출할 수 있다. 물론 이런 결론이 아동이 방과후활동의 모든 활동이나 내용을 결정한다는 의미는 아니고, 교사는 아동이 한편으론 아동들 사이의 관계에서, 다른 한편으론 아동들과 교사들 사이의 관계에서 정체성을 확립해 가는 것을 도와야 한다는 것이다. 넷째와 같이 방과후활동이 유익한 활동으로 이해되면 교사들의 교육 정도와 역량, 나아가 교사들의 적극적인 역할이 아주 중요해진다. 즉 교사가 아동들의 여러 가지 재능을 계발하고 발전시켜야 하고, 여러 형태의 활동을 체험하게 함으로써 이제까지 없었던 다른 형태의 취미도 개발하도록 도와줘야 한다는 시각이다. 스웨덴 국가교육청이 보는 방과후활동에 관한 시각은 이 네 번째 해석에 가장 가깝다(Haglund 2011, Skolverket 2007a, Skolverket 2011).

자유시간에 대한 이와 같은 개념을 염두에 두고 실질적으로 어떤 활동이 이루어지는지를 보기 위해 스톡홀름 근교의 두 개의 코뮌-Danderydskommun과 Österåkerskommun의 방과후활동을 홈페이지와 보고서 등을 통해 조사했다(Danderydskommun 2010, Österåkerskommun 2012).

두 코뮌 모두 방과후활동에 대한 시각이 유사하며, 다양한 활동을 제공하고 있다. 대체로 아동이 방과후활동으로 넘어오는 시간이 중요하다며, 이때 각 그룹의 아동들이 그룹별로 모여 교사와 함께 오늘 무슨 일이 있었는지, 오늘 무슨 활동을 할 것인지에 대해 얘기한다고 한다. 방과후활동의 그룹은 학교마다 좀 다르지만 대체로 학년별로 조직되어 있다.

이 모임이 끝나면 교사들의 지도하에 아동들은 여러 가지 활동 중 자신이 원하는 것을 선택한다. 활동은 실내에서 하는 것으로 몇 명이 앉아 하는 게임, 독서, 미술, 음악, 연극, 레고 쌓기, 만들기, 바느질, 도자기 빚기 등이 있고 실외에서 축구나 아스팔트에서 하는 하키 Innebandy 등이 있다. 어떤 날은 시내로 나가 지방의회, 도서관, 박물관 등을 참관하고, 겨울에는 겨울 스포츠인 스키나 스케이트를 가까운 숲속에서나 호수에서 즐기기도 한다.

교사들은 아동이 무엇을 원하는지 경청하고, 무슨 활동을 할 것인지 선택하게 한다고 한다. 물론 조용한 구석에서 아무것도 하지 않으며 쉬고 싶어 하는 아동이 있으면 그렇게 할 수 있도록 배려한다. 숙제를 하고 싶은 아동이 있으면 그것을 도와주기도 한다고 한다. 학교 내에 동산이 있으면 동산에서 자유롭게 놀거나 자연을 관찰하는 것도 중요한 활동 중 하나라고 한다. 특히 교사의 주도 없이 자유롭게 노는 것이 매우 중요하고, 아동들 스스로 놀이를 즉흥적으로 찾아 함께 노는 것을 장려한다고 한다. 이렇게 자유롭게 놀고 스스로 단체 놀이를 찾아 하는 것이 창의력 신장에도 도움이 된다는 것이다.

이 모든 활동은 아동의 호기심을 유발하고, 자극을 주며, 자신에게 맞는 속도로 배워 가게 한다고 한다. 물론 모든 아동에게 안전하게 느끼게 하고, 남을 배려하고 존중하는 것을 배우게 하며, 갈등을 해결하는 데 도움을 준다고 한다.

자신들의 방과후활동에 대한 두 코뮌의 이러한 서술은 방과후활동의 목적과 취지에 대해 잘 숙지하고 있다는 것을 보여 준다. 그러나 각 학교의 방과후활동이 실질적으로 이렇게 행해지고 이루어지고 있는지는 별개의 문제다. 위 통계에서도 보았듯이 그룹의 규모가 커지고, 잘 교육된 교사가 줄어들고 있다는 것도 보았다. 실제로 교사의 지도 없이 마구 뛰어다니는 아이들을 통제하지 못하는 경우도 많다. 위 둘 중 한 코뮌은 방과후활동에 대한 보고서에서 교사들이 공동으로 계획하고 평가할 시간을 확보하지도 못한 채 하루하루를 정신없이 보낸다고 한다. 또한 대학 교육을 받은 교사가 국가 수준에서 58%인데 반해, 자신의 코뮌은 23%밖에 되지 않는다며 개선의 여지가 많다고 한다(Österåkerskommun 2012).

## 9. 결론 및 시사점

### 가. 결론

스웨덴의 방과후활동 역사는 깊다. 부모들의 사회적 생산 활동이 활발해지기 시작한 1880년대부터 도입되어 오늘날에 이르기까지 많은 시각적·제도적 변화를 겪어 왔다. 방과후활동은 부모들의 직장생활을 위해서는 필수적인 제도다. 특히 여성의 사회 진출과 직접 연계되어 있다. 방과후활동은 학교교육이 제공하지 못하는 다양한 활동으로 아동들을 자극하고, 호기심을 유발하고, 다른 아동들과 교사들의 관계 속에서 성장하고 정체성을 정립하는 데 도움을 주는 전인적 교육의 한 방편으로 중요하다고 볼 수 있다.

부모가 부담해야 하는 방과후활동 비용은 아주 적으며, 경제적 능력이 없어 자녀를 방과후활동에 참여시키지 못하는 가정은 거의 없다. 개인이 부담하는 비용이 적다는 것은 비용의 대부분을 국가 세금으로 충당한다는 의미다. 이용률도 아주 높아 초등학교 저학년의 경우 83~84%가 참여하고 있다.

그러나 1990년대 초의 경제적 위기로 각 지방정부의 재정은 어려워졌고, 이 재정적 어려움을 지방정부는 방과후활동에 대한 예산절감으로 대응한 것이 역력하다. 그룹 규모가 1990년대 초 이후 지속적으로 커졌고, 대학 교육을 받은 교사들의 비율도 줄어들었다. 그뿐만 아니라 우파 정권에 의한 1990년대 초 학교선택제의 도입으로 방과후활동에서도 자율 방과후활동을 실시할 수 있었고, 이 자율 방과후활동은 이 사업을 통해 돈을 벌기 위해 질을 결정할 수 있는 많은 변수—그룹의 규모, 교사의 역량, 시설 등에 공립 방과후활동보다 좋지 않은 수치를 보여 준다. 이 자율 방과후활동의 비율이 7~8%밖에 안 되는 것이 어떤 면에서는 다행이라 할 것이다.

우리나라가 이제라도 방과후활동 내실화 방안을 강구하는 것은 환영할 일이다. 동시에 어린이집과 유치원을 통합하여 만 1~5세의 유아학교를 정립하고 발전시키는 것이 무엇보다 중요하다. 이런 제도적 정립을 통해 부모들의 사회·경제적 배경과 관계없이 모든 유아와 아동에게 평등하고 질 높은 유아교육과 방과후활동을 제공하고, 여성들의 사회참여를 도와 양성 평등을 도모할 수 있다.

방과후활동은 학교교육의 연장이 되어서는 안 된다. 학교의 정규교육과정과 다른 내용과 활동으로 아동들에게 휴식과 레크리에이션을 제공함으로써 학교 정규교육을 보완하고 지원해야 한다. 그뿐만 아니라 아동들 사이의 자유로운 놀이와 활동, 교사들과의 소통을 통해 정체성을 확립해 가고, 민주주의적 시민으로 성장할 수 있도록 도와야 한다.

스웨덴의 방과후활동을 보는 관점은 모든 아동에게 양질의 방과후 활동을 저렴하게 제공하여 전인적 성장을 돕는 아동에 초점을 둔 평등 관점, 여성의 사회적 진출을 제도적으로 보장하는 양성 평등 관점, 이 두 관점을 국가가 해결한다고 하는 강한 국가 또는 보편적 복지국가의 관점으로 요약될 수 있다. 이런 의미에서 스웨덴의 방과후활동이 우리나라에 시사하는 바는 크다.

### 나. 시사점

스웨덴의 방과후활동은 중앙정부와 지방정부(코뮌)의 협력 모델이다. 이 업무에 대해 궁극적으로 정부가 책임을 지고, 의회가 승인한 교육법과 교육과정의 정신에 따라 코뮌이 방과후활동의 시행 Implementation을 책임지는 역할 분담이 뚜렷하다. 스웨덴의 방과후활동이 우리나라에 주는 시사점을 아래와 같이 다섯 가지로 요약할 수 있다. 첫째, 초등학교 저학년까지는 부모가 귀가할 때까지 교육과 보육을 국가가 책임진다. 스웨덴의 경우, 초등학교 4학년 때까지는 부모가 귀가할 때까지 학교와 방과후활동학교가 정규교육과 방과후활동을 통해 아동을 돌보고 교육한다. 스웨덴의 방과후활동은 부모들의 직장생활을 위해서는 필수적인 제도다. 특히 여성의 사회 진출과 직접적으로 연계되어 있다. 여성의 사회 진출을 위해 부모의 취업활동과 자녀를 양육하는 것을 병립하고, 출산율을 높이기 위해서도 이러한 제도를 도입해야 한다. 우리나라도 새 정부가 들어서면서 내년부터는 저학년의 경우(초등학교 1, 2학년) 부모와 학생이 원하면 방과후 5시까지 무상으로 돌봄교실을 운영하려고 추진하고 있다. 환영할 일이다.

둘째, 교육법에 근거한 방과후활동(Care+Education)이 이루어지고 있으며, 학교 교육을 보완하고 흥미 있는 여가활동을 제공하며 학생들의 사회적 능력 함양을 위한 학교와 방과후활동이 통합 운영되고 있다. 스웨덴의 경우 방과후활동은 법적 근거가 있기 때문에 지속적으로 안정적인 지원을 얻을 수 있다. 국가의 책임하에 방과후학교 법제도화로 방과후활동에 드는 부모의 비용은 아주 적으며, 경제적 능력이 없어 자녀를 방과후활동에 참여시키지 못하는 가정은 거의 없다. 개인이 부담하는 비용이 적다는 것은 비용의 대다수를 국가 세금을 통해 충당하고 있다는 의미다. 이용률도 아주 높아 초등학교의 저학년의 경우 83~84%가 참여하고 있다. 우리나라의 방과후학교도 하루 빨리 법적 근거를 만들어 행정적·재정적으로 안정되고 체계적인 방과후활동이 이루어져야 할 것이다.

셋째, 정규교육과정 교사의 업무 경감을 들 수 있다. 스웨덴의 방과후활동학교 교사는 비정규직이 아닌 정규직 전담교사다. 방과후활동 교사는 방과후활동을 전담하는 것 외에 학교와의 연계 정도에 따라 오전에 정규수업 보조교사로 활동하기도 한다. 우리나라의 경우, 오전 정규과정 교사가 오후 방과후학교 수업을 병행하여 업무 부담이 커지는 데 비해 북유럽은 방과후활동 전담교사가 따로 있어 오전 정규 교사의 업무 부담까지 덜어 주어 정규교육과정의 교육효과를 높일 수 있다. 우리나라의 경우 장기적으로 방과후학교 전담 인력을 채용하여 교사의 부담을 줄이고 더욱 전문적으로 이를 수행할 수 있는 방안을 모색해야 한다.

넷째, 지자체와 지역사회가 연계 협력하여 이루어지는 방과후활동을 들 수 있다. 스웨덴의 방과후활동의 특징은 1~4학년까지의 저학년은 학교에서 책임지고 방과후활동을 운영·지도하며, 4학년 이상의 학생들은 학교보다는 지역사회에 있는 다양한 방과후활동 시설이나 프로그램에서 시간을 보내는 경우가 많다. 방과후활동은 학교교육의 연장이 되어서는 안 된다. 우리도 지역사회에서 다양한 방과후활동 시설, 프로그램을 만들어 학생들이 이곳에서 의미 있고 건건한 시간을 보낼 수 있도록 도와야 한다. 최근 대학 주도 방과후학교, 사회적기업, 교육기부 등을 통해 지역사회와 연계한 다양한 방과후활동이 이루어지고 있지만, 지자체와 지역사회 주도하의 체계적 발전이 요구된다.

다섯째, 학생들의 취미, 적성, 재능을 계발하고 살리는 특기적성교육 중심의 방과후활동이 중요하다. 스웨덴의 방과후활동은 교과학습의 연장이 아니라 특기적성 학습이다. 우리나라에서도 학교의 정규교육과정과 다른 내용과 활동으로 학생들에게 휴식과 레크리에이션을 제공함으로써 학교 정규교육을 보완하고 지원해야 한다. 그뿐만 아니라 아동들 사이의 자유로운 놀이와 활동, 교사들과의 소통을 통해 정체성을 확립하고 민주적 시민으로 성장할 수 있도록 도와야 한다. 방과후활동은 학교교육이 제공하지 못하는 다양한 활동으로 아동들을 자극하고, 호기심을 유발하고, 다른 아동들과 교사들의 관계 속에서 성장하고 정체성을 정립하는 데 도움을 주는 전인적 교육의 한 방편으로 중요하다고 볼 수 있다.

● 참고 문헌

Danderydskommun(2010). Kultur- och fritidsplan för Danderyd 2010-2014.

Haglund, Björn(2004). *Traditioner i möte. En kvalitativ studie av fritidspedagogers arbete med samlingar i skolan*, Göteborg Studies in Educational Sciences, 137.

Haglund, Björn(2009). Fritid som diskurs och innehåll: En problematisering av verksamheten vid afterschool programs och fritidshem, i *Pedagogisk forskning i Sverige* årg 14 nr 1.

Haglund, Björn(2011). Fritidshemmet–en arena för omsorg och lärande, i *Lära, leva, utvecklas*, Stockholm Lärarförbundet.

Läroplan för det obligatoriska skolväsendet, förskoleklassen och fritidshemmet.

Persson, Sven(2010). Lärandets var och när i den institutionaliserade barndomens kontext, *Perspektiv på barndom och barns lärande*, Skolverkets kunskapsöversikt.

Rohlin, Malin(2011). Fritidspedagogik och lärande, i A. S. Pihlgren (red) *Fritidshemmet*, Lund: Studenlitteratur.

Sjöberg, Elisabet(2008). *Genomlysning av Stockholms kommunala fritidshem skolår F-3, Våren 2008*, Stockholms stad Skollagen.

Skolverket(2007)a. Allmänna råd och kommentarer, *Kvalitet i fritidshem*.

Skolverket(2007)b. *Fem år med maxtaxa*, Skolverkets rapport 294.

Skolverket(2010)a. *Kartläggning av skolbarnomsorg för 10-12 åringar 2009*, Skolverkets rapport 342.

Skolverket(2010)b. *Utveckling pågår: Om kvalitetsarbete i fritidshem*, Skolverkets stödmaterial.

Skolverket(2011). *Fritidshemmet–lärande i samspel med skolan*, Forskning för skolan.

Skolverket(2012). "Elever och personal i fritidshem hösten 2012".

Skolverkets lägesbedömning(2010).

Ursberg, Maria(1996). *Det möjliga mötet. En studie av fritidspedagogers förhållningssätt i samspel med barngrupper inom skolbarnomsorgen*, Malmö: Lärarhögskolan.

Österåkerskommun(2012). Slutrapport: Projekt Kvalitet i fritidshem.

# 스웨덴 교육과정에 나타난
# 민주주의 이념 분석:
# 1940~60년대와 1990년대 이후

황선준(경기도교육연구원)

〈요약〉

이 연구의 목적은 스웨덴은 교육을 통해 어떤 민주주의를 추구하는 가이다. 이 질문에 답하기 위해 1940~1960년대와 1990년대 이후의 교육과정과 이들 교육과정 개정에 기초가 된 교육 분야의 정부 연구조사 보고서를 자료로 사용하였다. 이 연구에 사용된 이론적 배경은 많은 점에서 서로 대칭되는 개인 중심 및 사회 중심 민주주의. 방법론으로는 이념 분석Analysis of idea, ideology을 사용하여 민주주의에 대한 시각, 현실 인식, 민주주의 창달을 위한 교육적 제안 등을 자료를 통해 분석하는 기법을 사용하였다.

연구의 결론은 다음과 같다. 민주주의 원칙과 철학을 신봉하는 아이들을 키우는 민주주의 시민 양성이 스웨덴 교육의 가장 큰 가치 중 하나이다. 그러나 이 가치 추구가 1940년대와 1990년대 이후의 두 시기 사이에 차이를 보여 주고 있다. 1940년대엔 세계대전의 주범인 전체주의에 대한 유일한 해결책으로 민주주의를 표방하며 민주사회만이 이성과 평화가 깃든 미래 사회를 보장한다고 했다. 이를 위해 교육이 독립적이고 비판적이며 협력하는 학생들을 길러 내어 사회개혁에 기여하는 사회적 역할에 초점을 두었다. 반면 1990년대 이후에는 학생 개개인의 자질에 초점을 두어 자신의 의사와 요구를 표시하고 남의 의사를 존중하며 경청하는 민주시민을 길러 내는 교육의 개인적 차원에서의 역할을 강조했다. 즉 1940년대는 민주사회 건설을 위한 교육의 적극적 역할을 강조한 반면에 1990년대 이후는 민주주의 사상과 원칙을 전달하는 소극적 역할에 치중하고 있다. 나아가 1940년대에 제안되고 1960년대 초에 완성된 9년제의 보편적 의무교육은 교육 민주화의 꽃이라고 한다면, 1990년대 초에 도입된 학교선택제school choice는 교육에서의 공공선 추구라는 임무를 저버리고 사적인 선의 추구로 전락한 점이 있다. 결론적으로 스웨덴 국가가 추구한 민주주의는 1940년대의 사회 중심 민주주의에서 1990년대 이후의 개인 중심 민주주의로의 뚜렷한 변화라고 할 수 있다.

*주요어: 교육, 가치, 민주주의, 보편적 의무교육, 학교선택제

『평생학습사회』제10권 제1호, 2014

# '선택의 자유' 개념의 생성과
# 전개과정에 대한 개념사적 분석:
# 스웨덴 교육을 사례로

황선준(경기도교육연구원)

〈요약〉

본 연구의 목적은 스웨덴 교육에서 '선택의 자유' 개념의 실제적 의미를 분석하는 데 있다. Koselleck의 개념역사학 방법론을 사용하여 맥락과 상황의 중요성을 강조한 semasiological, onomasiological, diakron, synkron 분석 기법을 적용했다. 스웨덴 사민당과 보수당의 정부 제안과 야당 발의를 중심으로 분석하였다. 연구의 결론은 다음과 같다. 사민당의 헤게모니가 강한 1980년대 이전에는 '선택의 자유' 개념이 정치적으로 표면화되지 않았다. 1980년대 서구 사회를 휩쓴 신자유주의 바람과 함께 보수당은 '선택의 자유' 개념을 교육 분야에 도입하여 학교 내에서의 과목 선택, 공립학교와 자율학교 사이의 선택, 공립학교 사이의 선택이라는 의미로 사용했다. 이러한 '선택의 자유'를 실현하기 위하여 보수당은 집권 시(1991~1994년) 자율학교제도 및 '학생을 따라가는 교육비제도'의 도입과 공립학교와 자율학교 사이에서의 법적, 경제적 동등을 추구했다. 사민당은 '선택의 자유' 개념의 사용을 꺼려 하거나 우파 정부의 '선택의 자유' 개념과 정책을 강하게 비판했다. 그러나 자신이 재집권한 1994년 이후 사민당은 '선택의 자유'

에 대한 우파의 정책을 되돌리지 못하고 오히려 자신의 정책으로 수용했다.

'선택의 자유' 개념에 대한 두 당 사이의 논쟁은 하나의 뚜렷한 유형을 띠었다. 보수당은 '선택의 자유'를 최대한 보장하는 쪽에서 사민당을 압박했고, 사민당은 '선택의 자유' 개념을 서서히 수용했다. 사민당이 보수당과 유사한 '선택의 자유' 개념을 수용했을 때 보수당은 사민당과의 차별성을 위해 '선택의 자유'를 더욱 확장하는 쪽으로 이전했다. 보수당은 현재 '전국 단위의 교육비제도'를 주창하며 전국을 하나의 단위로 완전히 개방된 '선택의 자유'를 주장하는 반면, 사민당은 '등거리원칙'을 고수하며 공립학교의 존속을 전제한 '선택의 자유'를 주장하고 있다. 두 당 사이의 '선택의 자유' 개념에 대한 시각의 차이는 '교육 평등' 또는 '교육 동등가치의 원칙' 개념에 대한 시각 차이에서 주로 기인한다. 사민당은 교육 평등을 '학업성취도 편차에서의 최소'로 해석했고, 보수당은 학생 개개인의 '최적의 발전'으로 이해했다. 사민당이 전통적으로 우파 개념인 '선택의 자유' 개념을 자신의 개념으로 수용한 순간 '선택의 자유' 개념에 대한 논쟁은 보수당의 승리로 끝났다.

\*주요 개념: 선택의 자유, 개념역사학, 학생을 따라가는 예산, 교육 평등

『교육철학연구』제36권 제2호, 2014

# 삶의 행복을 꿈꾸는 교육은 어디에서 오는가?

미래 100년을 향한 새로운 교육 | 혁신교육을 실천하는 교사들의 필독서

## ▶ 교육혁명을 앞당기는 배움책 이야기
혁신교육의 철학과 잉걸진 미래를 만나다!

### 한국교육연구네트워크 총서

**01 핀란드 교육혁명**
한국교육연구네트워크 엮음 | 320쪽 | 값 15,000원

**02 일제고사를 넘어서**
한국교육연구네트워크 엮음 | 284쪽 | 값 13,000원

**03 새로운 사회를 여는 교육혁명**
한국교육연구네트워크 엮음 | 380쪽 | 값 17,000원

**04 교장제도 혁명**
한국교육연구네트워크 엮음 | 268쪽 | 값 14,000원

**05 새로운 사회를 여는 교육자치 혁명**
한국교육연구네트워크 엮음 | 312쪽 | 값 15,000원

**06 혁신학교에 대한 교육학적 성찰**
한국교육연구네트워크 엮음 | 308쪽 | 값 15,000원

**07 진보주의 교육의 세계적 동향**
한국교육연구네트워크 엮음 | 324쪽 | 값 17,000원
2018 세종도서 학술부문

**08 더 나은 세상을 위한 학교혁명**
한국교육연구네트워크 엮음 | 404쪽 | 값 21,000원
2018 세종도서 교양부문

**09 비판적 실천을 위한 교육학**
이윤미 외 지음 | 448쪽 | 값 23,000원

**10 마을교육공동체운동:**
**세계적 동향과 전망**
심성보 외 지음 | 376쪽 | 값 18,000원

---

**혁신학교**
성열관·이순철 지음 | 224쪽 | 값 12,000원

**행복한 혁신학교 만들기**
초등교육과정연구모임 지음 | 264쪽 | 값 13,000원

**서울형 혁신학교 이야기**
이부영 지음 | 320쪽 | 값 15,000원

**혁신교육, 철학을 만나다**
브렌트 데이비스·데니스 수마라 지음
현인철·서용선 옮김 | 304쪽 | 값 15,000원

### 한국교육연구네트워크 번역 총서

**01 프레이리와 교육**
존 엘리아스 지음 | 한국교육연구네트워크 옮김
276쪽 | 값 14,000원

**02 교육은 사회를 바꿀 수 있을까?**
마이클 애플 지음 | 강희룡·김선우·박원순·이형빈 옮김
356쪽 | 값 16,000원

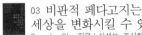
**03 비판적 페다고지는**
**세상을 변화시킬 수 있는가?**
Seewha Cho 지음 | 심성보·조시화 옮김 | 280쪽 | 값 14,000원

**04 마이클 애플의 민주학교**
마이클 애플·제임스 빈 엮음 | 강희룡 옮김 | 276쪽 | 값 14,000원

**05 21세기 교육과 민주주의**
넬 나딩스 지음 | 심성보 옮김 | 392쪽 | 값 18,000원

**06 세계교육개혁:**
**민영화 우선인가 공적 투자 강화인가?**
린다 달링-해먼드 외 지음 | 심성보 외 옮김 | 408쪽 | 값 21,000원

**07 콩도르세, 공교육에 관한 다섯 논문**
니콜라 드 콩도르세 지음 | 이주환 옮김 | 300쪽 | 값 16,000원

---

**대한민국 교사, 어떻게 가르칠 것인가?**
윤성관 지음 | 320쪽 | 값 15,000원

**아이들을 어떻게 가르칠 것인가**
사토 마나부 지음 | 박찬영 옮김 | 232쪽 | 값 13,000원

**모두를 위한 국제이해교육**
한국국제이해교육학회 지음 | 364쪽 | 값 16,000원

**경쟁을 넘어 발달 교육으로**
현광일 지음 | 288쪽 | 값 14,000원

**혁신교육 존 듀이에게 묻다**
서용선 지음 | 292쪽 | 값 14,000원

 **독일 교육, 왜 강한가?**
박성희 지음 | 324쪽 | 값 15,000원

 **다시 읽는 조선 교육사**
이만규 지음 | 750쪽 | 값 33,000원

 **핀란드 교육의 기적**
한넬레 니에미 외 엮음 | 장수명 외 옮김 | 456쪽 | 값 23,000원

 **대한민국 교육혁명**
교육혁명공동행동 연구위원회 지음 | 224쪽 | 값 12,000원

 **한국 교육의 현실과 전망**
심성보 지음 | 724쪽 | 값 35,000원

---

## ▶ 비고츠키 선집 시리즈
발달과 협력의 교육학 어떻게 읽을 것인가?

 **생각과 말**
레프 세묘노비치 비고츠키 지음
배희철·김용호·D. 켈로그 옮김 | 690쪽 | 값 33,000원

 **성장과 분화**
L.S. 비고츠키 지음 | 비고츠키 연구회 옮김
308쪽 | 값 15,000원

 **도구와 기호**
비고츠키·루리야 지음 | 비고츠키 연구회 옮김
336쪽 | 값 16,000원

 **연령과 위기**
L.S. 비고츠키 지음 | 비고츠키 연구회 옮김
336쪽 | 값 17,000원

 **어린이 자기행동숙달의 역사와 발달 I**
L.S. 비고츠키 지음 | 비고츠키 연구회 옮김
564쪽 | 값 28,000원

 **의식과 숙달**
L.S 비고츠키 지음 | 비고츠키 연구회 옮김
348쪽 | 값 17,000원

 **어린이 자기행동숙달의 역사와 발달 II**
L.S. 비고츠키 지음 | 비고츠키 연구회 옮김
552쪽 | 값 28,000원

 **분열과 사랑**
L.S. 비고츠키 지음 | 비고츠키 연구회 옮김
260쪽 | 값 16,000원

 **어린이의 상상과 창조**
L.S. 비고츠키 지음 | 비고츠키 연구회 옮김
280쪽 | 값 15,000원

 **성애와 갈등**
L.S. 비고츠키 지음 | 비고츠키 연구회 옮김
268쪽 | 값 17,000원

 **비고츠키와 인지 발달의 비밀**
A.R. 루리야 지음 | 배희철 옮김 | 280쪽 | 값 15,000원

 **관계의 교육학, 비고츠키**
진보교육연구소 비고츠키교육학실천연구모임 지음
300쪽 | 값 15,000원

 **수업과 수업 사이**
비고츠키 연구회 지음 | 196쪽 | 값 12,000원

 **비고츠키 생각과 말 쉽게 읽기**
진보교육연구소 비고츠키교육학실천연구모임 지음
316쪽 | 값 15,000원

 **비고츠키의 발달교육이란 무엇인가?**
비고츠키교육학실천연구모임 지음 | 412쪽 | 값 21,000원

 **교사와 부모를 위한 비고츠키 교육학**
카르포프 지음 | 실천교사번역팀 옮김 | 308쪽 | 값 15,000원

**비고츠키 철학으로 본 핀란드 교육과정**
배희철 지음 | 456쪽 | 값 23,000원

---

## ▶ 살림터 참교육 문예 시리즈
영혼이 있는 삶을 가르치는 온 선생님을 만나다!

 **꽃보다 귀한 우리 아이는**
조재도 지음 | 244쪽 | 값 12,000원

 **선생님이 먼저 때렸는데요**
강병철 지음 | 248쪽 | 값 12,000원

 **성깔 있는 나무들**
최은숙 지음 | 244쪽 | 값 12,000원

 **서울 여자, 시골 선생님 되다**
조경선 지음 | 252쪽 | 값 12,000원

**아이들에게 세상을 배웠네**
명혜정 지음 | 240쪽 | 값 12,000원

 **행복한 창의 교육**
최창의 지음 | 328쪽 | 값 15,000원

 **밥상에서 세상으로**
김흥숙 지음 | 280쪽 | 값 13,000원

 **북유럽 교육 기행**
정애경 외 14인 지음 | 288쪽 | 값 14,000원

 **우물쭈물하다 끝난 교사 이야기**
유기창 지음 | 380쪽 | 값 17,000원

---

## ▶ 4·16, 질문이 있는 교실 마주이야기
통합수업으로 혁신교육과정을 재구성하다!

 **통하는 공부**
김태호·김형우·이경석·심우근·허진만 지음
324쪽 | 값 15,000원

 **미래교육의 열쇠, 창의적 문화교육**
심광현·노명우·강정석 지음 | 368쪽 | 값 16,000원

 **내일 수업 어떻게 하지?**
아이함께 지음 | 300쪽 | 값 15,000원
2015 세종도서 교양부문

 **주제통합수업**, 아이들을 수업의 주인공으로!
이윤미 외 지음 | 392쪽 | 값 17,000원

 **인간 회복의 교육**
성래운 지음 | 260쪽 | 값 13,000원

 **수업과 교육의 지평을 확장하는 수업 비평**
윤양수 지음 | 316쪽 | 값 15,000원
2014 문화체육관광부 우수교양도서

 **교과서 너머 교육과정 마주하기**
이윤미 외 지음 | 368쪽 | 값 17,000원

 **교사, 선생이 되다**
김태은 외 지음 | 260쪽 | 값 13,000원

 **수업 고수들 수업·교육과정·평가를 말하다**
박현숙 외 지음 | 368쪽 | 값 17,000원

 **교사의 전문성, 어떻게 만들어지나**
국제교원노조연맹 보고서 | 김석규 옮김 392쪽 | 값 17,000원

 **도덕 수업, 책으로 묻고 윤리로 답하다**
울산도덕교사모임 지음 | 320쪽 | 값 15,000원

 **수업의 정치**
윤양수·원종희·장군 지음 | 280쪽 | 값 14,000원

 **체육 교사, 수업을 말하다**
전용진 지음 | 304쪽 | 값 15,000원

 **학교협동조합,**
**현장체험학습과 마을교육공동체를 잇다**
주수원 외 지음 | 296쪽 | 값 15,000원

 **교실을 위한 프레이리**
아이러 쇼어 엮음 | 사람대사람 옮김 | 412쪽 | 값 18,000원

 **거꾸로 교실,**
**잠자는 아이들을 깨우는 수업의 비밀**
이민경 지음 | 280쪽 | 값 14,000원

 **마을교육공동체란 무엇인가?**
서용선 외 지음 | 360쪽 | 값 17,000원

 **교사는 무엇으로 사는가**
정은균 지음 | 292쪽 | 값 15,000원

 **교사, 학교를 바꾸다**
정진화 지음 | 372쪽 | 값 17,000원

 **마음의 힘을 기르는 감성수업**
조선미 외 지음 | 300쪽 | 값 15,000원

 **함께 배움**
학생 주도 배움 중심 수업 이렇게 한다
니시카와 준 지음 | 백경석 옮김 | 280쪽 | 값 15,000원

 **작은 학교 아이들**
지경준 엮음 | 376쪽 | 값 17,000원

 **공교육은 왜?**
홍섭근 지음 | 352쪽 | 값 16,000원

 **아이들의 배움은 어떻게 깊어지는가**
이시이 준지 지음 | 방지현·이창희 옮김 | 200쪽 | 값 11,000원

 자기혁신과 공동의 성장을 위한
**교사들의 필리버스터**
윤양수·원종희·장군·조경삼 지음 | 280쪽 | 값 14,000원

 **대한민국 입시혁명**
참교육연구소 입시연구팀 지음 | 220쪽 | 값 12,000원

| | |
|---|---|
| **함께 배움 이렇게 시작한다**<br>니시카와 준 지음 \| 백경석 옮김 \| 196쪽 \| 값 12,000원 | **교사를 세우는 교육과정**<br>박승열 지음 \| 312쪽 \| 값 15,000원 |
| **함께 배움 교사의 말하기**<br>니시카와 준 지음 \| 백경석 옮김 \| 188쪽 \| 값 12,000원 | 전국 17명 교육감들과 나눈<br>**교육 대담**<br>최창의 대담·기록 \| 272쪽 \| 값 15,000원 |
| **교육과정 통합, 어떻게 할 것인가?**<br>성열관 외 지음 \| 192쪽 \| 값 13,000원 | 들뢰즈와 가타리를 통해<br>**유아교육 읽기**<br>리세롯 마리엣 올슨 지음 \| 이연선 외 옮김 \| 328쪽 \| 값 17,000원 |
| **학교 혁신의 길, 아이들에게 묻다**<br>남궁상운 외 지음 \| 272쪽 \| 값 15,000원 | **학교 민주주의의 불한당들**<br>정은균 지음 \| 276쪽 \| 값 14,000원 |
| **프레이리의 사상과 실천**<br>사람대사람 지음 \| 352쪽 \| 값 18,000원<br>2018 세종도서 학술부문 | **교육과정, 수업, 평가의 일체화**<br>리사 카터 지음 \| 박승열 외 옮김 \| 196쪽 \| 값 13,000원 |
| **혁신학교, 한국 교육의 미래를 열다**<br>송순재 외 지음 \| 608쪽 \| 값 30,000원 | **학교를 개선하는 교장**<br>지속가능한 학교 혁신을 위한 실천 전략<br>마이클 풀란 지음 \| 서동연·정효준 옮김 \| 216쪽 \| 값 13,000원 |
| **페다고지를 위하여**<br>프레네의 『페다고지 불변요소』 읽기<br>박찬영 지음 \| 296쪽 \| 값 15,000원 | **공자뎐, 논어는 이것이다**<br>유문상 지음 \| 392쪽 \| 값 18,000원 |
| **노자와 탈현대 문명**<br>홍승표 지음 \| 284쪽 \| 값 15,000원 | 교사와 부모를 위한<br>**발달교육이란 무엇인가?**<br>현광일 지음 \| 380쪽 \| 값 18,000원 |
| **선생님, 민주시민교육이 뭐예요?**<br>염경미 지음 \| 244쪽 \| 값 15,000원 | **교사, 이오덕에게 길을 묻다**<br>이무완 지음 \| 328쪽 \| 값 15,000원 |
| **어쩌다 혁신학교**<br>유우석 외 지음 \| 380쪽 \| 값 17,000원 | **낙오자 없는 스웨덴 교육**<br>레이프 스트란드베리 지음 \| 변광수 옮김 \| 208쪽 \| 값 13,000원 |
| **미래, 교육을 묻다**<br>정광필 지음 \| 232쪽 \| 값 15,000원 | **끝나지 않은 마지막 수업**<br>장석웅 지음 \| 328쪽 \| 값 20,000원 |
| **대학, 협동조합으로 교육하라**<br>박주희 외 지음 \| 252쪽 \| 값 15,000원 | **경기꿈의학교**<br>진흥섭 외 지음 \| 360쪽 \| 값 17,000원 |
| **입시, 어떻게 바꿀 것인가?**<br>노기원 지음 \| 306쪽 \| 값 15,000원 | **학교를 말한다**<br>이성우 지음 \| 292쪽 \| 값 15,000원 |
| **촛불시대, 혁신교육을 말하다**<br>이용관 지음 \| 240쪽 \| 값 15,000원 | **행복도시 세종, 혁신교육으로 디자인하다**<br>곽순일 외 지음 \| 392쪽 \| 값 18,000원 |
| **라운드 스터디**<br>이시이 데루마사 외 엮음 \| 224쪽 \| 값 15,000원 | **나는 거꾸로 교실 거꾸로 교사**<br>류광모·임정훈 지음 \| 212쪽 \| 값 13,000원 |
| **미래교육을 디자인하는 학교교육과정**<br>박승열 외 지음 \| 348쪽 \| 값 18,000원 | **교실 속으로 간 이해중심 교육과정**<br>온정덕 외 지음 \| 224쪽 \| 값 13,000원 |
| **흥미진진한 아일랜드 전환학년 이야기**<br>제리 제퍼스 지음 \| 최상덕·김호원 옮김 \| 508쪽 \| 값 27,000원 | **교실, 평화를 말하다**<br>따돌림사회연구모임 초등우정팀 지음 \| 268쪽 \| 값 15,000원 |

**폭력 교실에 맞서는 용기**
따돌림사회연구모임 학급운영팀 지음 | 272쪽 | 값 15,000원

 **학교자율운영 2.0**
김용 지음 | 240쪽 | 값 15,000원

 **그래도 혁신학교**
박은혜 외 지음 | 248쪽 | 값 15,000원

 **학교자치를 부탁해**
유우석 외 지음 | 252쪽 | 값 15,000원

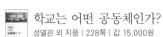 **학교는 어떤 공동체인가?**
성열관 외 지음 | 228쪽 | 값 15,000원

 **국제이해교육 페다고지**
강순원 외 지음 | 256쪽 | 값 15,000원

 **교사 전쟁**
다나 골드스타인 지음 | 유성상 외 옮김 | 468쪽 | 값 23,000원

 **미래교육, 어떻게 만들어갈 것인가?**
송기상·김성천 지음 | 300쪽 | 값 16,000원

 **인공지능 시대의 사회학적 상상력**
홍승표 지음 | 260쪽 | 값 15,000원

 **선생님, 페미니즘이 뭐예요?**
염경미 지음 | 280쪽 | 값 15,000원

 **시민, 학교에 가다**
최형규 지음 | 260쪽 | 값 15,000원

 **혁신교육지구와 마을교육공동체는 어떻게 만들어지는가?**
김태정 지음 | 376쪽 | 값 18,000원

---

## ▶ 교과서 밖에서 만나는 역사 교실
상식이 통하는 살아 있는 역사를 만나다

 **전봉준과 동학농민혁명**
조광환 지음 | 336쪽 | 값 15,000원

 **교과서 밖에서 배우는 역사 공부**
정은교 지음 | 292쪽 | 값 14,000원

 **남도의 기억을 걷다**
노성태 지음 | 344쪽 | 값 14,000원

 **팔만대장경도 모르면 빨래판이다**
전병철 지음 | 360쪽 | 값 16,000원

 **응답하라 한국사 1·2**
김은석 지음 | 356쪽·368쪽 | 각권 값 15,000원

 **빨래판도 잘 보면 팔만대장경이다**
전병철 지음 | 360쪽 | 값 16,000원

 **즐거운 국사수업 32강**
김남선 지음 | 280쪽 | 값 11,000원

 **영화는 역사다**
강성률 지음 | 288쪽 | 값 13,000원

 **즐거운 세계사 수업**
김은석 지음 | 328쪽 | 값 13,000원

 **친일 영화의 해부학**
강성률 지음 | 264쪽 | 값 15,000원

 **강화도의 기억을 걷다**
최보길 지음 | 276쪽 | 값 14,000원

 **한국 고대사의 비밀**
김은석 지음 | 304쪽 | 값 13,000원

 **광주의 기억을 걷다**
노성태 지음 | 348쪽 | 값 15,000원

 **조선족 근현대 교육사**
정미량 지음 | 320쪽 | 값 15,000원

 **선생님도 궁금해하는 한국사의 비밀 20가지**
김은석 지음 | 312쪽 | 값 15,000원

 **다시 읽는 조선근대 교육의 사상과 운동**
윤건차 지음 | 이명실·심성보 옮김 | 516쪽 | 값 25,000원

 **걸림돌**
키르스텐 세룹-빌펠트 지음 | 문봉애 옮김
248쪽 | 값 13,000원

 **음악과 함께 떠나는 세계의 혁명 이야기**
조광환 지음 | 292쪽 | 값 15,000원

 **역사수업을 부탁해**
열 사람의 한 걸음 지음 | 388쪽 | 값 18,000원

 **논쟁으로 보는 일본 근대 교육의 역사**
이명실 지음 | 324쪽 | 값 17,000원

**진실과 거짓, 인물 한국사**
하성환 지음 | 400쪽 | 값 18,000원

 **다시, 독립의 기억을 걷다**
노성태 지음 | 320쪽 | 값 16,000원

 **우리 역사에서 사라진 근현대 인물 한국사**
하성환 지음 | 296쪽 | 값 18,000원

 **한국사 리뷰**
김은석 지음 | 244쪽 | 값 15,000원

**꼬물꼬물 거꾸로 역사수업**
역모자들 지음 | 436쪽 | 값 23,000원

 **경남의 기억을 걷다**
류형진 외 지음 | 564쪽 | 값 28,000원

---

# ▶ 더불어 사는 정의로운 세상을 여는 인문사회과학
사람의 존엄과 평등의 가치를 배운다

 **밥상혁명**
강양구·강이현 지음 | 298쪽 | 값 13,800원

 **좌우지간 인권이다**
안경환 지음 | 288쪽 | 값 13,000원

 **도덕 교과서 무엇이 문제인가?**
김대웅 지음 | 272쪽 | 값 14,000원

 **민주시민교육**
심성보 지음 | 544쪽 | 값 25,000원

 **자율주의와 진보교육**
조엘 스프링 지음 | 심성보 옮김 | 320쪽 | 값 15,000원

 **민주시민을 위한 도덕교육**
심성보 지음 | 500쪽 | 값 25,000원
2015 세종도서 학술부문

 **민주화 이후의 공동체 교육**
심성보 지음 | 392쪽 | 값 15,000원
2009 문화체육관광부 우수학술도서

 **교과서 밖에서 배우는 인문학 공부**
정은교 지음 | 280쪽 | 값 13,000원

 **갈등을 넘어 협력 사회로**
이창언·오수길·유문종·신윤관 지음 | 280쪽 | 값 15,000원

 **오래된 미래교육**
정재걸 지음 | 392쪽 | 값 18,000원

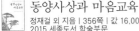 **동양사상과 마음교육**
정재걸 외 지음 | 356쪽 | 값 16,000원
2015 세종도서 학술부문

 **대한민국 의료혁명**
전국보건의료산업노동조합 엮음 | 548쪽 | 값 25,000원

 **교과서 밖에서 배우는 철학 공부**
정은교 지음 | 280쪽 | 값 14,000원

 **교과서 밖에서 배우는 고전 공부**
정은교 지음 | 288쪽 | 값 14,000원

 **교과서 밖에서 배우는 사회 공부**
정은교 지음 | 304쪽 | 값 15,000원

 **전체 안의 전체 사고 속의 사고**
김우창의 인문학을 읽다
현광일 지음 | 320쪽 | 값 15,000원

 **교과서 밖에서 배우는 윤리 공부**
정은교 지음 | 292쪽 | 값 15,000원

 **카스트로, 종교를 말하다**
피델 카스트로·프레이 베토 대담 | 조세종 옮김
420쪽 | 값 21,000원

**한글 혁명**
김슬옹 지음 | 388쪽 | 값 18,000원

 **일제강점기 한국철학**
이태우 지음 | 448쪽 | 값 25,000원

 **우리 안의 미래교육**
정재걸 지음 | 484쪽 | 값 25,000원

 **한국 교육 제4의 길을 찾다**
이길상 지음 | 400쪽 | 값 21,000원

 **왜 그는 한국으로 돌아왔는가?**
황선준 지음 | 364쪽 | 값 17,000원

 **마을교육공동체 생태적 의미와 실천**
김용련 지음 | 256쪽 | 값 15,000원

## ▶ 평화샘 프로젝트 매뉴얼 시리즈
학교폭력에 대한 근본적인 예방과 대책을 찾는다

 **학교폭력 어떻게 만들어지는가**
문재현 외 지음 | 300쪽 | 값 14,000원

 **학교폭력, 멈춰!**
문재현 외 지음 | 348쪽 | 값 15,000원

 **왕따, 이렇게 해결할 수 있다**
문재현 외 지음 | 236쪽 | 값 12,000원

 **젊은 부모를 위한 백만 년의 육아 슬기**
문재현 지음 | 248쪽 | 값 13,000원

 **우리는 마을에 산다**
유양우·신동명·김수동·문재현 지음 | 312쪽 | 값 15,000원

 **아이들을 살리는 동네**
문재현·신동명·김수동 지음 | 204쪽 | 값 10,000원

 **평화! 행복한 학교의 시작**
문재현 외 지음 | 252쪽 | 값 12,000원

**마을에 배움의 길이 있다**
문재현 지음 | 208쪽 | 값 10,000원

**별자리, 인류의 이야기 주머니**
문재현·문한뫼 지음 | 444쪽 | 값 20,000원

**동생아, 우리 뭐 하고 놀까?**
문재현 외 지음 | 280쪽 | 값 15,000원

**누가, 학교폭력 해결을 가로막는가?**
문재현 외 지음 | 312쪽 | 값 15,000원

## ▶ 남북이 하나 되는 두물머리 평화교육
분단 극복을 위한 치열한 배움과 실천을 만나다

 **10년 후 통일**
정동영·지승호 지음 | 328쪽 | 값 15,000원

 **분단시대의 통일교육**
성래운 지음 | 428쪽 | 값 18,000원

 **한반도 평화교육 어떻게 할 것인가**
이기범 외 지음 | 252쪽 | 값 15,000원

 **선생님, 통일이 뭐예요?**
정경호 지음 | 252쪽 | 값 13,000원

 **김창환 교수의 DMZ 지리 이야기**
김창환 지음 | 264쪽 | 값 15,000원

## ▶ 창의적인 협력 수업을 지향하는 삶이 있는 국어 교실
우리말 글을 배우며 세상을 배운다

 **중학교 국어 수업 어떻게 할 것인가?**
김미경 지음 | 340쪽 | 값 15,000원

 **토닥토닥 토론해요**
명혜정·이명선·조선미 엮음 | 288쪽 | 값 15,000원

 **어린이와 시**
오인태 지음 | 192쪽 | 값 12,000원

 **언어던**
정은균 지음 | 268쪽 | 값 15,000원

 **토론의 숲에서 나를 만나다**
명혜정 엮음 | 312쪽 | 값 15,000원

 **인문학의 숲을 거니는 토론 수업**
순천국어교사모임 엮음 | 308쪽 | 값 15,000원

 **수업, 슬로리딩과 함께**
박경숙 외 지음 | 268쪽 | 값 15,000원

 **민촌 이기영 평전**
이성렬 지음 | 508쪽 | 값 20,000원

# 참된 삶과 교육에 관한
## 생각 줍기